資本の専制、奴隷の叛逆

Dictadura capitalista y esclavos rebeldes
Conversaciones “bajo la coyuntura”
con ocho teóricos radicales sureuropeos

Sandro Mezzadra, Maurizio Lazzarato, Franco 'Bifo' Berardi,
Juan Domingo Sánchez Estop, Raúl Sánchez Cedillo,
Amador Fernández-Savater, Pantxo Ramas, Stavros Stavrides

「南欧」先鋭思想家８人に訊く
ヨーロッパ情勢徹底分析

廣瀬 純（編著）

航思社

資本の専制、奴隷の叛逆

目次

【凡例】

・本書は二〇一五年八月一七日から九月一五日に行ったインタヴューとその論者たちが同時期に発表した論考からなる。

・インタヴューは、特別に断らない限り、廣瀬純が聞き手をつとめ、翻訳・構成を行った。

・インタヴューに付された注釈はスタヴリデスのものは森元斎が、他の七編については上尾真道が作成した。

・論考の翻訳と訳注作成は上尾、森、長嶺慎太朗が行い、担当は論考末尾に明記した。

資本の専制、奴隷の叛逆

I　ヨーロッパ

「危機」の政治化

サンドロ・メッザードラ

二〇一五年八月二五日　ボローニャ

運動と制度

――ヨーロッパの今日の情勢、とりわけギリシャやスペインでいま起こっていることをどう見ているのか、サンドロさんはラテンアメリカ情勢に詳しいわけですが、ラテンアメリカとの比較において今日のヨーロッパについて何が言えますか。

たいへん難しい問いで、きちんと答えるとしたら一〇時間も二〇時間もかかってしまうでしょうが、それでもまず言えるのは、ヨーロッパの統合過程が今日、とても根の深い危機に陥っているということです。この危機が始まったのは、二〇〇八年の金融危機がヨーロッパに達した二〇一〇年からのことで、所謂「ソヴリン債務危機」の開始とともに始まりました。その時期に、危機を管理するためのとても厳しい装置が導入され、これがヨーロッパの「物質的構成」に深い変化をもたらした。欧州中央銀行が新たな役割を演じるようになり、また、いかなる条約にも定められていない「ユーログループ」[*1]のような組織が形成されることにもなったのです。また、ヨーロッパの物質的構成におけるドイツの位置も以前のそれとは大きく異なるものとなった。こうした変化はどれもある日突然生じたわけではありませんが、それらを総合して考えると、ヨーロッパの「物質的構成」とぼくが呼んでいるものにおいて実体的な変化が起きたとやはり言えると思います。ヨーロッパの物質的構成のなかでドイツの占める位置が変わったというのは、ヨーロッパの経済的かつ政治的な地理が変わったということでもある。地理的な変化はもちろん相対的なものであって、ギリシャがフィンランドになってしまったなどというわけではありませんが、しかし、北ヨーロッパと南ヨーロッパとのあいだに地理的な敵対関係が見られるようになり、これはその質的な側面においてやはり新たな現象だと言えます。同時に忘れてはいけないのは東ヨーロッパの問題です。東ヨーロッパは今日もなおヨーロッパの物質的構成を揺るがす要素であり続けている。

ここ数ヶ月のあいだ、ヨーロッパを語るということはギリシャを語るということでした。二〇一五年一月の選挙でのシリザ[*2]の勝利はいま話したのとはまた別の新たな変化を産み出したように思います。最も簡潔に言えば、ヨーロッパにおける危機のその「政治化」を産み出した。そしてそのことによって別

＊1　ユーロに関する問題調整のための、ユーロ圏参加国の財務相からなる非公式会合。ＥＵ関連の条約により規定されたものではないにもかかわらず、ＥＵ内の通貨問題に際して大きな政治的影響力を振るう。

のシナリオへの道を拓いた。危機管理の非常に厳密なメカニズムのそのただなかにおいてオルタナティヴの具体的な可能性を少なくとも可視化させた。この観点からここ七ヶ月で起きたことを考えてみなければなりません。

ギリシャとその債権者たちとのあいだの交渉が最終的にどのような帰結に至ったかは今日では誰もが知る通りです。これまでぼくはシリザの勝利の重要性を強調してきましたが、同時にまた、最初から、経済的かつ社会的な過程を運営する場あるいは水準として一国政府には限界があることも指摘してきました。「選挙を通じてヨーロッパの状況を変革できる」と主張する仲間もいましたが、これに対してぼくは批判的で、もっと慎重になるべきだと彼らに言い続けてきました。ぼくのこうした考えはラテンアメリカについての議論にずっと参加してきた経験から得られたものです。ラテンアメリカについてぼくはこれまでたくさんの文章を書いてきました。ディエゴ・ストゥルバルク[*3]と書いたものもあるし、最近ではベロニカ・ガーゴ[*4]とよく仕事をしている。ベロニカ・ガーゴが最近の著作『ネオリベラル的理性[*5]』で非常に明確に説明しているのは、ネオリベラリズムというものが一国の政府の意思次第で直ちに止め得るようなマクロ経済の総体などではまるでないということです。多くの仲間が「ツィプラス[*6]は裏切った」だとか「スキャンダルだ」とかと腹を立てていましたが、ぼくからすればネオリベラリズムとはそういうものでしかない。新たな政権が誕生し、その政権がネオリベラルなマクロ経済を止めて、何らかの新たなタイプの開発の時代を開く、たとえば、ラテンアメリカでよく聞かれ、ここヨーロッパでも聞かれる言い方をすれば「国民的」開発の時代を開く。ラテンアメリカの所謂「進歩派政権[*7]」の時代はヨーロッパの一部の左翼にとってはとても重要な参照対象となっています。一番よく知られているのは

ポデモス[*8]の場合ですが、シリザにおいてもラテンアメリカはずっと重要な参照対象となってきた。ぼく

＊2　Συνασπισμός Ριζοσπαστικής Αριστεράς (ΣΥΡΙΖΑ). 二〇〇四年にギリシャで結成された左派政党の同盟。結成以来ラディカルな立場を固めてきたが、ユーロ危機以降、新自由主義への抵抗を前面に押し出し、一五年一月の総選挙では過半数の票を獲得、債務減免による国内経済の立て直しを指導し、トロイカ（欧州中央銀行、欧州連合、国際通貨基金）との交渉を開始した。一五年九月二〇日の総選挙で再び第一党となった。

＊3　Diego Sztulwark. 一九七一年生まれ。アルゼンチンの著述家。廣瀬純とのメール対談が『暴力階級とは何か』（航思社、二〇一五年）に収録。邦訳に『闘争のアサンブレア』（共著、月曜社、二〇〇九年）、『反権力——潜勢力から創造的抵抗へ』（共著、ぱる出版、二〇〇五年）など。

＊4　Verónica Gago. アルゼンチンの政治学者。ブエノスアイレス大学社会科学部教員。一九九九年に「運動としての調査」グループとして結成された「コレクティボ・シトゥアシオネス」のメンバー。

＊5　Verónica Gago, *La Razón neoliberal*, Tinta Limón, 2014.

＊6　Αλέξης Τσίπρας. 一九七四年生まれ。ギリシャの政治家。二〇〇九年以来、シリザ党首を務め、またギリシャ国会議員として活躍。一五年一月のギリシャ総選挙でシリザが第一党となったことで、ギリシャ首相に就任。反緊縮を掲げトロイカとの交渉を行った。一五年九月の総選挙後、再び首相に就任した。

＊7　ラテンアメリカにおいて左派政権は二〇世紀半ばまではキューバ、チリ（七〇‐七三年アジェンデ政権）だけだった。しかし一九九八年に発足したベネスエラのチャベス政権以来、二〇〇三年ブラジルのルラ政権とアルゼンチンのキルシネル政権、〇五年ウルグアイのバスケス政権、〇六年ボリビアのモラレス政権、チリのバチェレ政権、ペルーのガルシア政権、エクアドルのコレア政権、〇七年にはアルゼンチンでキルシネルの妻のフェルナンデス政権と、反米・反新自由主義を掲げる左派政権が相次いで成立。きっかけは九〇年代に米国が主導するＩＭＦが南米各国に押しつけた新自由主義政策とされる。

は、ラテンアメリカについて議論しながら、また、ギリシャについて議論しながら、一国の政府では社会的かつ経済的なダイナミクスを管理する水準として限界があるということを強調してきました。

シリザは選挙に勝つことでヨーロッパ危機の政治化に成功し新たな闘争の場を開いたわけですが、この新たな闘争の場に見られる力関係は変革を求める諸力にとってはそれほど有利なものではなかったために、実際、我々はこの数ヶ月とても辛い経験をしなければならなかった。ぼくの問いは、ギリシャについて言えば、それではいったいどんなオルタナティヴがあるのかというものです。ツィプラスを擁護するというよりも、ただひたすら、どんなオルタナティヴがあるのかと自問している。多くの人がオルタナティヴはあると主張していました。ユーロ圏から離脱しドラクマに戻ればよいと。シリザ左派の資料も読んだし、世界中の左翼がその間に出した資料もとりわけ英語のものについては読みましたが、そこで語られていたのは、扉を閉めて国外との取引を控え、ドラクマに戻り銀行を国有化するというものでした。今日のギリシャ経済がどんなものなのか。ギリシャ経済は、たとえば、ほとんど輸出のない経済です。このことに鑑みれば、もし彼らの提案していたようなオルタナティヴを本当に実行してしまったらカタストロフを招くのは火を見るより明らかです。とりわけ貧困層には大打撃になる。唯一の可能性は、「銀行を国有化しよう！」といったものよりもずっと色気に欠けるかもしれませんが、ネオリベラリズムの内部でネオリベラリズムに抗するというもの以外にあり得ない。そうすることで新たな空間を開く、抵抗の空間を幾つも創り出す。これはヨーロッパ各国の諸制度の内部でも行われるべきかもしれません。いずれにせよ、この七月にドイツが主軸となって創り出された力関係とは異なる新たな力関係の物質的基盤を構築する必要があるということです。

――15M[*9]からポデモスの出現を経て今日に至るまでのここ四年間のスペインの状況についてはどう捉えていますか。

今日のスペインの状況はギリシャの状況とは異なりますが、もちろんとても興味深い。15Mはまるきり新たな政治空間を開くことに成功しました。まるきり新たなアジェンダ、まるきり新たな議論を誰の目にもはっきりと出現させることに成功したわけです。そのように開かれた新たな空間のなかで様々なプロジェクトが展開され、ポデモスはあくまでも数多くあるそうしたプロジェクトのひとつとしてあります。周知の通り、ポデモスは15Mから有機的に産み出されたプロジェクトではない。ポデモスの誕生には様々なきっかけがあったと思いますが、そのひとつとしてとりわけ15Mの経験した限界についての批判的な考察が挙げられます。ポデモスは誕生当時から今日に至るまでぼくの興味を引く政治実践であり続けてはいる。しかし同時に、もしポデモスがおのれの殻に閉じ込もってしまうならば問題だと思う。これはもちろんポデモス自身にとっても問題です。五月の自治体選挙[*10]での展開はほんとうに素晴らしい

---

*8　Podemos. 15M運動（注9参照）以来のスペインでの民主主義運動を背景に二〇一四年一月に結党。SNSなどのメディアを活用し、同年五月の欧州議会選挙で大躍進を果たす。一五年一二月二〇日の総選挙で単独と連立を合わせ六九議席を獲得し、国民党と社会労働者党に次ぐ第三勢力となった。

*9　二〇一一年五月一五日、マドリードのプエルタ・デル・ソル広場占拠を契機に広がった反緊縮・反専制政治運動。参加者は「怒れる者たち（indignados）」と呼ばれた。今日に至るまで様々な形での抗議活動として継続され、またポデモスを含む新たな社会運動・政党の誕生の基礎となった。

ものでした。今日もなお、とりわけサラゴサやバルセロナで起こっていることの話を聞くたびにほんとうに素晴らしいものだと思っています。何が素晴らしいのかと言えば、何よりも、各都市において極めて幅の広い連立が形成されたという点、また、そうした連立が闘争のダイナミクスによって産み出されたという点です。バルセロナの場合、闘争のダイナミクスは少しずつ高まってゆき、ある意味でアダ・クラウ[*11]その人が、彼女自身の辿ってきた歴史、彼女自身のこれまでの活動において、そのダイナミクスの展開をそのまま体現しているようなところがある。この意味で、二〇一五年一二月に控えている国政選挙に先立って、すでに五月の自治体選挙で極めて重要な成功が示されたと言えると思う。つまり、闘争のダイナミクスがいかにして制度の次元を包囲し掌握するに至り得るのかということをこの上なくはっきりと例示したということです。自治体選挙でのこの実践について考え続けていく必要があると思う。というのも、ぼくからすると今日最も重要な問題は、まさに、運動の「制度性」をいかに捉えるかという点にあるからです。歴史的に立ち返って言えば、社会党や共産党といった従来の枠組みにおいては、運動／制度の関係はつねにゼロサムゲームとして構想されてきた。つまり、闘争が高まることで社会党なり共産党なりが政権をとると、その後は運動が衰退するという発想です。しかし、今日考えるべきテーマは、まさに、ゼロサムゲームとはならないような運動／政権の関係です。政権の力が闘争のダイナミクスに根差すことから派生するのと同時に、闘争のダイナミクスそれ自体はつねに自律的なものにとどまるような関係。闘争のダイナミクスが政権によって捕獲されてしまわないような関係。この点について、ラテンアメリカでここ一五年間に展開された状況は我々に多くを教えるものだと思う。運動／政権との以上のような関係を考えることは「政権」「政府」という概念そのものについて再考を迫るものでもあるだろうけれど、しかし同時にまた、とりわけ二〇〇〇年代にヨーロッパのみならずまさしくラテンアメリカでも展開された様々な自律的な運動のその「水平性」について再考をも迫るものでもあります。

スペインに話を戻せば、これからどうなるのか、正直、ぼくには何もわからない。バルセロナが国政選挙での実践のモデルとされることになるのかどうか。ただ、それでもなおぼくにとってはっきりしているのは、もしポデモスが自分の殻に閉じ込もり、自分たちを「党」として強調するようなことがあるとすれば、それはポデモス自身にとっても問題になるだろうということです。この二ヶ月間、ぼくはギリシャ情勢を集中的に追ってきたため、ポデモスの現状が具体的にどうなっているのか、よく把握していませんが、いま指摘したような危険性はポデモスのなかに傾向としてあるようには思います。

移民運動の政治化

——今日のヨーロッパの物質的構成において移民の問題はどう位置づけられますか。

「移民」はぼくがこの二〇年間ずっと研究してきたテーマです。この夏の情勢においてぼくの注意をと

＊10 スペインで二〇一五年五月に行われた地方自治体選挙。与党国民党が議席を失う傍ら、市民候補者連立リストの試みが各地で多くの議席を得た。

＊11 Ada Colau. 一九七四年生まれ。スペインの政治家・現バルセロナ市長。住宅ローン被害者プラットフォーム（Plataforma de Afectados por la Hipoteca）代表を経て、バルサロナ・アン・クムー（Barcelona en Comú）の代表へ。二〇一五年の地方自治体選挙でバルセロナ市長に当選した。

りわけ引いたのは、移民の運動それ自体の「政治化」が日増しにはっきりしてきているという事態です。この八~九ヶ月で、バルカン諸国を通過しハンガリーに至るという新たな移動経路が形成されたわけですが、二日前にマケドニアがギリシャとの国境を閉鎖しました。そのとき何が起こったか。何千もの移民たちが国境に襲いかかった。しかもあからさまに政治的なスローガンとともに。イタリアでも受け入れセンターのおかれた各地で移民たちのデモが見られました。スローガンと要求とをはっきりと掲げた文字通りの「デモ」です。「私たちには国境を越える権利がある」「私たちにはヨーロッパに入る権利がある」。同様のことがイタリアとフランスの国境ヴェンティミーリアでも見られる。ヴェンティミーリアには移民キャンプがありますが、そこでも要求はあからさまに政治的な言葉遣いでなされている。フランスとイギリスの国境カレでも同じです。こうした政治性はこれまでにも見られたことのあるもので、それについてぼく自身一五年前に本を書いたこともありますが[*12]、しかし今日の特徴は、それが誰の目にも見えるようにはっきりと力強く示されたという点にある。もちろん二〇一五年は、地中海で何千もの移民が命を落とし「ジェノサイド」ということが語られ始めた年でもあるというのは本当で、そのこともまた忘れてはなりませんが、しかし、移民運動の政治性をしっかりと認識することも重要だとぼくは思っています。というのも、ヨーロッパが危機にあるこの局面において、政治化した移民のこの運動はヨーロッパにヨーロッパ自身を新たに創り直すよう求めるものでもあるからです。移民たちが入りたがっているのはヨーロッパであって、たんにイタリアということではない。イタリアに入ったら実際、移民たちはイギリスでもどこでも好きなところに、人によっては家族が待っているところに行くわけです。移民の運動は、したがって、ヨーロッパに向けられた運動だと言うべきです。しかしまた移民の運動は政治運動にもなっている。現在ヨーロッパのボーダーラインのいたるところで戦争が起きているからです。東にはウクライナ、南および南東には広い意味での「中東」……。移民の運動は、世界におけるヨーロッパの位置という問題を提起するものでもあるわけです。だからこそ移民の運動は今日、たいへん際立ったものとなっているのです。

　ヨーロッパはいったい何をやっているのか。基本的には何もしていない。ヨーロッパは非常に嘆かわしいやり方で事態に対処しようとしているだけです。たとえば「割り当て」をめぐる議論を思い出してみてもいい。二〇〇〇人をポーランドに割り当てるという議論があると、ポーランド政府は「引き受けてもよいがキリスト教徒に限る」と言ってくる。たいへん小さな国であるレバノンにはすでに一〇〇万のシリア難民がいるというのに。要するに、移民の問題はヨーロッパの危機をまた別の角度から見せるものでもあるわけです。ぼくは移民について、しかしまたヨーロッパと移民、そしてヨーロッパ市民と移民との関係についてこれまで長いあいだ研究してきました。多くの研究者たちと一緒にぼくが創ったのは「差別的包摂」という概念で、この概念によってここ二〇年間のヨーロッパにおける移民政策の傾向を把握しようとしてきた。ぼくたちが問題にしてきたのは「排除」ではない。もちろん排除が行われていないわけではない。しかし排除もまた差別的包摂という枠組みのなかで捉えられるべきだというのがぼくらの提案です。ヨーロッパは様々な理由から移民を必要としている。これは、人口と経済とにつ

＊12　Sandro Mezzadra, *Diritto di fuga. Migrazioni, cittadinanza, globalizzazione*, Ombre Corte, 2001.（『逃走の権利——移民、シティズンシップ、グローバル化』北川眞也訳、人文書院、二〇一五年）

いての欧州委員会の報告文書でもはっきり言われていることで、誰にとっても疑う余地のないことです。ぼくがこれまでずっと厳しく批判してきたヨーロッパによるこの差別的包摂政策は、しかし今日、もはや機能しないものとなってしまった。ヨーロッパは今日、この問題に直面しています。同時にはっきりしているのは移民をめぐるこの危機とギリシャをめぐる経済的な危機とは無関係ではないということです。ヨーロッパは、緊縮策に拘泥しているがゆえに、移民たちが重要な役割を演じ得るような新たな開発の姿を想像できずにいる。ぼくはここにこそ、移民危機とユーロ危機とを同時に把握するための鍵があると思っています。

ネオリベラリズムとネオナショナリズム

――この文脈において今日のフランスでの国民戦線[*13]の台頭はどう捉えることができますか。

フランスにおける国民戦線について話すのと同じ仕方でイタリアにおける北部同盟[*14]についても話すことができます。北部同盟は今日、イタリアにおける国民戦線だと言える。実際、北部同盟のリーダーたち自身がはっきりとそう言っています。似たような例はヨーロッパの他の国々にも見られドイツも例外ではありません。「ネオナショナリスト」と形容でき、いずれも多かれ少なかれ人種差別主義《レイシスト》的傾向を示すそうした右派政党の台頭は、先にぼくが描いたようなシナリオの一部をなしています。つまり、ヨーロッパ統合過程のその危機によって特徴づけられる今日の情勢の一部をなしており、危機に対する反動としてある。しかし同時に、かつて左派のプロジェクトとして語られていたようなこと、すなわち「国民国家によってネオリベラリズムを乗り越える」といったような議論が、今日では国民戦線のような政党によってもなされているというのも本当です。マリーヌ・ル＝ペンだけでなくマッテオ・サルヴィーニ[*15]もネオリベラリズムを批判している。その上で彼らは、まさにラテンアメリカでよく言われているような「国家への回帰」を主張しているわけです。しかしぼくには、そうした政党が選挙に勝つことでネオリベラリズムを乗り越えられるなどとはまるで思えない。ネオリベラリズムはヨーロッパ社会とヨーロッパ経済のその機能の仕方に根差したものだからです。したがって、マリーヌ・ル＝ペンやマッテオ・サルヴィーニが選挙に勝った場合に生じ得る状況として想定できるのは、一方でナショナリズムがひたすらレトリックとしてのみ叫ばれ続け、移民たちにとっては悪夢が到来すると同時に、他方でネオリベラリズムはいわば「時代の動向」としてこれまで通り機能し続けるといういわば最悪な状況です。移民の問題に限って言っても、たとえば、人々が移民の問題のためにル＝ペンやサルヴィーニに投票し、国民戦

＊13　Front National. アルジェリア独立戦争の後、独立反対派を中心にジャン＝マリー・ルペンを党首として一九七二年に組織された。現在は三女のマリーヌ・ルペンが党首を継ぐ。移民やユダヤ人に対する差別的発言などから極右とされてきたが、ユーロ危機の余波のなか、二〇一四年のフランス地方選挙、ヨーロッパ議会選挙などで議席を伸ばしてきた。

＊14　Lega Nord. 一九九一年結党のイタリアの政党。党首はウンベルト・ボッシ。経済的に豊かなイタリア北部地域の自治拡大を要求する一方で、過激な保守・反共・反移民主義的発言を行うことで知られる。

＊15　Matteo Salvini. 一九七三年生まれ。イタリアの政治家。北部同盟のメンバー。二〇〇四年から〇六年まで、および〇九年以降、欧州議会議員として活動する。

線なり北部同盟なりが選挙に勝ったとする。そうしたらもう移民はいなくなる？　馬鹿げた話です。ル＝ペンやサルヴィーニだってそんなことはあり得ないとわかっています。移民のいないパリだとか、移民のいないロンドンだとか、そんなものが想像できますか。したがって問題は、そうした移民たちに対してどんな統治性が導入されるのかという点にある。そうした統治性は「白人でキリスト教のヨーロッパに戻る」などというものでは現実にはあり得ない。ル＝ペンやサルヴィーニが選挙に勝つことで生じるのは、したがって、いわば、下からのみならず上からも非常に暴力的な判断基準が導入され、社会統治がヒエラルキー化されるといった状況です。この意味で、問題はたいへん大きいものだと言えます。

——国民戦線のような政党の選挙での勝利についても「ネオリベラリズムの内部でネオリベラリズムに抗する闘い」ということが語れるのでしょうか。

右派の観点からはきっとそう言えるのでしょうが、しかし、ネオリベラリズムの内部でネオリベラリズムに抗して闘った結果、ファシズムに至るというのでは話になりません。質問が挑発だというのはもちろん理解できるし、正当な挑発だとも思う。ネオリベラリズム、とりわけ、そのヨーロッパ版あるいはドイツ版としてのオルドリベラリズム[*16]は、端的に言って、うまくいくはずがないわけだから、もちろんネオリベラリズムからの右派的な脱出という可能性も当然あり得ます。ネオリベラリズムがうまくいくはずがないというのは、ネオリベラリズムはおのれの正統性を作り出すことができないし、コンセンサスを得ることがけっしてできない、社会をその総体において維持することができないという意味でのことです。たとえば、もし仮にネオリベラリズムの是非について全ヨーロッパ規模で「住民投票」を行ったら、ネオリベラリズムが負けることは必至でしょう。正統性が初めから崩壊しているのだから。ヨーロッパ諸国に今日見られる貧困は、ぼくの世代がこれまでに経験したことのないものです。ぼく自身、今日のような貧困をこれまでに一度たりとも見たことがなかった。今日の若者たちはみな、自分が自分の親よりも貧しい暮らしを送ることになると考えていますが、これは第二次大戦後としてはほんとうに初めての現象です。ドイツを例にとっても、この一〇年来、賃金がまるで上がっていない。若者たちのなかには月八〇〇ユーロ（約一一万円）の低収入で暮らしている者がたくさんいます。たしかにドイツではまだ多少なりとも福祉国家体制が維持されているとは言えるかもしれないし、その意味ではイタリアよりも少しはマシな状況だと言えるかもしれませんが、しかし今日のドイツの状況は六〇年代のそれとはもはや同じではまるでない。こうした点から見ても、この五年間のヨーロッパにおいて危機に対処するために用いられてきた手法としてのネオリベラリズムが問題を抱えているのは明らかです。

「社会的連立」――労働運動／社会運動の分業を超えて

――エウロノーマデ[*17]の二〇一五年の夏学校のためにトニ・ネグリと一緒に書いたテクストのなかでサンド

＊16　一九三〇‐五〇年代のドイツで生まれた社会自由主義経済理論のひとつ。市場における自由で歪みのない競争のための規範を設ける審級としての国家の役割を強調するもので、今日の新自由主義の源泉のひとつと見なされることもある。

ロさんはイタリアでの「社会的連立」[*18]という試みに言及されていますが、この試みはどのような点が興味深いのでしょうか。

南ヨーロッパでの危機に対する闘争の展開という文脈においてイタリアはここ数年、普段とは異なる立場に甘んじてきました。それまでのイタリアはつねに大きな闘争のダイナミクスに特徴づけられる国であり続け、そうした実践の「実験室」だとみなされてきましたが、ここ五年間は残念ながらそうではなかった。とりわけ、闘争にはっきりした可視性を与え得るようなひとつのまとまった構成形態といったものが出現しないままにとどまった。幾つもの多様な闘争というものはもちろん存在していたわけですが、それらはばらばらに展開されるにとどまり、そうした様々な闘争を総合するような政治的構成というものは不在のままだった。しかし、二年ほど前から「社会的ストライキ」(sciopero sociale) というスローガンの下で様々な興味深い試みが行われるようになり、その流れのなかで「社会的サンディカリズム」(sindacalismo sociale) というものが語られるようになりました。「社会的サンディカリズム」という概念は、従来の労働組合に闘争形態としての限界を見るものであると同時に、歴史のなかでこれまで労働組合が占めてきた空間の必要性を認めるものでもあります。つまり、交渉の必要性、交渉することで何かを勝ち取る必要性です。トニと一緒に書いたテクストのなかでＦＩＯＭ[*19]（鉄鋼労働職員組合）のここ二〜三年の試みを引いたのは、まさにこの観点から見てたいへん興味深いものに思えたからです。ＦＩＯＭは機械工などの労組で、非常に戦闘的な歴史を有してはいますが極めて伝統的な労組である点は疑い得ません。ただ、同時に考慮しなければならないのは、ここ数年で「機械工」という形象そのものが他の様々な形象と同様に大きく変化したという点です。すなわち、認知労働に従事する者たちの多くが「機械工」の枠組みに入るものとみなされるようになり、形式的にはＦＩＯＭによってその声が代表されるようになったということです。ＦＩＯＭの指導部は「階級構成」のそのような変化をきちんと認識したというだけではなく、従来のサンディカリズムの限界にもはっきりと気づいた。ＦＩＯＭが社会運動に向けてレトリックのレヴェルで一歩踏み出すというのはこれが初めてのことではありません。そうしたことはすでになされてきましたが、これまではあくまでも「分業」についての極めて伝統的な図式に基づいてのことでしかなかった。要するに、こちらには労働があって、労働は我々労組が代表する、他方であちらには社会運動があって、社会運動は労働の代表に連帯することができるといった分業図式です。私やトニ、あるいは、他の仲間たちにとって「社会的連立」という提案が斬新に思えたのは、まさに、そのような分業図式を超えたところへとそれが向かっているからです。つまり、こちらでは何かが根底的に変化し、もはや我々は自分たちを労働の代表と考えることができなくなった、すなわち、労

＊17　euronomade. ユーロ危機を契機に設立されたイタリア語の左派言論ウェブサイト、およびこれを中心とした活動。http://www.euronomade.info/

＊18　Coalizione sociale. 二〇一五年春の労働法改革への抗議の中で、ＦＩＯＭ（鉄鋼労働職員組合）書記長マウリツィオ・ランディーニが掲げたスローガンおよび社会運動プロジェクト。以下の記事でネグリとメザードラが取り上げている。http://www.euronomade.info/?p=5397

＊19　Federazione Impiegati Operai Metallurgici. イタリアで一九〇一年に設立された、鉄鋼業労働者のためのイタリア最古の職員組合。一九〇六年に労働総同盟ＣＧＤＬ（のちにＣＧＩＬ）に参加。現在に至る。

FIOM のデモ（2013年 5 月18日、ローマ）
photo by gianni blumthaler (flickr)

働は今日我々を逃れる何かとなった、労働は労働についてのどんな定義よりも先にあるものとなった。したがって、社会運動の演じる役割もまた、もはや労働運動に連帯するというものではあり得ず、「労働の代表」それ自体の観点からも重要な主体として認めるべきものとなった。要するに、社会運動は労働についての運動だと新たに認識されたということです。今日の「危機」においては運動は多数派のそれとならなければならないとぼくたちは考えています。どんなに素晴らしいデモであっても、今日では、少数派の運動では不十分であり、いかに多数派のそれをなすかがポイントなのです。

「社会的連立」というこの仮説のただなかに身をおきつつもなおこの仮説に抗する仕方で物事を進めていけるのではないか。ＦＩＯＭの試みをそれとしてすでに完成したものとみなすのではなく、まずはその展開を注視すべきでしょう。ＦＩＯＭ

の試みをその内側から真の意味での「社会的連立」の確立へと押し開いていかなければなりません。FIOMが多くの問題を抱えた組織であることは疑い得ない。たとえば、書記長マウリツィオ・ランディーニ[*20]はとても知的で、マスメディアを通じて人々によく知られた人物ですが、彼が実際のところ何を考えているかは正直、誰にもよくわからない。ランディーニはCGIL[*21]（イタリア労働総同盟）を支配することしか考えていないと言う人たちもいます。また、FIOM内部には「社会的連立」を新たな左派政党準備のための労組的代表形態だとする者たちがいるとの声も聞かれます。しかしいずれにせよランディーニや他の指導部メンバーが興味深い分析を語っているのは本当です。ランディーニ自身の野心云々という話とは別に、指導者たちのそうした発言に対する組織全体の反応というものもあります。FIOMは他の伝統的労組と同様、かなり堅固な官僚主義的体制を残した組織であり、当然のことながら「社会センター」[*22]などのようなものではけっしてない。ぼくやトニが話を聞いた人々のうちには、FIOMでのそうした官僚主義は従来通りで、驚かされるような変化は何もないと言っている者もいました。ただ、それでもやはり「社会的連立」というアイディアは、FIOMのそれに限定することなく一

＊20　Maurizio Landini. 一九六一年生まれ。FIOM書記長。二〇一〇年から現職につく。一五年の春以来、「社会的連立」プロジェクトを呼びかけている。

＊21　Confederazione Generale Italiana del Lavoro. イタリアの労働組合の中心組織。一九四四年にCGDLを引き継ぐ形で組織された。その後五〇年代には労働組合イタリア同盟CISLとイタリア労働連合UILが分裂。現在に至る。

＊22　Centri sociali. 社会に関わる活動を実施するための地域センター。

「白の潮流」のデモ（2012年12月16日、マドリード）
photo by Adolfo Lujan (flickr)

般的に捉える限りでは少なくとも、たいへん素晴らしいものだとぼくたちは思っています。ぼくたちが一般論としての「社会的連立」を考えるときに念頭においているのは、たとえばスペインでの「潮流」[23]（mareas）の試みなどです。パオロ・ヴィルノの決まり文句にしたがって、ちょうどポーカーをやっているときのように、「まあとにかく事態の成りゆきをみていよう」とぼくは思っています。

――サンドロさんはアルゼンチンとの付き合いが長いわけですが、この一五年間のアルゼンチンの歩みというものをどう把握していますか。

ぼくがはじめてアルゼンチンに行ったのは九九年で、まだメネム政権[24]だった頃です。その後は今日に至るまで毎年行っています。

ただ、二〇〇一年だけはジェノヴァG8などがあってイタリアを離れられませんでした。とはいえ、〇二年の二月には、まだ民衆蜂起の余波の残る状態にあったアルゼンチンに行くことができた。したがって、ぼくはアルゼンチンの様々な局面を見てきたと言えます。メネム政権時代、アリアンサ[*25]への政権交代、危機、そしてキルシネル政権時代。[*26]ひとことで言うなら、ぼくが見る限り、今日のアルゼンチンはメネム時代のアルゼンチンよりもずっとよい国になっている。「よりよい」というのは、今日では、民衆による政治が政治的シナリオの一部として認められるようになったという意味であり、また、「独裁政権」問題の扱われ方が一新されたという意味です。ぼくが知る限り、メネム時代には「独裁政権」の

---

*23 15M運動から現れた新たな社会運動のうち、公的セクターの労組が中心となって、医療制度や公共教育など社会的なものに関わる活動を主なテーマとして組織された幾つかの運動体。公共教育をテーマに活動する「緑の潮流」など。

*24 カルロス・メネム（Carlos Menem. 一九三〇年生まれ）はアルゼンチンの政治家。一九八九年から九九年まで、大統領を二期にわたり務めた。そのあいだ親米・新自由主義的政策を実施する。

*25 「労働と正義と教育のための同盟」（Alianza para el Trabajo, la Justicia y la Educación）。アルゼンチンで一九九七年に結成された、急進市民連合UCRと連帯国家戦線FREPASOとのあいだの政治同盟。九九年の選挙で正義党を降し、二〇〇一年まで政権を担当する。

*26 ネストール・キルシネル（Néstor Kirchner. 一九五〇－二〇一〇）はアルゼンチンの政治家。正義党政権のもと二〇〇三年から〇七年まで大統領を務め、新自由主義政策からの転換を図った。〇七年の退任後は、彼の配偶者であり同じ正義党の政治家クリスティーナ・フェルナンデス・デ・キルシネル（Cristina Fernández de Kirchner. 一九五三年生まれ）が一五年末まで大統領を務めた。

問題は議論されることすらなかった。そうした観点から一二年間のキルシネル時代を総括すべきでしょう。もちろん総括は明暗含むものとはなりますが、しかしキルシネル政権下において幾つかの前進があったというのは疑い得ません。そうした前進や成功は言葉のレヴェルにとどまるものであって、実際の政治にはまるで反映されていないという人もいますが、しかし言葉はそれ自体ですでにとても重要なものだとぼくは思います。逆に、キルシネル政権についてぼくが最大の問題だと考えているのは「国家」をめぐるもの、国家の神話とでも呼ぶべきものです。パヒナ12紙[*27]などを見ても毎日のように「強い国家を望むかどうか」といったアンケートなどが掲載されていたりする。しかしこれについてはまた別の機会に詳しく話したいと思います。

＊27　Página12. 一九八七年創刊のアルゼンチンの左派日刊紙。

ブリュッセルの「一方的命令《ディクタート》」とシリザのジレンマ

エチエンヌ・バリバール
サンドロ・メッザードラ
フリーダー・オットー・ヴォルフ

二〇一五年七月一九日

先ごろ〔二〇一五年七月一三日〕、脅しによる不当な「合意」が、（ギリシャ議会〔Vouli〕の承認が必要な）ギリシャ政府と（そうした承認などまったく必要のない）EU諸国とのあいだで成立した。これは一時代の終わり、そして別の時代の始まりを告げているのだろうか。いくつかの点ではそうだろう。しかし、「サミット」の公式発表で言われているような意味においてではない。これらの合意は実際のところ、根本的に実施不可能である。つまり経済的・社会的・政治的に実施不可能なのだ。それでも、これはやがて「強行」されるだろう。五年前に始まったものでもすでにギリシャをギリギリまで追い詰めたというのに、今回の強行はおそらく同じくらい暴力的で、さらなる葛藤を引き起こすことになる。

したがってその意味を理解し、その帰結を論じねばならない。修辞は避けつつ、情熱を持って、このテーマを自らのことと受け止めながら論じてみよう。そのためにも、まずはアレクシス・ツィプラスが、七月五日の国民投票に「勝利」した翌日、新たな提案を行う立場としてブリュッセル〔ユーロ圏首脳会議〕に戻ったことで再開された「交渉」の経過（この点についていまだにギリシャ国内外の支持者から誤解と批判を受けている）を、大まかにでも振り返る必要がある。そうしてこの裏取引によって明らかになった「諸勢力」の布陣を検討せねばならない。また、EU危機（ギリシャの絶望的状況はまさにその症状であり帰結である）の到達点を、以下の三つの戦略領域の面から定義せねばならない。①債務状態と緊縮政策の効果、②経済発展の不平等と主権制限とによるヨーロッパの分断、③民主主義メカニズムの不調とそれに呼応したポピュリズム的国家主義の台頭、である。しかし何よりもまず、「ブリュッセル合意」の内容を現時点で総括する必要があるだろう。その際、ギリシャ人の状況という観点、すなわち「アテネの観点」と同時に、「ヨーロッパの観点」もあわせて検討する（もちろんこれはブリュッセルの観点ということではない。ブリュッセルの事務局がヨーロッパの現状をまったく理解していないことがいまや明らかになったのだから）。

ギリシャの観点からの「合意」

ギリシャの観点からすると、今回の合意はまったくの「一方的命令《ディクタート》」以外のなにものでもない。バルファキス財務相はついに「ヴェルサイユ」を口にして、一九一八年の条約のことを挑発的にほのめかした[*1]。ご存じのとおりこの条約は、その後のドイツの国内史、さらには世界の命運に多大な帰結を及ぼしたものだ。この非難は明らかに深刻で、また的を射たものでもあったから、メルケルはすぐさま「歴史的な比較」には関心がないと表明した。しかしこのような比喩は、密接に関連し合う二つの理由から正当と考えられる。

一つめの理由。七月七日にツィプラスがブリュッセルに提案を持ち込んだとき、彼としてはそれでEUと大きな隔たりが生まれるとは思っていなかったのかもしれない（というのも、その提案とは、彼が以前拒絶した緊縮財政策について、特に年金と税に関しては重要な問題として再検討しようというものだったのだから）。だとしても、これらの提案はまだ、ギリシャ政府主導によるギリシャ経済・財政再建プロジェクト（「プラン」と言わない）の一部に組み込まれていた。理想的どころか困難極まる条件であるが、それでもツィプラスは、ギリシャの人々の利益になるような自分たちの政策をそこで展開していこうと展望していたのだ。それゆえ、この提案は、これまでに何度となく要求してきた債務整理と一体だった（時が経つにつれ、学派にかかわらず、IMFの中心にいるような高明なエコノミストたちまでも、債務整理をはっきり支持するようになっていた）。しかしギリシャの「対話相手」たちは、まさにこの合理的で一貫した最後の試みをこそ、ドイツ財務相（ショイブレ）の圧力とそれを代弁するユーログループ議長（デイセルブルーム）のかけ声のもとに、いっせいに潰そうと躍起になったのである。彼らはギリシャ政府の「信用失墜」を論拠とし（要は単なる道徳論だ）、いかなる経済合理性もない懲罰措置を主張した。その結果がこの再建反対案である。それは「治療」と称してギリシャの人々の実質的資源を「瀉血」させ

＊1　訳注――第一次大戦の停戦に際し、過酷な条件を敗戦国ドイツに課したヴェルサイユ条約は、ドイツでは「一方的命令 diktat」と呼ばれた。このときの領土喪失や経済的打撃の影響は、しばしばその後のナチス全体主義の台頭との関連で論じられる。

るに等しく（とりわけすでに人道的危機の状態にある貧困層にさらなる追い打ちをかけるものである）、成功するかどうか全く不確かな民営化を「イデオロギー」的に行うために国民経済を解体してしまうことであった。特にこの点で甚大な影響を及ぼすであろう措置のひとつが、定年退職年齢の引き下げである。若年失業率が六〇パーセントに達するなかでこれを行うのは、犯罪というのでなければ愚の骨頂だ。さらには高利貸しが質草を抑えるかのごとく、ギリシャ資産の予防的「差し押さえ」が行われた（ツィプラスは、リュクサンブルクに新たなトロイハント〔信託〕機構――ショイブレ財務相が理事を務める組織！――が設置されるような事態だけは、なんとか避けることができたのだが）。

ここでヨーロッパはギリシャに対して、高利貸しとして振る舞うと同時に、略奪者としても振る舞っている。その目標は、ギリシャの国力を残存させ、あるいはその成長を維持することではなく、とことんまでむしり取ることだ。（もしかすると誠実な）人々のなかにすら、正統派マネタリストのドグマに侵されたせいで、こうした反政治（antipolitique）が正当だと思っている人がいるかもしれない。そのようなドグマが、マーストリヒト以来のEU条約には「金文字」で書き込まれており、さらに二〇一二年の「予算協定」で強化されている。しかし無論のこと、そこに正当性などはない。事実、危機はいまに始まったというわけではない。（ドイツを含む）ヨーロッパの指導者たちには、彼らが押しつけた政策が景気を悪化させていくさまをじかに観察する時間があった。彼らにも完全に分かっているとおり、ギリシャの公的債務がここ一〇年で実質的に二倍になり、GDPの一八〇%相当に達したのは、債務総額が増加したせいなのではない（人口比率から見ても他のEU諸国のほうが債務ははるかに大きい）。これは生産と消費の大きな落ち込みによるのだ。したがって問題は債権者の合理性でも、またその利害でもない。

「内部の敵」による政治的復讐と侮辱なのだ。その証拠に、押しつけられた措置は、その一つひとつが、ツィプラス政権が選挙公約や当選の際に確約してきた社会経済的措置に真っ向から反対するものである。

そこから私たちは、ギリシャに対する措置を一方的命令《ディクタート》と呼ぶ二つめの理由に話を進めることができる。一つめよりもおそらくさらに深刻な理由、ともかく一つめの理由を補完することとなる理由である。「後見監督」という措置全体の話をしたい。これはかつての植民地実践がモデルであるが、今回は自分たちの仲間に対し、EU内の保護国として扱おうというのである（そうしてこの「共同責任」を象徴的に引き受けるよう頼むのである）。おそらくもっとも目を引くのは、議会主権にかかわるそれである。つまり社会や経済に影響しやすい（非特定）領域に関する法案は、あらかじめ「機構」の管理統制と承認を受けるよう義務づけることだ。もちろん、それからさらに法案は、これら機構による「審査」をくぐるわけであり、その結果、ヨーロッパのお墨つきが与えられるというのだ。もうすでにこの仕組みを説明するために、「基本合意書（memorandum of understanding）」では、近いうちに（これが合意の発効条件である）現在の法律を無効にして、新たなもので置き換えるための立法行為に関する指示があらかじめ出されている。それらの全体は、まさしく労働法と行政（宣言された原理のひとつが「行政の非政治化」であることはなんと皮肉なことか！）を、とことん（今日のヨーロッパで類を見ないほどに）ネオリベリズム的に変えてしまおうとするプログラムだ。また統計機関の「独立性」の要求も指摘しておく（これは、ギリシャ議会の主導でギリシャ当局が、債務やその合法性の度合いを「監査」した後で持ち出された要求である）。つまり、トロイカから専門家たちをアテネに再び送ることによって、その「独立性」を保証したいというのだ（もちろんトロイカが身勝手なほどギリシャから独立していることは疑いない）。最後に付け加えると、初めから、政府改造の要請、反シリザ政党を送り込み、「急進派」を追放するような改造要請が、ブリュッセルの委員会の廊下では自明のこととして言われていた。こうしたすべてが意味するところは、強制された緊縮と後見監督とは互いが互いを物質的に強めるのだということ、そして、ギリシャはもはや主権国家ではない（あるいはまったくない。この過程は数年前から始まったものであり、シリザの政権獲得はこれを一旦止めただけなのだから）ということである。不幸にも、ヨーロッパ連邦制への発展が意味するような、司法的に平等で政治的に組織された主権性共有の体制に入る、という意味においてではない。そうではなく、〈主人〉の権力への従属という意味においてである。だがどのような〈主人〉だというのか。ここで現在の状況の別の面に目を向ける必要がある。EUという面だ。

ヨーロッパの新たな「構成」

前節と同じように、事実とその歴史的意味という側面から、EUについて語らねばならない。さらに根本的に述べるならば、今後のヨーロッパを支配する物質的構成の定義に関わる次のような側面から語らねばならない。権力の分割。条約やその履行に明文化され、またほのめかされている制度的なずれ。互いに絡み合う経済的・政治（および地政学）的力関係。EU参加諸国とその住民たちが無理をしてでも従わねばならない「規則」や「原理」のうちにコード化された利益ヒエラルキー。決定手続き（あるいは今ふうの言い方では「ガバナンス」手続き）。実際に権力を手にしてさまざまな社会集団、国家集団に影響を及ぼす可能性の格差、などである。要は、いまやヨーロッパの「レジーム」がどのようなものかを考えねばならない。

今や自明であるはずのことに戻るつもりはない。つまり、一九九〇年の転回以来のネオリベラリズムの制度化のことである。これは、「自由で公平な競争」というドグマの形をとっているが、ソ連における国家社会主義と同じものをEUにもたらしている。今日、これが社会全体に生み出しているその「革命的」変容効果は明らかであろう。ただし以下の点は指摘しておきたい。状況は今や一周した。ネオリベラリズムの「自由」とは、本質的に強制された自由なのである。この自由とは常に、「逸脱」や「違反」が見つかるところで（それゆえ特に「弱者」や「債務者」のところで）、自由を市民に強制すること（と、ルソーなら言ったろう。まさか自分の言葉がこんなひどい仕方で使われるとは思わなかったろうが）なのである。もちろん、強制の程度も、現実的権力の階梯のどこにいるかで、驚くほどさまざまだ。しかしもっとはっきり言おう。「上からの革命」が、公的債務危機の始まり以来、銀行家の都合のいいように進められてきたのだ。こうしてギリシャやイタリアの政府は構成的操作によってすげ替えられ（二〇一一年）、以前のギリシャ国民投票は禁止された。そして今やこの上からの革命は既成事実となった。ハーバーマスは、「ポスト民主主義的行政連邦制」について語っている。全く明晰な定式である。しかしこの「ポスト民主主義的行政」が（準）連邦制的水準で――というのも、ヨーロッパで構築される連邦制は、きわめて脆い土台にしか基づかず、すべて上からやってくるものだから――動いているとしても、これは単に氷山の一角であり、制度的に合法とされているものの一部でしかない。ほとんどのところは、隠れており、無定型なのだ。近ごろその明白な事例があったばかりだ。「欧州委員会」はもはや政治的イニシアティヴを発揮できないし、参加国の利益を調整する能力もない。その議長ジャン＝クロード・ユンケルはもう降参している。地中海地方の人道的破局を前にしての難民受け入れと国家間連帯というヨーロッパの未来にとっての最重要な問いを受け、つい数週間前に屈辱的退却を甘受せざるをえなかったところだ。委員会はもはや（次々と増える）規制のための機構でしかなく、伝導ベルトでしかない。交渉する権力はユーログループに移ってしまった。だがユーログループの存在は、いかなる条約に基づくものでもなく、したがっていかなる法にも従わない。その仲間に「選ばれた」代表は実のところ、参加国のうち最も大きな影響力と力を備えた国、つまりはドイツのためのスポークスマンなのである。

このとおり権力機構はさらに別の権力機構を隠している。しかし、結論を急いで、ヨーロッパの物質的構成が単に「ドイツ帝国主義」の仮面であるとしてはなるまい。たとえそれが現実であろうともだ。というのも、一方でドイツのヘゲモニーは今日確かにヨーロッパを席巻してはいるものの、それは間接的なものにすぎず、状況に追い風を受けたり、向かい風にあったりするからだ（「ギリシャ懲罰」の場合、これは有利な状況を最大限に利用した）。他方で、このヘゲモニーは部分的であり、複数の敵からの異議申し立てにさらされてもいる。この敵もまた、「権力ブロック」にさまざまな度合いで参加しており、さまざまな仕方でこのブロックを分割している。それらの分割のいくつかは根本的なものでありうるだろう。こうした敵のなかには、おそらく、ヨーロッパのほかの国々ないし国家グループがあるだろう（その同盟はもしかすると、ドイツ・ヘゲモニーに匹敵しうるが、ただし最近よく目にされるように、内部でも外部からも、ますますイデオロギー性をますます金融依存により足を引っ張られている）。しかし、はっきり分かっていることは、敵のひとりが欧州中央銀行（ＥＣＢ）だ、ということである。ベルリンとフランクフルト〔ＥＣＢ本部〕とが最初から意気投合しているなどと思っては誤りである。ドイツ経済は、世界市場に特権的ポジションを獲得し確保し続けようとしているわけだが、その利害は、ゴールドマン＆

サックス出身者〔マリオ・ドラギ〕が総裁をつとめるECBをはじめとする銀行システムの利害と一致しない（ショイブレ氏の攻撃的道徳論が、金融機関の投機的プラグマティズムと軌を一にしないのと同じである。ドラギ氏とヴァイトマン氏〔ドイツ連邦銀行総裁〕がたびたび衝突していることからもお分かりいただけよう）。そのようなわけで、極左にまで広がる、「ネオリベラリズム」を土台とした一般性はいっそう警戒に値するのである。というのも、共通のイデオロギー的枠組みから、唯一の政策が出てくるわけでもなければ、利害衝突が解決されるわけでもないからである。おそらく、先ごろ繰り広げられた出来事において、ECBは決定的な役割、「テロリスト」役を果たした。ECBがギリシャ銀行への送金を止めたからこそ、政府は銀行を閉鎖し、資本管理を開始せざるをえなくなったのである。国の経済は窒息ギリギリにまで追い詰められ、その結果ツィプラスは、降伏かカオスかの選択を余儀なくされた。この脅しこそ、ショイブレとデイセルブルームが利用したものである。しかし、とはいえ協議が突然動き出したということではない。ドラギは確かに、ギリシャのユーロ離脱を望まなかった（他方、ショイブレはそんなことは全く気にもかけず、それどころか、ドイツを中心にゾーンを「引き締める」ためにそれを望んでさえいたかもしれない）。ドラギはリスクをとり、（つかのまではあれ）勝った。長期的に見れば、また別の話である。ヨーロッパのちぐはぐな「行政」内でのこの分割もまた、「物質的構成」の一部である。

ここで上記の診断の機微を論じておこう。つまり根本的に実施不可能な一方的命令という診断である（「非現実的で実現不可能な改革」と、二〇一五年七月一四日付「ルモンド」紙の論説は書いている。しかし同紙はそれらの採用を全力で後押しし続けた）。しかしこの一方的命令は、無理やり履行されるだろう。愚の極みにまでだ。これはもちろん、ギリシャ国内で生じる抵抗に左右されるだろう。予想されるに、だんだんとギリシャ国外でも抵抗が生じるだろう（というのも、ヨーロッパすべてに関わることだからであり、まさしくヨーロッパ市民全体が当事者だからだ）。これらの抵抗は、一方的命令の矛盾と破壊的効果が明らかになるにつれて増大し、またより理に適ったものとなるだろう。しかし、これらの効果は、ヨーロッパ諸国のなかにまちまちの反応を生み出し、そこに生まれる戦略もそれぞれ妥協しがたくなっていき、そうしたことからさらなる重層的な決定がなされる。それは政府の政治的「色」とは比較的無縁な仕方をとるだろう。この点をめぐって、現行の矛盾の中心に飛び込むまえに、七月一二日から一三日にかけての夜にブリュッセル合意を導き出した闇取引が何を明らかにしたのか、検証するという回り道は無駄ではない。

ブリュッセルの夜に明らかになったフランスとドイツの亀裂

複数の政治オブザーバーの一致する意見では、「ギリシャ危機」とその解決策に関して、ヨーロッパ諸国は四つのおおまかなグループに分類される（英国はこの件では重要でないので除く。そもそも国内で「英国のEU離脱（Brexit）」の可能性を議論しているくらいだ）。まずドイツ、およびドイツの政策や「前例」にならう「衛星」国（『ルモンド』紙が言ったように、ドイツにとってはもっとも「冷酷な」要求を出すための名義人の役を果たしてくれる）。次に北欧・東欧の「貧困国」。彼らはユーロ圏に入るにあたり「犠牲を払って」きた国であるから、ギリシャがそれで「得をする」のを望まない。それから南欧・西欧の「債務国」。ギリシャが拒んだ緊縮政策を受け入れ、なんとかやりくりしてきた国々である。最後にフランス（とある面ではイタリア）。EU協定がさだめる予算上の厳しい規定を真面目に遵守しておらず、そのくせ常に自分たちこそ、ヨーロッパの「取締役」の避けて通れぬ一員であるとみなされたがっている。実際、このタイプ分類は二つのグループにまとまる。ギリシャの件では（ドイツ国内政治でも「ショイブレ・ライン」が明らかに「メルケル・ライン」より優位であった）、フランスとイタリア以外のヨーロッパ諸国において反ギリシャがヒートアップしたが（「もう信頼できない」、「もう資金拠出を受け入れない」）、これは直接的にドイツにより（仕組まれた、というのでなければ）道具として利用されたのである。フランスと、それを暗黙のうちに支持したイタリアのみが、（特にギリシャのユーロ圏離脱問題については）異なる（穏健派の）立場をとっていた。したがって重要なのは、フランス派とドイツ派の分岐点がどこかということである。実際これはかなり決定的な点である。それはもちろん、フランス大統領がひけらかすような理由からではない。

我々はドイツ政府に関して、その「妥協のなさ」の由来は、経済的理由よりもイデオロギー的かつ政治的な理由のほうが根本的だと考えている（いまでもまだドイツの銀行がギリシャ株を大きく左右しているのは確かだし、ドイツ予算がヨーロッパの連帯メカニズムの資源のほとんど三分の一を供給していることも事実ではある）。この理由は、ドイツ国内の政治に由来すると同時に、大陸へゲモニーの創設目標からも出てくるものである。つまり「ドイツ的ヨーロッパ」だ。これをウルリッヒ・ベックは、近頃有名になった著書で、「制覇」という目標ではなく、「学校教師」のプログラムだとして描写している。ドイツ連邦財務省で構想され、ユーログループの活動再開以前にたまたま「漏出した」二つの図式がある。ギリシャのユーロ圏からの「一時」離脱か（一時的とはいえ、みなすぐさま、それが自動的に決定的となるだろうと理解した）、ギリシャを保護国の状態に置き、その国家資源を収用するか、の二択だ。この二択は実際、政治的観点からは同じことであった。特に二つともに最終目標は、ツィプラス政権崩壊だった。この点を考えるならば、後者の図式に分があったのは単に前者が引き起こす「原理上の」困難さのためにすぎなかった。あとは、それが目的までたどり着くかどうかである（かなり近づいているようではある）。

反対に、フランスのほうでは何が起きていたのか。まず仮説として言えば、ドイツとは反対に、ある時点でオランドは、ギリシャ住民にさらなる緊縮財政を「受け入れさせる」唯一の方法は、ツィプラスに助言して、シリザの手でこれを住民に背負わせることだ、と考えていたのではないか（もちろん、ヨーロッパのトップたちが課した条件と措置の過激さのせいで、不可能とは言わずとも、ますます難しくなっていくのだが）。国民投票（これにドイツ人はいらだち、ギリシャ政府を「壊す」意図をさらに固めた）も、この方向でなされたはずだった。結局、オランド自身、選挙公約をくつがえした経験があるし、他の人も自分と同じことができるはずだと考えたのではないか……。さらに別の二つの要因が、オランドをして、ギリシャ離脱反対を表明させる要因となりえたであろう。あからさまにシリザを応援しているフランス左翼の世論に、ギリシャ追放が巻き起こす反響。それから、国際金融体制へのリスクという面から、かなりはっきりとギリシャ離脱に反対しているアメリカの態度の重要性である。二〇〇八年以来、アメリカは「システムリスク」という強迫にとりつかれているのだ。しかし、重要なのはおそらく、バルファキスが「ガーディアン」紙二〇一五年七月一〇日付の記事で指摘したような懸念であろう。つまりドイツはギリシャの状況を利用して、「フランスを規律化しよう」としている、すなわちフランスに決定的に予算的規律を押しつけようとしているということだ。フランスは実際、こうした規律を履行する能力がなく、それに続くはずの「制裁」への準備もできない。それゆえまたもや、ポイントは政治である。ヨーロッパでの権力配分の問題、支配的言説の管理の問題なのだ。こういってよいだろう。運命のあの夜オランドは、（おそらく自分のところの財務相に反対するメルケルの助力も得つつ）ユーロ圏にギリシャを維持することについては、「勝った」のだ。「ヨーロッパの調停人」としての威信を取り戻したのである。だが、そこで提示された条件の内容という点では、疑いなく「負けた」のである。この条件がその後を決していく以上、一点目に関するオランドの「勝利」も長く続くことはないだろう……。

　未解決どころか、先週の敵対問題のせいで悪化したこれらの問題は、やはり「ギリシャの」問題であり、かつ「ヨーロッパの」問題であるのだ。つまり、これらを順番に二つの角度から検討せねばならないときですら、たびたび明らかになるのが、どれほどヨーロッパ全体の命運がギリシャ問題にかかっているか、どれほどギリシャの行動（抵抗、提案、ひょっとしたら過誤や失敗）が今日、ヨーロッパ全体に大きな帰結を及ぼすか、ということである。三つの一般的な問いがかつてないほど前面に現れている。負債と経済の問い、構造的不平等と新たな支配関係の問い、民主主義と極右の危険性の問いである。

管理不能なヨーロッパの負債と常に不安定な通貨

　負債の話から始めよう。ひとつ自明なことを思い出しておくのがよさそうだ。公的、私的を問わずいたるところから借りたヨーロッパの負債は、増加し続けている。さらにそこから、デリバティヴが生じ、どれも多かれ少なかれ毒を含んでいる。このようにしてユーロの安定性はいまや危機に晒され続けているのだ。この負債は――合衆国とちがって――広く受け入れられ蓄財された準備通貨の形での補償が受けられない。また「最終審級として貸与する」資格を持つ中央銀行にも頼れない。そのため、この負債は、投資リスクであると同時に、このごろ見られるような経済的停滞のリスクでもある。第一に、一八八〇年代以降、国家レベルの金融市場が国際的依存体制に突入した。第二に、ECBが行う民間銀行への財政援助およびマネーサプライ（ただしギリシャ政府に圧力をかける場合を除く）の結果、持続的に投資取引のリスクを、納税者としての市民がかぶることとなった。最後に、ネオリベラルの政治言説は絶えず「浪費的」国家を（情報操作や難癖を使って）非難している。これら三つの理由から、多くの人々の関心は公的負債に集中することとなる。しかしながら借金のほとんどは民間の債務であり、まさにそのために経済は、借り入れ超過のカリュブディスと、緊縮財政のスキュラのあいだを右往左往してしまう。この問題は、ヨーロッパ全土に関わる（共通通貨がたとえ参加国全体に現時点で採用されていないとしてもだ。おそらくこれからも採用されることはない）。ギリシャの借金はおそらく、ある特定のシステムリスクにすぎない（ギリシャ経済を、すなわちギリシャの返済可能性を圧迫してもこれが減ることはない！）。そもそもこのシステム全体が不健康な道に入り込んでおり、そのための総体的解決が求められているのである――この解決は、明らかに、ユーロ圏を一貫した経済空間へと変容させるような再構造化を行うことであろう。ここでいう一貫性とは、単なる統合や「規律化」ではない。産業の集団的な発展と変容という視点から計画していくべきものである。したがって、ギリシャ政府が提案したように、「借金をめぐるヨーロッパ会議」の枠組みで、この問題のさまざまなデータや利害関係者すべてを勘案しながらギリシャの借金の減免と経済復興を検討することは妥当であった。しかし、「機構」はこの提案をぴしゃりとはねつけた。彼らの代理人は聞く耳すら持たなかったのだ……。そもそも、この提案は、IMFの分析とも足並みを揃えたものだった。IMFは、ギリシャに対する緊縮プランそのものの「計算ミス」をすでに見つけていたのだから（とはいえ実際の対策が打たれたわけではない）。したがって、こう問うていいだろう。ヨーロッパが妥当な水準で金融問題と合理的に向き合うにあたり、どのような利害が、除きがたい障害となっているのか、また、ヨーロッパをスケープゴート探しに邁進させているのか。おそらくナショナリズムと目先のエゴイズムであろう。さらにはそのために引き合いに出されるイデオロギー的な強迫観念がある。そして銀行の利益もある。そして最後に繰り返せば、ある一国（ドイツ）の反共同体的振舞いだ。この国は常に隣人を犠牲にしながら予算の黒字を引き出している。また長期にわたり、金融市場での国別金利の利回り格差を利用して、債務国からのかなりの「移転（transferts）」で儲けてきた。お分かりだろう、ドイツは南の仲間の汚職や脱税と闘おうとしているのではない。この闘いをやかましく騒ぎ立てるのは、ギリシャを後見監督することの正当化のためなのだ。しかしそのためにこそ、ヨーロッパは、これまで神聖不可侵のものと言ってきた通貨価値とその安定性を、危険に晒し続けているのである。

不平等と支配のヨーロッパ

負債の問題、そしてその合理的扱いの不十分さ。これはヨーロッパの連帯という政治的意志を前提しており、それゆえ直接的に第二の問題と関連する。ヨーロッパの未来にとっていっそう憂慮されるこの問題とは、内的不平等の広がりである。この不平等は単純な姿をしていない。というのも、大陸の分割・再統合の歴史に横たわる社会的・政治的原因に由来するからだ（「文化的差異」という修辞は無視する。マスメディアや政治学者のお気に入りだが、ヨーロッパ内部のレイシズムに油を注いでいる）。にもかかわらず、やはり言えるのは、冷戦時代に政治的に分割され、異なる経済システムをとっていたことで強まった東西の対立軸が、今やおおむね、南北軸に基づいたユーロ圏内の不平等へと変わっているということだ。スペインとポルトガルで実施された「解決」(失業率の爆発的増加を犠牲にして公的予算と銀行の信用が取り戻された)に続き、ギリシャ危機でも経済解決もどきが提示されているが、その条件のうちには「連合」ヨーロッパの内部の溝の深さが見事に示されている。EU共同体の度重なる拡大のたびに再確認されてきたとおり、そもそものこの連合の計画とは、これまでの住民間の戦争からくる敵意を、繁栄と相互依存に視点を切り替えることで減らしていこうとするものだったのだが。

比較に基づく有利を発展の不平等へと変形し、発展の不平等を支配関係へと変形すること。これはもちろん盲信的な自由主義経済の論理だが、これが最新世代の条約でも神聖扱いされている。ラディカル左派のアナリストのうちには、地球の「南北」関係の歴史から想を得て、ここに、ヨーロッパ大陸内部ですでに進行した植民地的な関係の出現を見いだしている。さらにこれは、地中海地域の観光産業「特化」と、北部地域の熟練労働力の供給というかたちをとっている。この見方では、産業が落ち目で失業率がずっと減らないフランスは、中間的位置を占めている。これは、その規模にもかかわらず非常に微妙な地位である。他方、中欧の新たなEU参加国は、「現実社会主義」の試練を経て、極端な形で市場イデオロギーに転向したあと、支配地域の利益のための下請けの役割を自ら引き受けている。こんな描き方は単純化のそしりを免れないだろう。とくにそれぞれの地域、それぞれの国の内部における社会的・地域的不平等を蔑ろにしがちである。実際は、こうした不平等こそ、いまやネオリベラルの論理により最大限に拡大されているのだ。しかし、先ほどの描き方には利点もある。すなわち現在進行中の二極化の、敵対的になりがちな構造的特徴に注意が促されるのだ。我々の考えでは、より具体的で、より状況に直接的に結びついた考察をここに付け加えるのがよいだろう。すなわち、南欧（その代表がギリシャでありイタリアだ）は単にその内部で、ある一部を「建設」し、ある一部を「破壊」しながら、植民地に酷似した依存・支配形態を再生産しているというだけではない。南欧はヨーロッパ大陸であると同時に、地中海空間に属してもおり、この空間を媒介としてさらなる「南」と有機的な関係をもっている。この「南」は徐々に不安定化しており、動乱の種ともなっている。壁の後ろから、あるいは国境警察の作戦に隠れたままで、これを抑えることは不可能になっていくだろう。つまり貧困と難民の「南」のことである。彼らは内戦に巻き込まれているが、同時に、西側の介入がもたらした余波の犠牲者でもある。この介入を始めた西側は、その帰結を計算してはいなかった。そうして今では、ヨーロッパの南欧以外の地域は、ここと「縁を切り」たがっている。

どこへ向かおうとしているのかお分かりであろう。国家や地域の間でますます二極化と利害葛藤が強まっているこの条件のもとでは、「ヨーロッパの構築」を追求することも、主張することすらも明らかに無駄な考えである。そうである以上、ヨーロッパを出発していまや一周してきたグローバル化の流れを「中和」し「見えなく」するような政体としてヨーロッパが存在すると考えることも、それ以上に空しい考えだ。IMF――この組織は原則、通貨が崩壊した経済の復興を任務とする――がユーロ参加国間の予算争議の解決に介入するような例が、今度は同じく、難民流入の管理や、ヨーロッパ「辺境」での新たな武力衝突に関しても出てくるだろう。徐々に分割されていくヨーロッパは、すっかり「ヨーロッパのなかに」あるわけではない。舞台から降りる前に、ユンケル氏は、難民の「分かち合い」を拒絶するヨーロッパ国家の「エゴイズム」に対し怒りの雄たけびを上げる余裕があった。それでも、難民の到来に日ごろから直面する二国のひとつの頭を水に沈めるがごとき無分別を告発するほどには、頭は回らなかったのか。お次はバルカンのど真ん中や、ドナウの岸に壁を建設する日が来るかもしれない……。

ヨーロッパ的デモクラシーの不在と国家ポピュリズム

二〇一五年七月一三日の異様さからその重大さが分かるような第三の問題がある。それはもちろん民主主義の問題である（またそれゆえ、制度的合法性の危機である）。誰もがこぞって繰り返し指摘する通り、「欠陥」を抱えているのだ……。その構成要素すべてを取り上げつつ、目下の時局に照らし合わせて、この欠陥を論ずるのがいいだろう。形式的側面――これも重要な現実の一部だが――を示唆するにすぎない抽象的議論は、ここでは控えておく。

〔国民投票が行われた〕七月五日以前、それ以後ならなおのこと、ギリシャ政府との（負債、経済、ヨーロッパ構成体のなかでのギリシャの将来などについての）交渉要求は信用に値しないとヨーロッパの各国政府がいうとき、さまざまな論拠が引き合いに出されたが、少なくとも外形的に最も強力であったのは次のような主張の繰り返しであった。すなわち、EU（ないしユーロ圏）のたったひとつの参加国やその住民の「意志」が、他の一八ヶ国の意志に優先することはありえない、というものである（後者の意志については、各国政府は定期的な選挙で決められており、それによって表明されているとみなされた）。明らかにこれは、ブリュッセルで作られた「広報ポイント」の一つであり、委員会では新聞特派員たち（特にフランスの「ルモンド」や「リベラシオン」）によってうんざりするほど繰り返し取り上げられた。確かにそこには何か異議を唱えにくいところがある。部分が全体を決定することはできないのである（実を言えば「全体」が「部分」に対し、その生存を犠牲にするよう強いることもできないのだが。ただし全体主義体制を除く）。しかし、これは次のような場合にしかあてはまらない。代表制手続きの細かな点とは関係なく、民主主義の意味での「人民」、すなわち最終決定によって代表される当事者としての市民全体が参加する討論が、実際に行われている場合である。だがヨーロッパの専門家階層と各国の政治家階級（彼らは卑しくも国家とヨーロッパの「仲介役」を独占し続けようとしている）にとって、そんなことは聞きたくもない話だ。二〇〇五年にいくつかの国が「欧州憲法」プロジェクトのもとで行った国民投票のときには、ほとんどが口ごもっていた。この時こそ、集団的に参加し議論する絶好の機会だったのにもかかわらずだ。しかし、フランスやオランダで獲得された反対票は（その解釈は複雑ではあるが）、すぐさま、民衆評議という考え自体を無効とし、結果を取り消させるための道具として利用された。このやり口が、ヨーロッパの市民精神に与えた解体効果は圧倒的であった。この点から、七月五日のギリシャ国民投票が生み出した反動の暴力性がある程度説明できよう。

ヨーロッパにひとつの亡霊がとりついている。人民の声という亡霊であり、さらには人民権力という亡霊である。しかし、民主主義的要求が盛り上がる背景には、これまで国民国家によって行われてきた決定が超国家的制度や秘密組織に移り、民衆の監督の目が届かなくなってしまうことに対する不愉快さや怒りの拡大がある。そのために「埋め合わせ」の装置が用意された。それは、即刻災厄をもたらし、将来に向けてすさまじい憂慮を引き起こした。怪しげなソブリン債の大部分がヨーロッパの「公的」機関により購入されていたという事実を利用して、他のＥＵ各国の「納税者」に対して休みなく、「自分たちはギリシャ人のために金を払い続けている」との考えを吹き込んだのだ（それによると、ギリシャ人は、もらった金を浪費する以上のことはしてこなかったとなる。実際はこの金の大半は以前の借入の利息分の支払いに使われたのだが）。そうすることで、もしギリシャ人たちが担保を提供せずにデフォルトに陥れば、各国はかなりの額を「失ってしまうだろう」という考えが刷り込まれた（これらの損失はバーチャルなもので、それが各国の財務状況に与える現実的影響は、まったくもってそのときの経済状況次第である）。

こうして用意された国家プロパガンダが、世論に取って代わり、ポピュリズムの火種となった。さらにこれは「中央の」極右主義となった（社会学者ウルリッヒ・ビエルフェルトの言葉による）。とりわけドイツで強力であったが、フランスやオランダも負けていない。これが公式見解となった国もあり、そのひとつフィンランドでは、これが排外主義と合流するのがその目でじかに観察できる。その結果、民主主義の危機は、代表制の欠陥として発展する。さらにそれに関連する事実として、ヨーロッパ市民にとって、自分たちの名でなされた決定を実質的に監督するどんな制度的可能性も存在していないということがある。それは一市民のレベルでも存在していないし、州や地方自治体、国家、超国家の一員としてのレベルでも存在していない。欧州議会は、中身のない哀れな貝殻にすぎず、シュルツ議長の挑発的で侮蔑的な声明以外、ギリシャのデフォルトとそれが幅広く何をもたらすのかを検証することにおいていかなる役割も果たさないことがよく分かった。しかし危機はまた、徐々に（反ギリシャや反ドイツといった）攻撃的ナショナリズムや排外主義といった報復のかたちをとりつつある。国内の「マイノリティ」とともに国外の「競合相手」がこの対象となっているが、次第に勢力が組織化されてきており、集団での情念、反ヨーロッパや反政治的議論が出回るようになってきた。政府それ自体も、その政治的

「色」を問わず、この圧倒的ポピュリズムの扇動役となっているか（そうとして名指されることは稀だが）、あるいは、テクノクラシーと金融との緊密な連携のもとで、今日ヨーロッパの政治権力を分有する「大同盟」政党となっているかである。しかし、ネオファシズム運動は、さまざまな度合いで、そこから恩恵を引き出そうとしており、すでにこれを利用して、各国の市民生活において幅を利かせている。この意味ではすでにずいぶん事態は進行した。「国家アイデンティティ」の保護の名目にせよ、移民やマイノリティからの「防衛」という名目にせよ。

その結果として、ヨーロッパが今日必要としている（クロード・ルフォールの言うような）民主主義的発明が二つの形でなされねばならない。まず制度的創設であり、いま現実の権力のあらゆるレベルで完全に失っている代表制と熟議を確立することである。さらに積極的市民主義である。つまり、市民としての大衆動員（「反ポピュリズム」と呼べよう）を、国家横断的な責任が課題となる主題すべて（情報の自由、環境問題、労働者の権利、移民や不安定労働や失業者の動員、汚職や脱税との闘いなど）についてかけること。こう言っても大げさではあるまいが、シリザは、政権獲得の前にも後にも、ヨーロッパのほかの運動（怒れる者たち、ポデモス）と同じように、ヨーロッパ左派の先進的党派に大きな希望を抱かせてきた。それはまさに、シリザがこの方向を向いていたからだ。おそらくまたそのためにこそ、シリザがあの執拗な攻撃の標的にされ、ご覧のような帰結がもたらされてもいるのだ。そのようなわけで、ブリュッセルの一方的命令と、それ以降をめぐる考察の当座の結論として、我々は——一国や一運動の内部からの発言ではないのだから、それなりの慎みをもって——ギリシャ左派が何を得たことになるのか、考察と仮説をいくつか提示することにしよう。また最近のギリシャ左派が置かれている批判的状況についても検討しておこう。

シリザの戦略的ジレンマ

ギリシャ議会は先ごろ、ブリュッセルの基本合意書を、そのまま可決したところだ（それが、先の資金凍結の応急的解除と銀行再開の条件であった）。この可決は、圧倒的多数の賛成で行われた。なぜなら旧政権が賛成に票を投じたからだが、かなり少数派の反対派もおり、そのうちには、シリザの代議士が三〇名もいた（票決に先立つ党の中央委員会では、ぎりぎり多数で合意が拒絶された）。ツィプラスは、世界を駆け巡った発言のなかで、自分はブリュッセル・プランの経済的効果など「信じていなかった」が、「災厄」を避けるために受け入れざるをえなかったと宣言した。ギリシャにとっての災厄、そしてヨーロッパにとっての災厄である。彼は責任を引き受け、連帯を呼びかけた。ストやデモが起こった。この最近の展開はどのような教訓であろうか。近い未来にとって、および長期的な視野のもとで、どのような提案を引き出しうるものだろうか。

まず確認すべきは、ブリュッセルの「贈り物」の価値と言葉に関する議論が、その履行以前から始まっていることだ。これはもちろんギリシャではその通りなのだが、国外でもそうだった。さらには世論や広報機関でもそうだった。そこでは、このように「遠くに行き過ぎ」たことで、ドイツとヨーロッパ連合は、その権威の条件を根底から覆さなかったろうか、と問われた。もしこの傾向が確認されるならば、その意味するところとは、「信頼の問い」がその局面を変えたということだろう……。しかしそのためには、どのように合意書が実施されるかはっきりするのを待たねばならない。強められた緊縮措置のショックをギリシャ社会が吸収することが、もし可能ならば（そこが第一の主要な不確かさである）、そして他方でツィプラス政権がまだ権力にとどまるなら（第二の不確かな点）、この政権は、署名された文面にまだ残されている自律の可能性の一つひとつを活かしていくための頑強な闘いを支援し（その好例の一つは、ギリシャの貸方を一本化し「保証基金」として管理することである）、とりわけ税務上の重荷が、最も貧しい社会カテゴリーの人々に負わされていることに対して体系的な抵抗を展開し、汚職に毅然と攻勢をかけ、負債の構造的原因の問題を改めて訴えかけていくだろう。だがこうしたことすべては衝突（「階級闘争」と言ってしまいたいところだ）を覚悟せねばならない。しかしこれこそが事態の新たな局面を開きうるであろう。

逆説的にも、さしあたりツィプラス政権がこの闘いで利用する主要な「外部からの」支えは、ＩＭＦの態度からもたらされる。ＩＭＦは、ブリュッセル合意で与えられた役割を演じることを拒み、ギリシャの負債の「持続可能性」について完全に悲観的な分析を公にしている。またヨーロッパ中の人々に、これを軽減するためにもっと努力するよう呼びかけている。こうした態度の重要性については、それがなされた瞬間に過小評価することは難しいだろう。この態度が意味するのは、ＩＭＦは、ギリシャを「第三世界」用の規範に従わせるための支配装置でありながら（アルゼンチンの場合と同じ。ただしアルゼンチンは、経済的地政学的な重要性に一部基づいて、それを免れることができた）、逆向きに伝導ベルトを動かすことによって、システム内において矛盾的要素ともなりうる、ということである。これは、国際金融の利害とヨーロッパ内の政治目標との関係のバランスを再調整することに等しい。ここに地べたを這う「再交渉」の始まりが記されていると考えることが（あるいは期待することが）できる。これに対し、さしあたり、すべての政府とユーログループは「約束の尊重」を引き合いに出してくるだろう。一方ショイブレは、勝ち目を増やすことを気にしてか、すぐさまこれを論拠として、「一時的なギリシャ離脱」という考えを再び持ち出してきている。

戦略的ジレンマの二点目の要素は、より重要だ。これはギリシャ国内の状況と関わる。すなわち社会的・道徳的・政治的状況だ。ギリシャ社会は疲弊しているが、複数の連帯が豊かにあふれ出し、それを通じて、ここ数ヶ月、貧困化や絶望から身を守っている。しかしながら階級やイデオロギーに基づいて、ギリシャ社会は分裂してもいる。これらの分裂はもしかすると乱暴にずれることもありうるだろう。今後の出来事の経過次第であるが、同時に、政府の行動がどのように受け取られるか、といったことにも関わっている。「裏切り」と取られるか、「抵抗」と取られるかだ。私たちから見て重要なのは、ツィプラスが（昨日のギリシャ議会での演説やシリザ代議士への手紙において）――ギリシャ民主主義の伝統における典型的な言論の自由の姿勢を取りながら――状況や制約、展望、政府の意図などについて「真実を言う」という解決に固執していたことだ。これに負けず劣らず重要なのは、きわめて強い緊張にさらされながらも（明日にも命を落としかねないほどだ）、シリザ連合はいまだに「がけっぷち」で抵抗していることだ（組織内では、これを分裂させようという呼びかけや自己成就的予言もないわけではない）。しかし、政権を改造しなければならなかったし、高リスクで選挙を告知せねばならなかった。今のギリシャはきわめて脆いバランスの上に立っている。それを成り立たせている要素をここで明らかにしておこう。

議論の第一点。ツィプラスがあのとき、あのように国民投票を呼びかけたことは正しかったのか。彼はそこで二重のリスクをとっていた。まず、裏で操作し続けたいと望んでいたヨーロッパ列強の怒りを

「挑発」してしまった。次に、外部勢力との関係や民主主義の挑戦に乱暴に直面させられた住民（特に若い人々）のなかに大きな幻滅と怒りを生み出してしまった。しかし、すべてを考え合わせれば、我々の考えでは、彼は正しかった。なぜなら、ウルリケ・ゲローが「ツァイト」紙でとりあげたシャンタル・ムフの言葉で言うと、国民投票は隠れた「ガバナンス」を撹乱し、本当の「政治の回帰」を、いくつかの面ではもはやとりかえしのつかないヨーロッパ危機のなかに生み出したのだ。人民の利益と声という問いが、共通利益に関わる決定という公共性の問いと同じく、はっきりと立てられたのだ。さらに、イデオロギー対決が起こった。ギリシャに敵対する主要陣営（ショイブレ、ユンケル、デイゼルブルーム……）は、国民投票での「否」の帰結はユーロ離脱である、と言い張ったが、ツィプラスは、自らの任務と、彼が投票に賭けた提案とは、ユーロ圏への残留かつ緊縮策の拒否であったと主張した。したがって別のヨーロッパを要求しているのだと。私たちの感じるところでは、彼はこの原則上の問いについては闘いに勝った。たとえ、続く闘いで敗れたとはいえ。敗因は、圧倒的な力関係と「テロル」的武器の使用である。つまり〔ECBによる〕ギリシャの銀行への資金供給の見送りと、資本流出の組織化である。

ここで私たちは第二の問いに導かれる。ツィプラスが喫緊の「災厄」、それを前にしての唯一の責任ある態度が、原則では譲らずとも負けを認めることであるような「災厄」を口に出すことは正しかったのだろうか。この点に関しては、答えはいっそうはっきりと肯定できるように思われる。というのも、一方でギリシャの公的予算の崩壊と、国内経済および市民生活の資金繰りの行き詰まりは、避けがたい現実であったからだ（IMFの報告が暗い見通しを示したばかりだ）。この意味で脅しは実際に機能した。しかし、他方で、「ギリシャ離脱」をポジティブに（征服的でさえある）利用することが、シリザの「マルクス主義」一派の代表者たちや、ヨーロッパの極右・極左の理論家たちから言い立てられてもいたが、これには一片の妥当性も、成功の見込みもないからである。こうした見方は、単にヨーロッパ構成体という考えへの原理的反対を表明しただけか、そうでなければ、グローバル経済での（小）国家の自律という大時代的な概念に立脚していた。あるいは、通貨政策や資本流通の「管理」という権威主義的で実行不可能な概念に基づいていることもあり、その場合は一種の「戦争共産主義」の再現である。または、民衆階級の生活条件に対して、相場の暴落ややむやみな競争が及ぼす効果の根本的な無自覚さゆえのこともあった。事実として緊縮策はすでに支持しがたく、悪化を招くばかりだと反駁することはできるのだが、そこからさらに戦術の問題を論じねばならない。合意の実施（と非実施）の条件という問題だ。いずれにせよ、最悪の政治には意味がないのである。

シリザ連合が「政権」与党でもあり運動でもあるということは、そのとき、最も困難で決定的な要素を構成するように思われる。最も困難だと言えるのは、その内部には各組織のあいだの実際の亀裂があり、連合するかどうかを固く定めるものはないからである。この連合は、社会における条件や、政治的意志に左右されているのだ。最も決定的だと言えるのは、このごろはっきりしているように、ヨーロッパの「中央」を出所とした圧力が最高潮となり、爆発寸前となっているからである。ドイツの報道（「南ドイツ新聞」紙）ではご丁寧にも、シリザの「分裂症」についてくだを巻いている。合意の内容を批判し続けながら、同時にそれを自分なりに実施するために政権にとどまっているとして……。記事がツィプラスに命じるところでは、与党から異端派を追い出して右派や中道の大臣を据えることにより、自分の意図を「明らかにせよ」とのことである。このように「信頼欠如」の言説に戻ってくるわけだ。

過去の政治のせいで信用を失ったギリシャの諸政党は、議会で彼を「支持した」。しかしいつでも逆転を狙っている。合意反対の票を入れたシリザ議員の「反逆」は、したがって絶対的に正しく、危機のさなかで導かれる民主的経験の一部であるように思われる。しかし、この反逆が敵の手に落ちてしまうなら、それこそ命取りだ。そもそも反逆とはいえ、そのイデオロギーも均一ではない。というのも、ヨーロッパ構成体への原理的な敵対によって動いたのは反対派の一部でしかない。他の反対派（よく表に出てくる人物としてはバルファキスやゾエ・コンスタントプル）は言葉と行動で、「別のギリシャ」から始まる「別のヨーロッパ」のための闘争に身を投じる意志を示したのである。連合状態が内的緊張にもかかわらず続くなら（この緊張は、ギリシャ国民と世論のなかの葛藤そのものの反映だ）、改造後の政府も「左派からの」批判との対話を続けることができるし、右派や極右の圧力に抵抗することができるだろう。合意の実施と抵抗のあいだで弁証法が展開されることになろう。連合が続かないのなら、この運動がギリシャやヨーロッパ、さらに遠くで立ち上げてきた希望は決定的に潰え、そこからは未知の領域となる。読者には、私たちの希望がどこを目指すのかお分かりいただけているであろうが、しかし、確実なものなど、いまのところ何もないのである。

ヨーロッパにとっての「長征」：私たちの連帯

ギリシャ議会での演説でツィプラスがはっきりと述べている。私たちが選ばねばならなかった解決は、最善のものではなかったが、ギリシャにとって、さらにヨーロッパにとって、最も災厄の少ないものではあった、と。政権獲得以来、特に国民投票に際して、彼は次の立場を堅持しつづけてきた。「私たちの任務はヨーロッパ離脱ではない」。そんなことは、ギリシャ人民の大多数が望んでいない。実のところ、私たちの任務とは、絶えず別のヨーロッパが生まれるために闘うことである。債権者が助長してきた寡頭制的特権と汚職からギリシャがすっかり身を清め、自分の場所を持ち、他国にとってのモデルとさえなりうるような、そんなヨーロッパである。これは二〇一五年五月の「ルモンド」紙に出た記事のテーマであった。「ヨーロッパは岐路にある」（二〇一五年五月三一日）。この切れ目のない取り組みは、私たち皆にとって大いに役立つものだ。義務とは言わないまでも、責任を私たちに作り出すのだ。

　少なくともマーストリヒト条約以来、破壊的効果と抑えがたい矛盾とをはらみつつ進行中のヨーロッパのネオリベラルな構築に対抗して、別のヨーロッパを構想すること。これが今や、より難しい課題として提示されていることは明らかである。しかしこの課題は、私たちが想像もつかなかったほど多くの障害物にまみれている。ヨーロッパはその構成的危機を「上から」なり「下から」なり出るための長征に突入した。その市民主義の条件を発明するため、そして、その文化的復活の力をかき集めるための長征に入ったのだ。ギリシャは現在、対決と係争点の中心にあり、さらに今後もそうあり続けるだろう。日常的な必要に即して切れ目のない連帯を生み出し、その推移を自由にかつ批判的に評価しつつ証言することで、私たちは自分のことも助けることになる。この連帯の形を見つけねばならない。それに効果を発揮させねばならない。また、シリザを今日のような状況に追いやったもの、力関係のバランス崩壊を引き起こし、一方的命令を可能にしたものとは、かなりの程度、この連帯の不十分さにあること、あるいはこの連帯の効果のなさでもあることを、思い出さねばならない。

　ギリシャ人たちは今、シンダグマ広場での人民集会や国民投票の「否」キャンペーンで示されたような法外な民主主義的力能を、生活のうちで維持しようと努めている。その新たな実現の点を見出そうと努めている。こうした努力に対し、私たちもまた、運動とキャンペーンを組織する能力でもって応え、協働していかなければならない。世論の中で彼らの大義を支持する声を広げていき、最終的には彼らの目標と合流していくのだ。こうした運動とキャンペーンでは、排除は許されない。議論や内的矛盾にさえ広い余地を与えることで、それなしではヨーロッパに「構成的契機」がありえないような政治の刷新を具現するのだ。この運動とキャンペーンは国境をまたがねばならない。そこではあらゆるナショナリズムから身を守るとともに、(国民戦線のような)今展開中の反ヨーロッパ的ナショナリズムとの「ポピュリズム」的競合からも一線を画す必要がある。同じ「悪」(テクノクラシー、エリートの汚職、人民への軽蔑、税の圧迫)を告発しようとして、同じ土俵で似たような修辞を展開することは避けねばならない。まさに、この新たなヨーロッパ内国際主義を育んでいくにあたって、アテネに戻ること、ギリシャ国民のそばに戻る以上にいいことがあるだろうか。しかし、すすんでこうも付け加えよう。ドイツへ戻るべし。つまりネオ資本主義の「要塞」と見えるものの中心にあって、矛盾と同時に別の豊かな可能性を孕むこの国へ。さらにはスペインの、ポデモスのそばに戻るべし。システムへの新たな挑戦を自らの仕事として引き受ける彼らのそばへ。フランスへ戻るべし。社会民主主義が「共和主義的」愛国に、「競争による破壊」に、文化の商業化に変わってしまったこの国へ。イタリアへ戻るべし、ヨーロッパの境界の「要塞化」と「軍事化」に対する闘争が交えられるこの国へ。イギリスへ戻るべし、社会サービスの金融化の土台の上での孤立主義の賛否が議論されるこの国へ……。最後にとりわけ、この大陸のさまざまな地域の連帯、民主主義的改造と緊縮への抵抗という二つの目標の緊密なもつれ合いに光を当てることのできるような号令が必要だ。例えば負債の監査――ギリシャ議会が自らの手で実現したこの監査が、ＡＴＴＡＣのような運動が提案する別の経済、別の通貨政治という考えに中身を与えてくれよう。さらに負債の監査は、現行の金融資本主義と「プレカリアート」の一般化に対抗するための闘争、労働を新たな仕方で組織化することを求め、また社会保障の新たな法・制度を作り出そうとする闘争へと合流する。安全政治への抵抗、情報と移動の自由の防衛といったことも別の例であろう。もちろんそれらに限る、ということはない。

アレクシス・ツィプラスが二〇一五年に書いていたように二つの道があるのだ。支配的政治に反対することがいかに難しくとも、選択は常に目の前にあるのだと私たちは考える。かつてなく避けがたい選択があるのだ。その可能性を構築せねばならない。しかるべき時間がかかることであろう。だがもたもたしてもいられない。

（訳：上尾真道・森 元斎）

Title: Le Diktat de Bruxelles et le dilemme de Syriza
Author: Étienne Balibar, Sandro Mezzadra, Frieder Otto Wolf
MEDIAPART, 19 juillet 2015
(https://blogs.mediapart.fr/ebalibar/blog/190715/etienne-balibar-sandro-mezzadra-frieder-otto-wolf-le-diktat-de-bruxelles-et-le-dilemme-de-syriza)

資本の戦争的本性とその回帰

マウリツィオ・ラッザラート

二〇一五年九月一四日　パリ

住民を「敵」とする戦争

――現在のヨーロッパ情勢をマウリツィオさんはどのように分析していますか。

まずギリシャの問題があり、次いでシリア難民の問題が起きました。これら二つの問題は関係し合っているとぼくは思っています。今日のヨーロッパに導入されつつあるのは戦争の体制です。ギリシャ問題もシリア難民問題も戦争体制の導入という観点から語ることができます。これら二つのケースに見出されるのはどちらも住民（population）に対する戦争ということです。ギリシャの場合、負債政治は富者を除く七〇%の住民に対する戦争として進められている。同様にシリアで起きているのも住民に対する戦争であり、難民は言うまでもなくその帰結にほかなりません。興味深いのはこれら二つの戦争がいずれも米国に由来するという点です。ギリシャ住民に対する通貨戦争は米国の金融モデルに基づいたものであり、このモデルにヨーロッパが積極的に参加することで起きている。ヨーロッパでの金融危機は、欧州中央銀行（ECB）がサブプライムの不良債券を大量に米国から買ったということに端を発しています。他方、大量のシリア難民を今日発生させている戦争のほうも米国が始めたものだと言える。シリアでの戦争は、ブッシュ父子によって展開されてきた一連の戦争、すなわち、第一次湾岸戦争から第二次湾岸戦争を経てリビア爆撃へと至る流れの延長線上にあるからです。ギリシャとシリアとを通じて見られるのは、政治的かつ経済的かつ軍事的な戦争であり、そこでは政治も経済も軍事もひとつの同じものとしてあります。世界は新たな戦争体制に入りつつあり、この体制にヨーロッパも積極的に参加している。イギリスやフランスをはじめとしたヨーロッパ諸国はリビア爆撃に参加するのとまるきり同じ流儀でネオリベラル政策にも参加しているのです。

　住民に対して戦争がなされる時代が到来しています。ギリシャに対する通貨政策はあからさまに「戦争」として展開されました。金融資本は経済的＝政治的＝メディア的装置を有していますが、ギリシャではそれらの装置を武器に住民に対する攻撃を行いました。ギリシャで起きたのは従来の「階級闘争」ではない。資本家と労働者との対立ではなく、資本とその社会的形態とによる住民に対する攻撃なのです。シリアに目を移せば、こちらでもまた国家間の戦争がもはや問題になっていないことは明白です。戦争は社会の内部で起きている。しかし、そうした戦争はいまに始まったものではなく、むしろ近代を

国会前での衝突（2011年６月15日、アテネ）
photo by Thanassis Stavrakis (AP Photo)

特徴づけるもの、植民地主義に典型的な戦争形態なのです。植民地戦争は資本主義にその最初期から伴ってきたものであり、アメリカ大陸征服の時代から存在しています。そして植民地戦争は当時からすでに国家間戦争などではなく、つねに住民に対する戦争であり続けてきました。住民に対する戦争においては、戦闘員／非戦闘員とに住民を分割することはできないし、戦争／平和を区別することもできない。ぼくたちが現在生きているのもまさにそうした状態であり、これはよくシュミットなどを引いて「例外状態」として論じられてもいますが、「例外状態」というカテゴリーはやはり有効であるようにはぼくには思えない。植民地戦争は資本主義の下では「例外」的な戦争形態とは言えないからです。

ギリシャ債務問題とシリア難民問題とが連続して起きたという事実は、戦争が再び資本による戦争、住民を敵として資本によって進められる戦争になったということをそれがはっきりと体現しているという意味で、たいへん興味深い。ベルリンの壁の崩壊後には「新世界秩序」の到来なることが語られましたが、それがいわば「新世界無秩序」として政治的にも経済的にも軍事的にも実現されつつあるのです。これはしたがってヨーロッパだけに限定された現象ではなく世界全体の再編成だと言える。いずれにせよ、住民に対する資本の戦争というこの点がぼくにとっては何よりも重要です。もちろん「負債」という点から分析を展開し直すこともできますが、負債政治もまた戦争の一形態にほかなりません。負債はネオリベラリズムがおのれの進める戦争を統御するためのひとつの形式なのです。負債は住民をその総体において狙い撃ちにするための装置、社会的な装置にほかならない。あるいは、そうした機能に合わせて構造化されたひとつの軍事的装置だと言ってもいい。冷戦終了直後から、あるいは、すでに一九七〇年代からすでに政治的にも軍事的にも「住民」が敵に位置づけられていたとも言えるでしょうが、今日ではそれが誰の目にも見えるものとなったのです。

ぼくは今日的な闘争形態として「エクソダス」を語るといったことに賛同していない。ぼくたちの知っている唯一の「エクソダス」は資本のそれにほかなりません。脱出したのは革命運動ではなく資本であり、資本こそがフォーディズム型の社会的関係から脱したのです。戦争とはまさに社会的関係のこの切断のことであり、戦争は住民との関係のなかで進められるものではなく、住民に対して進められるものとなりました。そしてまた、この切断こそがネオリベラリズムを規定します。ネオリベラリズムとは社会民主主義に対して資本のなした「妥協」のその切断のことにほかならない。資本はもはや労働者階級との関係（福祉国家体制や賃金関係）の維持を求めていない。いまや資本は社会全体を征服すべき対象としかみなしていないのです。負債は資本にとって社会全体を捕獲するためのメカニズムとなっています。この点で負債は植民地主義のメカニズムによく似たものです。資本家は経営者として彼自身も生産に貢献しているがゆえにその生産の果実を自分のものにすることができるとかつてマルクスは言いましたが、しかし今日の資本は生産へのいかなる貢献ももはやしていない。負債のメカニズムによって富を捕獲するだけとなったのです。

住民によって生産される富をその生産過程にいっさい貢献することなしに純粋に外部から捕獲するという手法は植民地主義のそれであり、これこそがまさにギリシャ住民に対して負債を通じて行われていることです。たとえば最後の「覚書」に合意した一ヶ月後、ドイツの銀行はギリシャの一四の空港運営権を買収しましたが、これは捕獲であって生産ではない。この「捕獲」のロジックはサッチャー／レーガン時代から存在しています。そしてこのロジックのことをぼくは「戦争」と呼んでいるのです。今日の植民地戦争はかつて「第三世界」と呼ばれたような外部に対するものではもはやなく内部に対するものとなった。内部の人民に対する植民地戦争はネオリベラリズムの出現とともに始まったが、債務危機によって急拡大されることになった。植民地戦争とは何らかの地域に行ってそこの住民に富の生産を強要することに存するわけですが、ネオリベラリズムもこれと同じで、ギリシャの例でもよくわかるように、交渉は事実上行われず一方的な強要だけがあります。六八年を転換点として植民地主義への回帰、歴史の逆転が起きたとも言えるでしょう。

——今日の植民地戦争においてドイツの役割はどのようなものなのか。ドイツ政府はギリシャ住民には非常に厳しい態度をとりましたが、シリア難民には少なくとも外見上たいへん寛容な姿勢を見せていました。ドイツだけを特別視することはできません。ギリシャへの対応はヨーロッパ諸国のすべての政府の合意によってなされたものです。確かにフランソワ・オランド[*1]が幾ばくか口をはさむといった場面も見られましたが、結局のところフランス政府も具体的には何もしないまま終わった。唯一はっきりとした介入を行ったのは米国ですが、それはギリシャがロシアの手におちてしまうことを避けなければならなかったからです。ヨーロッパの政治システムにおいてドイツが中心的な役割を果たしているというのは本当ですが、しかし、それはあくまでもヨーロッパ諸国の合意に基づいてのことです。危機とうまく付き合わなければならないという点でのコンセンサスがある。

——植民地主義の今日的回帰にあってドイツと米国とはいかなる関係にあるのでしょうか。

ドイツと米国とのあいだにはネオリベラル政策という点での連続性があります。両国はしたがって同一の体制のなかにあり、違いはその運営の仕方といった次元に限られます。しかし、いかに運営するかという問題は二次的なものに過ぎないでしょう。ドイツも米国も「危機から脱することはできない」という同じ結論に達しているからです。量的緩和という米国流のやり方でも緊縮策というドイツ流のやり方でも危機から脱することはできません。そもそも「危機」は四〇年前からずっと続いているのであり、そこから「脱する」ということなどあり得ず、ただその強度が様々に変化し続けているだけです。「危機」は統治の一様態なのです。ただし、今日問題となっている「統治」はフーコーがかつて言っていたようなものとは異なり、戦争による統治であり、切断と捕獲とによる統治です。今日もなお「統治」というものを語ることができたにしても、それは「統治」一般としてのことではなく、ネオリベラリズムによって導入されたひとつの特殊な統治としてのことです。フーコーが語ったのは住民を統治するということでしたが、今日の統治は住民を戦争相手に位置づけるものです。

奴隷制の回帰

――資本はなぜこの新たな戦争体制へのエクソダスを必要としているのか。どうして資本は「住民を統治する」ことにとどまろうとしないのでしょうか。

歴史に沿って説明してみましょう。一九世紀にはすでに資本主義の主軸は金融資本にありました。この金融資本が国家間競争を第一次大戦にまで導いていくわけです。次いで二九年に大恐慌が起こりますが、米国に由来するこの恐慌がファシズムやナチズムそして第二次大戦を導いたのは周知の通りです。二〇世紀前半のカタストロフを産み出したのはつまるところ金融資本だったということです。これと同時にロシア革命もあり、第二次大戦後、資本主義はその破壊性を抑える必要に迫られていきます。金融資本

＊1　François Hollande. 一九五四年生まれ。フランスの政治家。社会党第一書記を経て、二〇一二年以降現在まで第二四代フランス共和国大統領を務める。

のニュートラル化、ケインズの表現を借りれば金融資本の「安楽死」が図られました。資本は方針転換を強いられ、労働運動と妥協し労働者との同盟関係に入り福祉国家を創設します。しかしひとたびそうした拘束から自由になるチャンスが到来するや否や資本は躊躇《ためら》うことなく自らを解放しました。資本が拘束から自由になるというのは、言うまでもなく、人々が自由になるということではない。リベラリズムとは資本に自由を与えるということです。資本と労働との妥協的体制は六〇年代から七〇年代にかけて危機に陥りますが、資本はこの危機を利用して金融資本モデルへの回帰を果たすのです。二つの大戦を導いたモデル、戦争のモデルへの回帰です。金融資本が戦争を必然的に導くのは、それがいたるところに「無限」を導入するものだからです。生産にも消費にも無限を導入し、無限の収奪を組織する。リベラリズムとは収奪の無限化のことにほかならならず、この無限収奪を進めるために必要とされるのが戦争のロジックであり、妥協のロジックは完全に捨てられることになる。戦後フランスの「栄光の三〇年」にあっては資本は生産性の向上に応じて一定程度の富を労働者にも分配していましたが、今日ではもはや労働者に何も与えない。生産性の上昇傾向が終焉を迎えてからのこの二〇年間、賃金はまるで上昇していません。ネオリベラリズムは労働者との関係を切断し、金融を資本主義の中心におくのであり、金融を中心にすべてを編成し直すのです。

こうして歴史を辿り直すことでわかるのは「栄光の三〇年」のような時代は資本主義の歴史全体において極めて限定的な一期間に過ぎなかったということです。さらに言えば、たんに歴史的な観点からだけでなく概念そのものの次元においても「資本主義」を「戦争」と分かち難いものとして理解しなければならない。資本は今日その「本性」を取り戻したのであり、戦争はこの本性の一部をなしているのです。資本の本性は価値増殖のための価値増殖、生産のための生産といった無限性にこそ存するのであって、社会のための生産といったことに存するものではない。無限の価値増殖には無限の貧困化と無限の戦争とが必然的に伴います。資本のこの本性に人々が耐え切れなくなったため、第二次大戦後、資本は消滅の危機に曝され人々との妥協を強いられた。しかし一九七〇年代になって資本は再びその本性を取り戻したのです。

――ツィプラス政権のこの半年間の動きをマウリツィオさんはどのように見ていますか。

ツィプラス政権はネオリベラル政策に正面から対峙したヨーロッパでは初めての政権です。ヨーロッパの左派は通常、ネオリベラル政策に対峙するのではなく、むしろネオリベラル政策を積極的に推進してきました。この点で左右の相違はいっさいない。危機下のギリシャにおけるネオリベラル政策はまさに文字通りの「戦争」であり、住民に対する戦争です。ツィプラス政権はこれに真っ向から異議を唱えたわけですが、問題は彼らが完全に孤立していたという点にあります。ドイツとだけ敵対していたわけではなく、ヨーロッパ全体を敵に回すことになった。ギリシャ人民はそれでもなおネオリベラル政策に対する批判を産み出しました。ギリシャでの国民投票[*2]がたいへん重要なのは、ネオリベラル政策に対して

*2　ギリシャでは二〇一五年七月五日、シリザ政権の呼びかけにより、緊縮財政を継続して受け入れるか否かを問う国民投票が実施され、その結果、反対票が賛成票を大きく上回った。

ギリシャでの国民投票当日、スペインで行われたギリシャ連帯デモ（2015年７月５日、マドリード）
photo by Adolfo Lujan (flickr)

初めて明確に「否」が表明されたからです（もちろん欧州憲法条約批准をめぐって二〇〇五年に行われた国民投票でも、フランスやオランダで「否」が表明されるということはすでにありました。しかしそこではまだネオリベラル政策の引き起こす危機が今回ほどにはっきりと認識されていたわけではありません）。しかし、ツィプラス政権はこの「否」の力をそれ以上展開させようとはしませんでした。彼らに勇気が欠けていたのか、勇気があったとしても不可能だったのか、ぼくにはわからない。ひとつ言えるのは、ギリシャ問題を前にしてもヨーロッパでは大きな政治運動が起きなかったということです。ツィプラス政権やギリシャ人民が孤立することになったのは、たんに彼らを支持する政府がひとつもなかったからというだけでなく、何よりもまず運動が起きなかったからです。ギリシャ人民への「連帯」ならあったのかもしれませんが、ギリシャ人民とともに緊縮策に立ち向かう運動は起きなかった。ギリシャを除けば、今日のヨーロッパにおいて緊縮策に抵抗する政治的闘争の力強い展開が見られるのはスペインだけです。スペインでは銀行による住居接収を阻止しようとする運動が広範に展開されている。国民投票後のシリザの分裂騒ぎは奇妙にも従来の左派の勢力図式への回帰となってしまいました。すなわち、社民が主流派をなし、極左がその周縁をなすというよく知られた図式です。いずれにせよ、ツィプラスがギリシャ人民の「否」のその力をうまく扱えなかったことはヨーロッパ全体にとって大きな政治的敗北だったと言えるでしょう。ギリシャでのこの一連の出来事の後ではたとえばポデモス[*3]にとってもそれ以前の支持率を維持することは困難になると思う。

フォーディズム時代とは異なり、資本はその力の行使のために「媒介」をもはやまったく必要としていない——ギリシャの例ではっきり示されたのはこの事実です。今日の資本はいっさいの媒介を経ずに住民との直接的な対峙に向かう。「左派政権でもなんでもご自由に選んでください、あなた方が媒介のレヴェルで何をしようと私たちはあなた方に対して直接的に力を振るうだけですから」というわけです。サッチャーが首相に就任した一九七九年以来、攻めの立場にあるのはつねに資本であって、ぼくたちは守りの立場にとどまっている。これを逆だと考えるのは現実にそぐわない。たとえば認知労働者というものが問題になる場合に、彼らの自律性ということがよく語られます。認知労働者は資本から独立している（固定資本あるいは生産手段としての脳を彼らは所有している）というわけです。しかしそこで忘れてはならないのは資本のほうも住民から政治的に独立しているという点です。資本は住民から独立した状

＊3　メッザードラ・インタヴュー注8参照。

態に身をおいた上で住民の生産する富を収奪するのです。この分離のロジックは、植民地でプランテイション経営者が奴隷を働かせるときのそれと同じものです。今日の資本が住民に依存していると言えるにしても、それはプランテイション経営者が奴隷に依存していると言うときと同じ意味でのことであり、今日導入されつつあるのはこの意味でまさに奴隷制のロジックなのです。

この四〇年、トニー・ブレア[*4]に投票しようがデイヴィッド・キャメロン[*5]に投票しようが何も変わらない、ニコラ・サルコジ[*6]に投票しようがフランソワ・オランドに投票しようが何も変わらないという状況が続いており、今日では人々もそのことにはっきりと気づいています。だからこそたとえばフランス人は国民戦線（FN）に投票しようとしているのです。国民運動連合（UMP）が政権をとろうが社会党（PS）が政権をとろうが不平等すなわち階級分裂はつねにいっそう拡大するのみであり、「経済成長」がもはやレトリックでしかなく現実に望むべくもないということを人々はすでに知っている。しかしこの状態からどう脱出すればよいのか誰にもわからない。誰も解決策を構想し得ていない。緊縮策によって富者はいっそう富み、貧者はいっそう貧しくなった。緊縮策とは社会全体にカネを支払わせて銀行を救済するという政策にほかなりません。ギリシャではこれに抗する政治的な力が結晶化しましたが、国民投票後それは失われてしまったとやはり言わざるを得ません。ヤニス・バルファキス[*7]やジェレミー・コービン[*8]、ジャン＝リュック・メランション[*9]たちが一緒に新たなプロジェクトを立ち上げようとしているようですが、その中心になっているのは従来通りの左翼であり、少なくともぼくの目には信頼に値するものには見えません。

ギリシャ住民がネオリベラル政策をきっぱりと拒否してみせたのはほんとうに力強い出来事だったと

思う。しかし、資本と闘い得るだけの「戦争機械」をどうすれば作り出せるのか、資本と闘うためにはどのように階級構成を組織化すればよいのかという問題は、六八年以来ずっと未解決にとどまり続けています。シリザは従来通りの政党とほとんど変わらないし、ポデモスについてもまたラクラウ[*10]に依拠し

*4 Tony Blair. 一九五三年生まれ。イギリスの政治家。労働党。一九九七年から二〇〇七年まで第七三代イギリス首相を務める。

*5 David Cameron. 一九六六年生まれ。イギリスの政治家。保守党。二〇一〇年から現在まで第七五代イギリス首相を務める。

*6 Nicolas Sarkozy. 一九五五年生まれ。フランスの政治家。国民運動連合。二〇〇七年から一二年までフランス共和国第二三代大統領を務める。その新保守主義、新自由主義で知られ、移民などに対する強硬姿勢がしばしば話題となった。

*7 *Γιάνης Βαρουφάκης*. 一九六一年生まれ。ギリシャの経済学者、政治家。二〇一五年一月以来、シリザ政権の財務相に就任。以降、債権者との交渉の任に当たる。国民投票での受け入れ拒否の決定後、EUからの反感を募りすぎたことを理由に辞任を表明した。

*8 Jeremy Corbyn. 一九四九年生まれ。イギリスの政治家。現労働党党首。民主社会主義者を自認し、労働党内部でも左派色の強い政治家として通る。

*9 Jean-Luc Melanchon. 一九五一年生まれ。フランスの政治家。二〇〇八年に社会党を批判して離党、新たに左翼党（Parti de gauche）を設立し、党首を務める。

*10 Ernesto Laclau. 一九三五－二〇一四。アルゼンチン出身の政治学者。ポスト・マルクス主義の理論家として知られ、グラムシのヘゲモニー論やフランス現代思想を取り入れたその政治思想は、ポデモスの理論的背景としてしばしば参照される。

て「政治領域の自律性」とでも言うべき妄想に陥るなどあまり期待できそうにない。メディアを通じて自律的な政治権力を構成するというポデモスの戦略が長続きするとはぼくには思えない（同じことはイタリアの「五つ星運動」[*11]についても言えます）。シリザにもポデモスにも、それぞれ別のかたちではありますが、新たな階級構成を把握することができていないのです。シリザやポデモスの登場は興味深くはありますが、しかしやはりそれはあくまでもひとつの段階に過ぎず、問題はいかにしてその先に進むかという点にあります。新たな階級構成を把握し、それにふさわしい組織化形態を見出さない限り、ぼくたちはいつまでも守りから攻めへと転じることはできない。四〇年間ずっとぼくたちは資本からの一方的な攻撃に曝され続けており、何ひとつ勝ち取っていない。ブラジルの労働者党[*12]（ＰＴ）をはじめとしたラテンアメリカの左派政権についても、確かに幾つか革新的な試みもあったとは言えるでしょうが、しかし、資本の仕掛けてくる戦争に対峙できるだけの組織化形態に達していないという点ではやはり変わらない。緊縮策に対するギリシャ人民の「否」にしても攻めか守りかという観点から言えばもちろん守りにほかならず、レーニン主義的な「切断」とは何の関係もありません。一九一七年にレーニンたちがロシアで実現したのは文字通りの「切断」であり、彼らは資本制システムを破壊しそのロジックの外へ出てみせました。これに対してギリシャでの闘争は「抵抗」の水準でのものであり、もちろんその抵抗によって何か新たな開かれもあり得たのでしょうが、しかしなお資本制システムの内部にとどまるものだったことに変わりはないのです。

新たな階級構成、新たな資本形態、新たな戦争形態

——ラテンアメリカの所謂「進歩派」諸政権についてもマウリツィオさんは厳しい見解をもっているわけですが、その理由をもう少し具体的に話してもらえませんか。

二〇一三年に大規模な運動[*13]があったときぼくはたまたまブラジルに滞在していたのですが、デモを目の当たりにしてPT政権はもう終わりだと思わずにはいられませんでした。抗議運動を行っていたのは従来の労働者階級ではなく、若者や女性、教員といった人々を含む新たな階級構成であり、PT政権の進歩派政策が問題を抱えていることは明らかでした。端的に言えば、新たな社会民主主義を確立するとい

---

*11 Movimento 5 Stelle. 二〇〇九年一〇月にイタリアで、ベッペ・グリッロとジャンロベルト・カサレッジオにより結成された政治運動。市民の自由なつながりを強調するポピュリズム運動として知られ、一二年以来、地方選挙・総選挙で大躍進を見せていることで注目されている。

*12 Partido dos Trabalhadores. 一九八〇年創立のブラジルの社会主義政党。二〇〇三年には同党からルイス＝イナシュ・ルラ・ダ＝シウヴァ（Luiz Inácio Lula da Silva）が大統領に当選、一一年まで同職を務めた。一一年以降は同党のジウマ・フーセフ（Dilma Rousseff）が後を引き継ぐ。

*13 ブラジル・ポルトアレグレでのバス料金値上げへの抗議デモを発端に、ブラジル全土で、二〇一四年ワールドカップへの多額の出費をはじめとした政府の政策への抗議活動が展開された。通称、「酢の乱」とも。

う進歩派政権の改良主義的な方針そのものに問題があるのです。今日の資本による戦争はまさしく社会民主主義の不可能性、改良主義の不可能性、進歩の不可能性によって定義されます。資本がぼくたちに対して展開する戦争は、進歩によってもたらされる富をみんなで分かち合うということそれ自体を不可能にするものとしてある。リベラリズムとは要するに「何も分かち合わない」ということです。資本家たちは、ひとたび力関係が変化したのに気づくや否や、もう誰にも何も分け与えないということを世界的な秩序として決めたのであり、ラテンアメリカもその例外ではないのです。確かにラテンアメリカ諸国はブラジルをモデルとして大陸規模で新たな編成を試みようとしましたが、いまではそのブラジルが不況に陥っています。資本が引き揚げてしまったからです。一度やってきた資本でも何らかの障害を発見するや否や直ちに引き揚げる。単純極まりないロジックですが、しかし、ただひたすら「利潤」の追求だけを問題にするこのロジックこそが金融資本による戦争のそれなのです。

——ヨーロッパの政治的連邦主義に期待するといった議論がありますが、マウリツィオさんはこれについてどう考えていますか。

ぼくはヨーロッパに賛成でもなければ反対でもない。ぼくが「ミュルティチュード」(Multitudes)誌を離れることになったのも、他の編集委員たちのヨーロッパ主義に賛成できなかったからです。そもそも今日の危機を引き起こしたのはネオリベラリズムであってヨーロッパではない。他方でまた、何らかの政治を実現するためには絶対にヨーロッパを介する必要があるという議論もありますが、これにもぼくは賛同していない。ヨーロッパが何事かを決定する空間として機能し得るとぼくは信じていないし、実際、ギリシャ問題を通じてそれは誰の目にも明らかになったと思う。

——二〇〇五年にTCE（欧州憲法条約）批准をめぐってヨーロッパ諸国で国民投票がなされた際、様々な議論がありましたが、マウリツィオさんはどのような立場でしたか。

ヨーロッパをめぐる議論には当時もぼくはいっさい関心がもてませんでした。重要なことだとはまるで思えなかった。別のヨーロッパが構築できれば別の政治が可能になるはずだと議論する人々もいましたが、ぼくからすれば、ヨーロッパが変化したところで何か新たな政治が可能になるはずなどない。問題はヨーロッパではなく世界金融資本だからです。たとえばブラジルから資本が突然引き揚げるという場合、どうしたらヨーロッパにそれを阻止できるというのか。話はむしろ真逆なのであって、新たなヨーロッパを構築するためにはまずネオリベラリズムのロジックを破壊する必要があるのです。ヨーロッパ空間を閉じてその内部でネオリベラリズムをニュートラル化するという提案もありますが、これも馬鹿げているとしか言いようがない。第一に、少なくとも現在の欧州委員会は米国人たちにも増して徹底したネオリベラル派であり、第二にまた、移民が四方八方からヨーロッパに入ってくるという今日の状況がはっきりと示している通り、閉じた空間を維持することなどできないし、それは四世紀にも及んだ植民地主義時代をあたかもなかったようにみなすことにほかなりません。

――フランスの国民戦線（FN）は、ヨーロッパを閉じた空間にするという提案をしている勢力のひとつですが、とりわけ党首がマリーヌ・ル＝ペン[*14]になってからその支持率を飛躍的に伸ばしています。フランスでのFNのこの台頭をマウリツィオさんはどうみていますか。

FNの台頭はかなり前から始まっていたことですが、二〇〇八年からの危機がそれを加速させたと言えます。FNはドゥルーズ＝ガタリのいう「ネオ擬古主義」を文字通りに体現する政党であり、資本主義的脱領土化を前にファシズム的再領土化を試みている。そのための戦略は基本的には「恐怖」を流通させることにあります。フランスでのFN台頭の背景には、先にも述べた通り、PSがUMPとほとんど変わらないということがある。フランスの左翼は従来通りの勢力配置に依然としてとどまり続けている。共産党（PCF）に残っている者たちがいて、PSには左右二派があり、その他に議会外極左小集団が幾つかあるという状態が続いているだけで、新たなことは何も起きていません。左派からの新たなオルタナティヴが何もないなかで極右が台頭するというこの傾向はしかしフランスだけに限ったことではなく、イタリアでも同様であり、スカンジナヴィア諸国ではとりわけ顕著です。フィンランドやスウェーデン、そしてノルウェーでは極右が政権をとりつつある。今日起きていることはしたがって一九三〇年代に起きたことのカリカチュア的反復だとも言えるかもしれない。すなわち、経済危機があって、それが住民の生活に大きな打撃を与え、その帰結として極右が台頭するという流れであり、これがヨーロッパ全土に見られるということです。フランスでは最近、難民受け入れについての世論調査の結果が発表されましたが、移民のみならず難民すらも受け入れたくないという意見が半数を超えました。十分なカネもないし仕事もないといった理由でしょうが、彼らが「恐怖」または「不安」を感じ様々な面で袋小路に陥っているというのは明らかです。したがって、フランスの状況が変わることは当分のあいだ望めないでしょう。東欧でも同じです。たとえばハンガリーのオルバン政権[*15]はナチと言っても過言ではない。シリザが重要だったのは、このようにヨーロッパ中で批判が極右の台頭というかたちをとるなかで、左派からの批判もあり得るという可能性を示してみせたからです。

新たな階級構成、新たな資本形態（金融資本、負債）、新たな戦争形態。これら三つの要素をしっかり把握した上でそのただなかでいかにして動くべきかを考えなければなりませんが、残念ながらぼくたちはそのずっと手前で足踏みし続けている。今日、政治を構想し得ているのは資本家たちだけであり、彼らには四〇年前からしっかりした戦略がある。これに対してぼくたちは未だに何ももっていないのです。ぼくたちにあるのは政治的不能であり、加えて理論的にも不能にとどまっている。

――マウリツィオさんが「新たな階級構成」と呼んでいるものについてももう少し詳しく説明してもらえませんか。

＊14　Marine Le Pen. 一九六八年生まれ。フランスの政治家。二〇一一年より、父ジャン＝マリー・ルペンの後を継いで、フランス極右政党、国民戦線の党首を務める。

＊15　オルバン・ヴィクトル（Orbán Viktor. 一九六三年生まれ）はハンガリーの政治家。一九九八年から二〇〇二年まで、さらに二〇一〇年以降、ハンガリー共和国の首相を務める。九〇年代の民主化革命をリベラル派として主導したが、首相再任後のナショナリストで排外主義的な政策がしばしば議論を呼んでいる。

新たな階級構成は幾つかの異なる要素から定義されるものですが、六八年を起点として出現したものだとまずは言えるでしょう。従来の労働者階級の終焉、労使契約の不安定化とその多様化（今日では事実上、新たな奴隷制を出現させるまでに至っている）、新たなマイノリティ形態の出現。これらの要素が新たな階級構成を規定しています。これまで「住民」としてぼくが論じてきたものはこの新たな階級構成のことであり、負債政治がその攻撃対象としているのはこの新たな階級構成であって、従来の労使関係はもはや問題になっていません。今日の資本は金融資本であって産業資本ではないからです。金融資本は経済的＝政治的＝メディア的装置を通じて「住民」全体に対して力を行使する。攻撃されるのは労働者だけではもはやなく、失業者も不安定労働者も年金受給者も含む「住民」全体なのです。資本はこれらすべての人々の富を吸い上げ捕獲する。あくまでもこの新たな階級構成を起点とするかたちで、守りから攻めに転じるにはどのような組織化が必要なのかを考えなければならない。左派諸政党は依然として従来の賃労働のロジックを前提としていますが、現実には資本によって賃労働のロジックはすでに解体されてしまっています。たとえいまもなお多くの人が形式的には賃労働者であり続けているにしても、資本による富の捕獲はもはや賃労働のロジックに基づくものではありません。

――サンドロ・メッザードラは、今日のシリア難民に見られる新たな傾向として移民の政治化というものを語っていました。封鎖される国境を前にして彼らは明確に政治的なスローガン（「我々には国境を越える権利がある」）を掲げて国境を押し倒そうとしていると。これは新たな階級構成が攻めへと転じるその可能性を考えるヒントになりそうに思えますがどうでしょうか。

戦争によって人民を統治するという体制において「境界」を定めることは、人民の動きを統制するひとつの方法をなしている。メッザードラ自身が言っているように、そうした「境界」は外部とのそれだけではなく内部にも多種多様なかたちで設けられます。今日、攻めの状態にあるのは実際、移民たちだと言えるかもしれない。彼らは既存の設定を破壊しようとしています。ヨーロッパがつねにいっそう閉鎖的になるなかで、この閉鎖性が解体されるには自由の風が吹かなければなりません。「国境を押し倒す」というのはシステム全体を押し倒すということです。ギリシャでの出来事が重要だったのもそれがシステム全体を押し倒そうする試みだったからであり、戦争に直接的に対峙する試みだったからです。ドイツでは今日、多くの人々がシリア難民の受け入れのために積極的に活動している。ひょっとするとそれは一種の罪悪感からのことかもしれませんが、しかし、現状を少しは変えるものとなるかもしれない。極右がいたるところで台頭し閉塞感が漂っている今日のヨーロッパに幾ばくかの開かれを与えるものになるかもしれない。しかしヨーロッパ住民が基本的に攻めの状態にないということに変わりはありません。二〇〇八年に危機が始まり緊縮策が導入されてからも、住居接収に抗うスペインでの運動を除けば、大規模な運動はほとんど何も起きていないのです。

——こうして話を聞いてみて、マウリツィオさんがほとんどビフォと同じぐらい悲観的であることを知り、正直なところ驚いています。

ぼくは悲観主義者なわけでは必ずしもありません。現状については確かに困難なものだと思っていますが、歴史の進展は早いもので明日にはどうなるかわからない。誰も「戦争」を語らないことはしかしぼくにはとても奇妙に思えます。先にも述べましたが「例外状態」というカテゴリーはもはや使い物にならない。「例外状態」は「成長」を常態とした上で「危機」をその例外に位置づけることで成り立つ考え方ですが、もう四〇年ものあいだ「危機」が続いている状態にあってなお「成長」を常態として想定し続けることはできません。だからこそ「戦争」を語らなければならないのです。ぼくは悲観主義者ではありませんが、だからといって無根拠に楽観的にもなれない。ぼくたちこそが秩序を作り出しているのだなどと威勢のいいことを唱える者もいますが、ぼくにはまったくそうは思えない。現状においてはぼくたちが秩序を押しつけられる側にいることは明白です。

集団的知力の自己組織化のために

フランコ・ベラルディ（ビフォ）

二〇一五年八月二四・二五日　ボローニャ

「ヨーロッパ」の終焉

――まず、今日のヨーロッパの状況をどのように捉えているのかを話してもらえますか。

今日のヨーロッパあるいはその危機において中心をなしているのは「ドイツ問題」です。この問題を論じるにあたり、まず、ぼく自身が近頃経験した小さな出来事について話すことから始めたいと思います。

ぼくの本はこれまでドイツでは刊行されたことがなかったのですが、二〇一五年の年頭に初めて一冊刊行されました。一六年初めにもう一冊、年末にさらにもう一冊刊行されることになっています。一五年初めに刊行された本のために三月、ベルリンの三つの場所でトークショウを行ったのですが、しかしそれはちょうどドイツと南ヨーロッパとのあいだの関係が危機に曝され始めた時期でもありました。どの回にもたくさんの人が話を聴きに来てくれましたが、ぼくは正直、居心地の悪い思いをしていました。何を言ってよく何を言ったらいけないかがいまひとつわからなかったからです。これはたんに「礼儀」の問題ではありません。ナショナリストだと誤解されては困るし、反ドイツ主義者として振る舞いたくもなかったのです。ぼくはどの回のトークでも、ドイツに対する嫌悪の高まりが今日のヨーロッパにおいて最大の危険をなしているということ、したがってドイツ人はそうした嫌悪を煽るような振る舞いを続けてはならないということを強調しました。この経験の後、七月がやってきました。言うまでもなくギリシャで国民投票が行われた月ですが、重要なのはその際にギリシャ人たちが文字通りの「迫害」「ポグロム」を経験することになったという事実です。その時期に発売された「デア・シュピーゲル」（Der Spiegel）誌のエディトリアル（論説）は「他人のカネで」と題されていた。この文章で編集長ヤン・フレシュハウアーは「ギリシャ人たちはドイツ人のカネで社会主義をやろうとしている」「我々が一生懸命働いて得たカネで彼らはのんきに社会主義をやろうとしている」と書いています。「デア・シュピーゲル」は「ビルト」（Bild Zeitung）紙のような右翼ファシスト媒体ではありません。大多数のドイツ人の意見を代表しているとされる中道左派の雑誌です。その雑誌がギリシャ人をいわば不良息子のように扱っているわけです。一週間ずっと自由気ままに過ごした若者が週末だけカネをせびりに親元に帰ってくる。彼らが自由を謳歌するためになぜ自分たちがカネを支払ってやらなければならないのか、と。エディトリアルの最後にフレシュハウアーは次のように付け加えています。「大人になるというのは自分の責任にきちんと向き合えるようになるということだ」。

はっきり言わせてもらいますが、いかなるドイツ人にも他人の責任についてとやかく言う資格はいっさいない。第二次大戦中に五〇〇〇万もの人が殺されたことはいったいどうなるのか。ぼくのほうも古い話を持ち出さずにはいられません。ぼくの父を投獄したのはナチスではなかったのか。ぼくのような本来、十分にインターナショナリストであるはずの者までが今日ではこのように嫌悪を感じずにはいられない、そのような状況をドイツ人たちは創り出してしまっている。これは危険極まりないことです。「デア・シュピーゲル」の記事、そして、それがぼくのような人間にも与えるその効果といったことを通じて見えてくるのは、ヨーロッパには無意識のレヴェルでつねに何らかの「破断」が残されたままになっているということです。

ぼくは六月二八日からちょうど一ヶ月間ギリシャに滞在しました。ぼくはシリザに友人も多いので、彼らのすぐそばで国民投票前後のプロセスを経験することになり、その緊迫ぶりを肌身で感じました。そうしたなか、ぼくにできることなど何もないと最初は落胆していましたが、夏休み明けにベルリンの「世界文化の家」[*1]で開催される作家会議に招かれていたことを思い出し、ぼくにもやるべきことがあると思い返しました。アテネからぼくは主催者宛てに次のような断りのメッセージを送ったのです。「八三%もの住民がギリシャ人民に対する虐殺政策を支持しているような国に私は絶対に行くことができない。私はいまアテネにいるが、ここで私の感じている情動があなた方の招待に肯定的に応えることを妨げている」と。ぼくはこの返答をインターネット上でも公開したのですがそれには様々な反応がありま

＊1 Haus der Klturen der Welt. ベルリンにある、国際的現代芸術の展示および議論のための国立施設。

した。「あなたの言っていることに基本的には賛成だが、しかしドイツ政府と同一視されることは我々には受け入れられない。したがって、あなたはやはりここに来てあなたの立場を説明すべきだ」といった反応もあったし、「よく言ってくれた。そうした挑発こそここドイツで我々がいま必要としているものだ」といった反応もありました。しかしそうした様々な反応を通じてぼくが理解したのは、ドイツ住民による経済ナショナリズムへの同一化を疑問視してはいけないというコンセンサスが今日のドイツ国内を強力に支配しているということでした。過去のナショナリズム、人種差別主義的かつファシズム的な政治ナショナリズムについてであればドイツのいたるところでそれを議論することができるけれど、反対にひとたび今日の経済ナショナリズムについてとなると同じように話題にすることを誰も受け入れない。実は今朝、フランクフルトの美術館から別の招待が来たのですが、彼らはぼくの「拒否」を受け入れた上でそれについて議論したいと言ってきました。この間に得た様々な反応に応えるためにもフランクフルトには行こうと思っています。

　以上のような個人的経験をまず話しておきたかったのは、ヨーロッパの迎えている新たな状況がそこに垣間見えると思ったからです。これまでのEU内部での議論は「ネオリベラリズムがヨーロッパを席巻している」という問題をめぐるものでした。たとえば欧州憲法条約（TCE）批准をめぐって二〇〇五年にヨーロッパ各国で行われた国民投票の際になされたのはまさにそうした議論でした。フランスでもオランダでも反対票が賛成票を上回った。その反対票の多くが右派からのものだったというのももちろん忘れてはならない重要な点ですが、しかしいずれにせよ、そこでの問いはグローバル・ネオリベラリズムの装置としてのEUという問題をめぐるものだった。少なくとも二〇〇五年からの一〇年間は、いかにしてそのようなネオリベラル装置としてのEUから脱することができるかということが議論され続けていたわけです。しかし一五年になって状況はこれとは異なる新たな様相を呈することになりました。すなわち、たんにネオリベラリズムがヨーロッパに押しつけられるというのではもはやなく、それが新たにドイツのオルドリベラリズムを通じてなされるものになったということです。この変化によってぼくたちは、もはや経済の次元には収まらないような問題、人類学的かつ文化的な次元にまで及ぶような問題に直面させられることになる。すなわち、ブルジョワ的合理主義に結びついたプロテスタント的な冷たいヨーロッパと、ファシスト的傾向を有するバロック的な南のヨーロッパとのあいだの対立関係という問題です。ドイツ・ナショナリズムがそのプロテスタント的形態を伴って復活する。ゴシック的プロテスタンティズムとバロック的カトリシズム。このような対立関係はEUの歴史においてこれまで一度も問題になったことのなかったものです。

EU創設の出発点にはドイツとフランスとのあいだの抗争、こう言ってよければ、ドイツのロマン主義とフランスの啓蒙主義とのあいだの摩擦がありました。二世紀に及んだ仏独間戦争時代を経てこの対立を解消するために、ドイツのロマン主義的アイデンティティを乗り越えるという方向で進められたのがヨーロッパ統合でした。ヨーロッパ統合プロセスはたんに経済的な次元で進められたものではありません。文化的次元においても非常に重要なものでした。ヨーロッパ統合が偉大なプロジェクトだったと言えるとすれば、それはこのプロジェクトがナショナル・アイデンティティの拒否に存するものだったからです。ヨーロッパはひとつのネイションではなく、また、複数のネイションの集まりでもない。ヨーロッパという次元に入ることで「ネイション」という概念それ自体が失効することになる。この点は非常に重要で、また、この点においてこそまさにぼくは自分がヨーロッパ人だと感じてきたわけです。ぼくが自分をヨーロッパ人だと感じるのはヨーロッパを「祖国」として愛しているからでは微塵もない。

第二次大戦後のヨーロッパ建設には仏独関係という軸とは別に南北という軸もあります。この第二の軸は政治的言説においては一種の「恥」のようなものとしてつねに抑圧されてきました。地中海人は怠け者であまり働きたがらず規則を守らない、それに対してドイツ人をはじめとした北ヨーロッパ人は生真面目で面白みがなく規律正しい云々。そうした話は語られるにしてもあくまでも「冗談」としてのことに過ぎませんでした。「冗談」の領域に長らく押しやられていたこの問題こそが、しかし今日、政治的言説のど真ん中に回帰してきたのです。労働の問題、成長や蓄積の問題、債務の問題として。「債務」を意味するドイツ語の単語Schuldにはよく知られている通り「罪悪感」という意味もあり、プロテスタンティズムにおいて重要な位置を占めているのは言うまでもありません。カトリシズムにあっては共同体構造が罪を赦し人々を罪悪感から解放していたのに対して、プロテスタンティズムは個人の責任というものを新たに打ち立てました。個々人が神に直接的に結びつけられ、神とのその直接的な関係こそが個々人の運命を決定するとされたのです。もしあなたが貧しいとすれば、それはあなたが怠惰だからであり、もしあなたが裕福であれば、それはあなたが神とのよき関係を築いているからだと。プロテスタンティズムの倫理と資本主義の精神とのあいだにマックス・ヴェーバーが設定してみせたこのような関係は、ヨーロッパで今日起きていることを考える上でやはり極めて重要です。

労働や成長を個人の責任として位置づけるこの発想は長い間抑圧されてきましたが、今日、ドイツによって南北問題と結びつけられたかたちでヨーロッパの政治言説空間に再導入され、乗り越えることが非常に難しい破断を南北ヨーロッパ間に産み出しています。ギリシャに対するドイツによる負債の盲目的な押しつけはそうした破断の現れにほかなりません。この押しつけが「盲目的」だと言えるのは次のような意味においてのことです。ギリシャでは不況によって貧困が産み出され続けているのと同時に負債額が増し続けてもいる。生産が縮小している以上、税収が減少することは避けられず、税収が減少する限り負債額は増すほかないからです。七年前には七〇〇億ユーロだった負債が今日では一二〇〇億ユーロにまで増えており、三年から四年後には今回合意のなされた第三の「覚書」の効果として二〇〇〇億ユーロにまで達すると予想されています。これは完全に盲目的な政策です。ヴォルフガンク・ショイブレ[*2]もそう明言していますが、ギリシャ社会を救済するために何らかの犠牲を払うといったことはいっさい考えられていません。ここで中心的な役割を果たしているのは南ヨーロッパ諸国に対するオルドリベラリズムのプロテスタント的「偏見」であり、また、これによって導入されつつあるのはドイツによる新たな植民地主義なのです。ハイデルベルク大学の経済研究所の計算では、ギリシャの危機によってドイツの金融機関はすでに一〇〇〇億ユーロの収益を得たとされます。つまり、ドイツがギリシャに貸付を行うたびに、日をまたぐことすらなく、利子率の差によってドイツの金融機関に大量のカネの逆流が起こっているということです。その上、第三の「覚書」が合意された翌月には一四のギリ

＊2　Wolfgang Schäuble. 一九四二年生まれ。ドイツの政治家。二〇〇五年メルケル内閣成立にともない内相に入閣、のち〇九年に財務相に。保守として知られ、ギリシャ危機に際しても強硬な姿勢を堅持し、ギリシャに緊縮を迫り続けた。

シャの空港がドイツのものになりました。

文化的な次元で起きている問題は「戦争」の様相を呈しています。ギリシャでのドイツに対する嫌悪は肌で実感できるほどのものとなっており、ギリシャにはいまでも多くの観光客が訪れていますがドイツ人はひとりもいないと言っていい。このことが示すのは、端的に言って、第二次大戦後から進められてきたヨーロッパ建設プロジェクトが今日に至って完全に破綻したということです。一年か二年も待てば傷は癒されるはずだという反論もあるでしょう。問題が純粋に文化的次元にとどまるものであるならばそうも言えたかもしれません。しかし残念ながら問題は社会的かつ経済的なものでもあるわけです。今日のギリシャでは三分の一にも及ぶ住民が医療制度へのアクセスを断たれている。イタリアでも、医療や教育における予算カット、賃金のカットがなされるたびに、それをドイツのせいだと考える人の数が増えていっている。ヨーロッパは終わったのです。心の面でも政治の面でもこのヨーロッパ危機から脱出する方法はいっさい見当たらない。左翼にも期待できない。ギリシャでの左翼政権の敗北がヨーロッパの左派勢力の衰退に拍車をかけたことは疑い得ません。ドイツに対するシリザ政権の敗北後、実際、スペインでもポデモス[*3]はその支持率を大きく下げました。当然です。党の活動家を除けば、もはや誰にもポデモスを選挙で勝たせる理由が見出せません。ポデモスを勝たせてもドイツ人たちをさらに怒らせてしまうだけです。これからの五年間あるいは一〇年間、ヨーロッパに左翼は出現できないでしょう。その代わりに何が出現するのか。ファシストです。ファシスト勢力は日々その規模を拡大していきます。フランスでは国民戦線[*4]（FN）が三三％もの支持率を得ています。FNの綱領には「ドイツを拒否する」と明記されていて、FNはネイションとしてのドイツを明確に「敵」と位置づけています。ヨーロッパにおける「ネイション」概念のそうした復活は、とりわけ今日のような経済危機の状況にあっては、端的に言って「戦争」の到来を意味します。ぼくはヨーロッパの将来について質問を受けるたびに、一九九三年のユーゴスラビアとまるきり同じ状況になるだろうと答えています。ぼくたちがいまヨーロッパで生きている状況は、実際、セルビア人とクロアチア人とが一九九二年に生きていた状況とまるきり同じものです。

ギリシャ人たちは侮辱よりも自殺を選ぶ

――国民投票後のツィプラス政権[*5]の対応についてフランコさんはどう分析していますか。

国民投票が実施されたその翌日、ぼくはギリシャ人哲学者コスタス・ドゥズィーナス[*6]と会うことになりました。彼はシリザのメンバーで、シリザ青年組織のアドヴァイザーを務めています。したがって彼はシリザ内部の様子をよく知っているわけですが、その彼からぼくは次のように言われました。二週間後

＊3　メッザードラ・インタヴュー注8参照。
＊4　メッザードラ・インタヴュー注13参照。
＊5　メッザードラ・インタヴュー注6参照。
＊6　Κώστας Δουζίνας. 一九五一年生まれ。ギリシャ出身の法学者・哲学者。一九七四年から現在までイギリスを中心にヨーロッパ各地で活躍する。邦訳された編著に『来たるべきデリダ』（明石書店、二〇〇七年）、『共産主義の理念』（水声社、二〇一二年）。

にはギリシャのすべての銀行のカネが底を尽きる。そんなことになれば、ギリシャ中のいたるところで人々の喧嘩や争いが起きるのは必至で、警察がその鎮圧のために介入することになる。三五%から四〇%の警官は「黄金の夜明け」[*7]のメンバーだ。つまり、ギリシャは内戦状態に陥ってしまうということだ、と。ドゥズィーナスのこの話は国民投票後のツィプラスの対応をよく説明するものだとぼくは思う。ツィプラスがあのような決定を下したのは経済的な計算によってではない。ツィプラスはギリシャが内戦状態に陥るのを何が何でも避けなければならなかったのです。国内情勢がそのように最悪な状態に陥ることをあくまでも回避した上で、何かできることを見つけていこうというのが彼の考えだった。バルファキス[*8]がオーストラリアの新聞に掲載された非常に美しいインタヴューで次のように話しています。「午前四時に私は官邸に駆けつけた。私はやる気満々だった。しかし会議室の扉を開くとそこには私が想像していたのと正反対の雰囲気が広がっていた。閣僚たちはみな暗い面持ちで沈み切っていた」と。ツィプラスが国民投票実施を決めたのは「負ける」のを期待してのことだった。シリザは負けるつもりでいたのです。しかしギリシャ人民は反対票を投じたわけです。

国民投票実施のその前々日の演説では実際、ツィプラスは一度たりとも反対票を投じるように呼びかけませんでした。もちろん彼は「トロイカ[*9]が我々を非常に困難な状況に導いた」といったことも言いましたが、それでも反対票を投じるようにはけっして呼びかけず、ただ「あなた方の決定に我々は従うつもりだ」とだけ言っていました。ぼくはツィプラスのこの演説をシリザの活動家たちと一緒に聴いていました。彼らの夕食会に招かれていたからです。二〇人ほどのシリザの活動家がいましたが、その誰もが自分たちは負けると思っていました。そのうちのひとりは、自分は反対票を投じるけれど、自分の母親は賛成票を投じるとぼくに教えてくれました。年金がいっさい支払われなくなるよりも、半額に減らされるほうがマシだと彼の母は考えていると。賛成票を投じれば年金は半額にカットされるが、反対票を投じればすべてを失ってしまうリスクに曝されることになる。したがって、常識的に考えれば、人々が賛成票を投じるのはごく当たり前のことでした。それでも人々は反対票を投じた。反対票が勝ってしまったのです。これはいったいどういうことなのか。ぼくは一時期、ギリシャ近代史を勉強したことがありますが、今回の出来事に比較し得るような出来事が過去にも実はたくさんあります。イタリア人たちから降伏か破壊かを突きつけられたときもギリシャ人たちは破壊を選択した。降伏はしない、武器を持って来るがいいとイタリア人たちに答えたのです。ムッソリーニは「破壊するぞ」と脅せばギリシャ人たちが降伏を選択すると確信していましたが、ギリシャ人たちは彼の確信を見事に裏切ってみせた。同じようなことは一九世紀にトルコとの関係においても起こっています。ギリシャ人たちは極度の緊迫

＊7　*Χρυσή Αυγή* ニコラオス・ミハロリアコス（一九五七年生まれ）が一九八〇年代に創設し、二〇一二年五月のギリシャ議会総選挙で国政に進出した極右政党。移民排斥を訴え、国境地帯に地雷を設けるといった過激な公約にもかかわらず、議席を伸ばし続けたものの、犯罪組織の関与等により党首等が逮捕された。しかしながら、支持率は未だ低くはなく、欧州議会にも議席を獲得するなど成長している。二〇一五年九月二〇日のギリシャ総選挙では一八議席を得て（一議席増）、第三党につけた。

＊8　ラッザラート・インタヴュー注7参照。

＊9　二〇一〇年以来のギリシャ危機に際して、金融支援を行う見返りに緊縮策を含む措置をギリシャに課してきた、欧州中央銀行、欧州連合、国際通貨基金の三組織を指す（トロイカはロシア語で三頭立て馬車）。

国会前での警官隊との衝突（2011年12月6日、シンダグマ広場）
photo by Nikolas Giakoumidis (AP Photo)

状態におかれるたびに「自殺」を選んできた。侮辱よりも自殺を選ぶ。これは国民投票についての何事かを説明し得るものであるのと同時に、それに対するツィプラスの反応についても何事かを説明し得るものだと思います。国民投票後にツィプラスが欧州議会で行った演説もぼくは聴きましたが、やはり素晴らしいものでした。そこで彼は「あなた方は我々を崩壊させた」「あなた方はギリシャを緊縮策の実験場にした」と力強く批判を展開しました。しかしその同じ日に彼は、いわば「私のいま着ている服も欲しいならいますぐ喜んで差し出します」とでも言わんばかりに、トロイカから突きつけられていた条件のそのすべてに合意してみせたのです。ここには何か過剰さがある。ツィプラスはその合意が植民地主義的な暴力によって強要されたものとなるように事態を導きました。ツィプラスがここで生じさせているパラドクスは、少なくともぼくの知る限り、近代政治史上、前代未聞のものです。あるプログラムに抗して闘い、最後まで反対し続ける。その後もなおそのプログラムが破滅的であるとあくまでも明言しながら、そう自分のみなしているそのプログラムを受け入れ、その責任を自分で引き受ける。これは実際、いままでにない何かです。このようなパラドクスを一国の政府に強いるほどまでにドイツはその「緊縮策体制」によってヨーロッパを破壊したのです。

ギリシャにおける政治と経済との非対称性という問題も挙げられるかもしれません。ギリシャ近代史における共産主義運動の存在はとても大きなものですが、反対に労働運動はつねに周縁的なものにとどまってきました。ギリシャの共産主義運動は基本的には政治的な運動であり、ソ連との結びつきのなかで国家の次元で展開されたものでした。ギリシャの共産主義運動がどれほど強力なものだったかは一九四六年の内戦[*10]がよく示しています。しかしこの内戦について重要なのは、それが社会的基盤に根差したものではなかったという点、純粋に政治的な次元で展開されたものだったという点です。ナチズムそしてファシズムに対する抵抗もその後の米国に対する抵抗も「ネイション」の名において行われました。一九六〇年代から七〇年代にかけてギリシャでは独裁体制に抗する闘争が展開されることになりますが、それ以後のギリシャでの政治的実践もまた今日に至るまで非常に洗練されたものであり続けています。移民となって国外に出た多くのギリシャ人が、フランスやドイツ、イタリアなどでの実践をギリシャ国

＊10　第二次大戦が終結しナチスの支配から解放された後、ギリシャでは戦中にレジスタンス活動を展開した共産主義勢力と、まずイギリス、ついでアメリカの支援を受けた王党派軍事勢力とのあいだで内戦が勃発した。最終的に四九年に王党派が勝利、以降七四年までギリシャは軍事独裁体制になった。

内に持ち帰ったためです。ここボローニャにも七〇年代にはギリシャ人コミュニティがあり、ぼくもそのうちのひとりと知り合いでした。その後、彼らはみなギリシャに戻りましたが、ぼくの知り合いはいまではシリザのリーダーのひとりとなっています。ギリシャは政治の次元では洗練の極みに達していますが、社会的あるいは経済的組成の次元ではいまもなお未熟な状態にとどまっています。産業資本の発展もそれに応じた労働者運動の組織化もないままに今日にまで至っているのです。シリザがその道程を最後まで進み得なかったことはこの観点からも説明できます。ギリシャ経済の中心は観光と港であり、その他には様々な中小企業しかない（しかもそのうち港は中国企業の手に渡りつつある）。政治がどんなに洗練されたものであってもそれを支え得る経済的基盤も労働運動もないのです。

「労働」の危機

——欧州憲法条約（TCE）批准をめぐる各国での国民投票について、今日、よく聞かれるようになった議論に、もし各国の批准が進みTCEが発効していたなら、EUでの様々な意思決定プロセスが明文化され、今日のドイツの振る舞いは不可能なものになっていたかもしれないというものがあります。ギリシャに対するドイツの暴力的支配を前にして少なからぬ人々が、賛成票を投じるよう当時呼びかけていた人（たとえばネグリなど）はやっぱり正しかったのではないかと考えるようになっています。これについてフランコさんはどう考えていますか。

まず最初に問わなければならないのはTCEが何だったのかということです。三〇〇頁にも及ぶ全文を誰がきちんと読んだのか。少なくともぼくは読んでいません。しかし全文を読まずとも理解できたのは、それが政治的プロジェクトなどではなかったということ、すなわち、意思決定権を欧州議会に委譲しヨーロッパをひとつの議会制国家として創設するといったことを定めたものなどではなかったということ、そうではなく、労働市場の自由化という社会的かつ経済的な目的のために書かれたものだったということです。TCEに反対していた人はそのように理解していたし、条約案の実際の内容もそのようなものでした。要するにTCEは数百頁を費やして結局のところカネのことだけを語るもの、雇用の規制緩和だけを語るものだったということです。

トニ・ネグリやダニ・コーン＝ベンディット[*11]がTCEに賛成票を投じるよう呼びかける文書を発表したのは、「ネイション」や「国家主権」といった段階にEU諸国が逆戻りすることだけは何が何でも阻止しなければならないと考えたからです。ぼく自身も、その文章への署名は断ったものの、正直に告白すれば、知的議論の水準では彼らに賛成していました。ネグリもコーン＝ベンディットもぼくにとっては偉大なリーダーでありこれは一生変わらない。その彼らが言うのだから、きっと彼らは正しいに違いないとも思っていました。フランスで国民投票が行われた日の晩、ぼくはマリオ・カナーレ[*12]やマッテオ・パスクィネッリ[*13]らと一緒にローマにいて、賛成票の勝利に期待を寄せつつ過ごしていましたが、し

＊11　Daniel Cohn-Bendit. 一九四五年生まれ。フランスの政治家。六八年五月のフランス学生運動の渦中で、その火付け役の一つ、「三月二二日運動」の代表として注目を浴びる。九四年から二〇一四年まで緑の党の欧州議員を務めた。

かし反対票の勝利がテレビで報じられたその瞬間、それまでの思いに反してどういうわけかぼくは嬉しくなり、彼らとともに思わず大声を出さずにいられませんでした。ネグリやコーン゠ベンディットはやはり最悪の過ちを犯してしまったのではないか。もちろん彼らの声に耳を傾ける人がごく少数に限られているという点では彼らの過ちをあまり大事だと捉える必要もないかもしれません。しかし、彼らだけではなくぼく自身も含めたアウトノミア系やアナキスト系の批判的左翼全体が、ヨーロッパ社会を代表している勢力は右派だけだと考えてしまっていたのであり、これはやはり重大極まりない過ちだった。ぼくたちこそがその後のフランスでのFNの台頭を許してしまったのです。

ネグリは国家主権体制こそが主たる敵であると繰り返し強調してきました。しかしこれによって彼は何を語っているのか。確かにぼくたちは国家主権を一定程度まで退けました。しかしそれは誰のためなのか。新たな意思決定の場として確立される何らかのスーパー国家のためなのか。あるいは、新たな欧州議会のためなのか。たとえばぼく自身について言えば、ぼくが自分自身の主権を拒否したのは結局のところドイツ銀行のためであり、トランスナショナル企業のためだったと言わざるを得ません。したがって実際に起こっているのは主権の拒否などと呼べるようなことではなくむしろ金融資本独裁体制の受諾なのです。もちろんぼくは国家主権の拒否に全面的に賛成ですが、しかしそこで同時に問われるべきなのは国家主権が退けられるときそれが誰を利するものになっているのかという点なのです。二〇〇五年の時点ではぼくたちはこの問題をしっかり立てることができなかった。今日の左派の無力はぼくたちのこの過ちの結果なのです。今日のヨーロッパにおいては左派が無力にとどまるなか右派が圧倒的な仕方で台頭しています。この右派は従来の保守派ではなく、人種差別主義的かつファシスト的なナショナリスト右派です。フランスでは今日、多くの元共産党員、すなわち、第二次大戦中の対独レジスタンスに端を発する流れにこれまで身をおいてきた多くの人々がFNに投票するようになってしまった。その典型例はアラン・ソラル[*14]です。彼は一九九〇年代までは共産党員でしたが、今日ではFNのスポークスマンのひとりとなっています。アラン・フィンケルクロート[*15]のことを思い出してもいいかもしれない。フィンケルクロートはもちろんFN支持者ではないけれど、それでもなお彼がフランスにおける政治的批判勢力の今日の内向的閉鎖性を体現していることに変わりはありません。今日のフランスにおける政治的エネルギーのすべてはFNを中心にして展開されることになってしまったのです。

＊12 Mario Canale. 一九四八年生まれ。映画監督。ドキュメンタリー映画『マルチェロ・マストロヤンニ 甘い追憶』（二〇〇六年）の共同監督の一人。
＊13 Matteo Pasquinelli. アメリカで活躍する哲学者。政治哲学、メディア論、認知科学の交錯する領域で多くの論考を手がける。
＊14 Alain Soral. 一九五八年生まれ。フランスのエッセイスト。一九九〇年代にはフランス共産党員であったが、のちに極右へ傾き反ユダヤ的発言を行うようになる。二〇〇〇年以降は一時、国民戦線とも関係を深めていた。
＊15 Alain Finkielkraut. 一九四九年生まれ。フランスの哲学者。七七年の著作 *Le Nouveau Désordre amoureux* (avec Pascal Bruckner), Seuil, 1977（未邦訳『愛の新たな乱れ』）で六八年の思想を批判的に振り返り脚光を浴びる。その後も愛国的・保守的な発言により注目される。

——いまフランコさんが描き出してくれたような状況において「ヨーロッパ」はいったいどうなっていくのでしょうか。

その問いへの答えは絶望的なものとならざるを得ません。しかし他方でまた、その問いに答えるためにはヨーロッパという枠組みを超えて考える必要があります。ヨーロッパは今日、たんに社会的あるいは経済的な次元で危機に陥っているだけではなく、政治的にも精神的にも危機に陥っています。着目すべきはそうしたヨーロッパ危機の背景に全世界規模での景気後退があるという点です。中国においてすらその経済成長に深刻な減速が見られ、日本に至っては、周知の通り、もう二〇年も前から不況が続いており景気回復の見込みはまるでない。一年前あるいは二年前までなら、まさにヨーロッパこそがその「解決」のモデルになり得るとぼくは言ったと思う。EUはグローバル化された資本主義のその危機に対するひとつの解決になり得ると。しかし今日ではぼくはもはやそう思っていません。そのような可能性は失われた。危機の克服はヨーロッパの民主的改革などといったものではもはやなし得ません。ヨーロッパにおける政治勢力のバランスは今日、右派に都合のいいものになってしまっているからであり、このバランスを変えることは当分のあいだ不可能だからです。これからの五年間、あるいは、ひょっとすると一〇年間、右派の支配が続くことを覚悟しなければなりません。そしてこのことは移民や経済危機に対する対応においてカタストロフを招く可能性を大いに孕んでいます。したがって、すべての問題はこのカタストロフを見据えた上で、しかし同時にまた、グローバル資本主義のその形態そのものの危機といったものを見据えた上で立て直される必要があります。こうした現状把握からぼくは、「解決」

が可能だとすればそれは資本という形態それ自体の乗り越えという道以外にあり得ないという古くからのぼくの考えに戻らざるを得ません。「コミュニズム」の問題が今日また回帰しているのです。

今日、世界規模で問われているのは資本と労働との関係です。経済成長はもう二度と戻ってこない。第一に、自然環境はすでに開発され尽くし、経済成長を可能にするその物理的条件が限界に達しています。しかし第二にまた、そもそも誰も経済成長をもはや求めていません。資本主義が今日陥っている危機は生産諸力のそれではなく財の分配におけるそれなのです。イタリア人や他のヨーロッパ人たちがこれからまた中国製のTシャツを新たに買い始めるなどということはあり得ません。たとえばぼく自身、すでに余るほどTシャツをもっています。これ以上もう一枚たりとも欲しくない。ぼくと同様、誰もが余るほどのTシャツをもっているのです。したがって問題は「量」ではなく「形態」です。「量」はすでに飽和に達しています。資本主義という社会形態が「ジェネラル・インテレクト」（一般知性）のその豊かな力能にもはやまるきり対応し得ないものとなってしまったという点にこそ今日の問題は存しているのです。他方、グーグルのCEOであるラリー・ペイジ[*16]は「コンピューター・ワールド」（Computer World）誌の二〇一四年一〇月号で、人間に代わって労働する十分に知性のあるロボットの生産にグーグルが乗り出すということを語った上で、次のように付言しています。「週四〇時間労働を維持することは無理だろうと私は考えている」と。雇用を守るといった古い考えはやはり捨てるしかありません。

＊16 Lawrence Edward “Larry” Page. 一九七三年生まれ。米国の経営者。一九九八年にセルゲイ・ブリンとグーグルを共同設立。現在は同社の最高経営責任者（CEO）を務める。

自然開発が限界に達し財が飽和しロボットが労働者に取って代わりつつある今日ではもう誰も労働を必要とはしていないのです。今日の資本主義におけるパラドクスは次のようなものです。ぼくたちは、ぼくたち自身の有する豊かな技術や知性それ自体によって、自然環境の破局的壊滅そして貧富の圧倒的な格差へと否応なしに追い立てられているというパラドクス。大部分の人々が潜在的には豊かでありながら現実的には貧困状態に陥っているというパラドクス。こうしたパラドクスを前にしてはもはや「ヨーロッパ」に期待をかけている場合ではありません。「労働」「資本」をもう一度ゼロから語り直し「資本主義の終焉」そして新たな「コミュニズム」を語らなければならないのであり、これこそがぼくたちの進めるべきプログラムなのです。

いずれにせよ状況は急を要するものです。もちろんぼくにしても、今日の金融的形態ではなく社会的形態のヨーロッパといった問題、境界を閉ざすことなくつねに外に開かれたヨーロッパといった問題を語りたいという気持ちはある。もしそうしたヨーロッパが実現したらとても美しいだろうとも思う。しかしそのタイミングをぼくたちはすでに逃してしまったのです。とりわけそれを実現するための政治的手段がぼくたちにはもう何もない。この意味でこそ、ヨーロッパはもはや「解決」には属していない、むしろ「問題」のほうに属しているとぼくは言っているのです。

ドイツとそのオルドリベラル植民地主義

──「問題」としてのヨーロッパについてひとつ質問します。ギリシャをめぐってはドイツとＩＭＦ（国際通貨基金）とが債権者としては同じ立場にありながら、しかし、必ずしもつねに同意し合っているわけではないといった様子も窺わせています。ドイツとＩＭＦのこの奇妙な関係をフランコさんはどう捉えていますか。

両者の関係は「奇妙」であるともそうでないとも言えます。というのも、そこで問題になっているのは、端的に言えば、グローバル・ネオリベラリズムとドイツ・オルドリベラリズムとの関係だからです。グローバル・ネオリベラリズムは現実主義の立場から、ギリシャの労働力と環境とを限界まで搾取し開発し尽くさなければなりませんが、それによって金融的カタストロフが生じるような事態は絶対に避けなければならないといったことを唱えています。これに対してドイツの立場は基本的には文化的偏見を軸にしたものであり、この文化的偏見に基づいてギリシャに対する植民地主義的支配を進めようとするものです。ヨーロッパはネオリベラリズムにその門戸を開きましたが、しかしヨーロッパ型のネオリベラリズムとしてのオルドリベラリズムにはそれに固有の特徴があり、そのひとつが規律性あるいは道徳性であり、もうひとつが植民地主義だということです。別様に言い直せば、ドイツのオルドリベラリズムは、プロテスタント的道徳主義に立脚した植民地主義として展開されるネオリベラリズムであり、それゆえに、ＩＭＦが体現するような従来のネオリベラリズムにとっても無視できない問題を孕んだものとなりつつあるのです。

この問題に関してぼくがひとつ疑問に思っているのは、どうしてドミニク・ストロース゠カーン[*17]はＩＭＦの専務理事を突如としてあのように辞任させられることになったのかということです。彼が性的偏執狂であることはずっと以前から周知の事実だったにもかかわらず、なぜＩＭＦの専務理事になってからそれが事件にまで発展する事態となったのか。ストロース＝カーンはＩＭＦ内部でもドイツに対してとりわけ批判的だったと言われています。ストロース＝カーンはフランス社会党左派の観点からギリシャに対するドイツによる債務の強要に強く反対していました。もちろん彼がおぞましいほどマッチョだというのはその通りですが、しかし彼が、オランドとは正反対に、細やかな教養、優れた知性の持ち主であるというのも事実です。つまり、ストロース＝カーンは、ひょっとすると、政治的かつ人間的な勇気をもってドイツの横暴に対して立ち向かい得たかもしれないのです。彼の辞任は多分に疑念を残すものだとぼくは思っています。ストロース＝カーンは実際、この七月、ドイツ人に宛てて彼らの振る舞いを厳しく批判した手紙を書いている。興味深いのはその公開がバルファキスのブログ上で行われたという点です。ＩＭＦを辞任したストロース＝カーンとギリシャ財務相を辞任したバルファキスとがこのように接近し、そこにスティグリッツらが支持を寄せるといった状況が作られつつあります。

　非道徳や怠惰、女好きやグルメ、快楽といったことに溢れたカトリシズムが一方にあり、他方にはそうしたことのすべてを否定するプロテスタンティズムがある。こうした図式のなかで権力の座から引きずり降ろされたもうひとりの人物として思い出されるのはシルヴィオ・ベルルスコーニ[*18]です。もちろんぼくはストロース＝カーンの味方にもベルルスコーニの味方にもなるつもりはいっさいありませんが、やはりベルルスコーニの身に起こったこともまたストロース＝カーンのケースにたいへん似通っていることは誰にも否定できないでしょう。ベルルスコーニはファシストだと言われることもありますが、やはりむしろマフィア的であるとみなすべきであり、このマフィア体質とファシズムとは峻別されなければなりません。ベルルスコーニは一種の「親分」としてイタリア人民との良好な関係をあくまでも維持したいと考えていたのであり、ドイツから求められていた改革を徹底的に最後まで進めようとはしなかった。それゆえに彼は、まさにヨーロッパ金融システムを代表する人物だと言ってよいマリオ・モンティ[*19]に首相の座を奪われることになったわけです。モンティはとても賢くとても道徳的な人物として登場しましたが、結局のところ、イタリアの政治状況をうまく導くことができないまま一年後には彼自身もまた退陣させられることになりました。

――フランコさんがいま描いてくれた見取り図はたいへん面白いものだと思います。ストロース＝カーンを軸にしていわばフランス社会党左派の社民主義とＩＭＦのグローバル・ネオリベラリズムとがそれ自体

＊17　Dominique Strauss-Kahn. 一九四九年生まれ。フランスの経済学者・政治家。一九八六年から社会党議員として活躍。二〇〇六年にはセゴレヌ・ロワイヤルと党首の座を争うが敗北。〇七年からはＩＭＦ理事を務め、一二年の大統領選挙に向けても期待が高まっていた矢先、一一年に強姦未遂事件で逮捕された。これを機にＩＭＦ理事も辞任。

＊18　Silvio Berlusconi. 一九三六年生まれ。イタリアの政治家、実業家。自由主義・保守主義・キリスト教民主主義などを表明し、イタリアで四度にわたって右派政権の首相を歴任した。大手メディア会社メディアセットの経営に関わり脱税事件、自ら党首を務めている「自由の人民」の私物化、その他賄賂、不正経理、マフィアとの癒着など数々の汚職事件で立件されて失脚。

＊19　Mario Monti. 一九四三年生まれ。イタリアの経済学者・政治家。イタリア財務相、欧州委員会委員を歴任。その後二〇一一年から一三年まで首相を務める（財務相は一二年七月まで兼任）。

かなり奇妙な同盟を組み、ドイツのオルドリベラル植民地主義に対抗しようとしたけれど、この闘いにおいてつねに優位に立っていたのは結局のところ後者であり、その後者にはイタリア国内で圧倒的な人気を維持していたベルルスコーニまでをも駆逐するほどの力があるというわけです。

ドイツがそのような力をもっているのは、言うまでもなくその経済的覇権が他の追従を許さない圧倒的なものだからにほかなりません。ドイツがなぜそのような経済的覇権を今日確立し得ているのかについてはもちろん分析が必要です。ドイツは二〇〇二年から〇三年にかけて国内労働市場の改革を断行し労働のラディカルな不安定化が図られました。その結果、今日では七〇〇万もの不安定労働者が月収四〇〇ユーロでの暮らしを強いられています。この点についてはウルリッヒ・ベック[*20]が非常によく説明していますが、そのような労働者階級の粉砕と雇用の規制緩和とこそが今日のドイツの経済発展と輸出政策とを可能にしているのであり、ヨーロッパ内でのドイツの経済的覇権を許しているのです。ヨーロッパのすべての国が輸出のチャンピオンになることは当然のことながらできない。この意味で特定の国が他の国々を制して輸出を独占することになるのは必然ですが、こうしてヨーロッパ諸国間でのその闘いにドイツは圧倒的な仕方で勝利したわけです。米国を軸としたグローバル資本主義は、オバマその人も含めて、ヨーロッパに別の政策を期待していましたが、ここヨーロッパで決定権を持っているのはあくまでもドイツです。オバマはメルケルの方針を変えさせようとたびたび試みていますが、結局のところそれに成功していません。ドイツの姿勢はグローバル資本主義に対応しているのと同時に、これとほとんど矛盾するものでもあるからです。

『超限戦』の共著者として有名な中国の軍人、喬良がイタリアの「リメス」（Limes）誌七月号に掲載されたテクスト[*21]で次のように説明しています。米国は日本やヴェトナムとの領土問題を利用して中国を軍事衝突に引きずり込もうとしているが、中国はこれをけっして受け入れない、中国は戦争をもはや軍事的次元では構想しておらず、今日の中国にとっての戦争とは金融的次元で進められるものなのだと。そして実際、喬良のこのテクストが発表されたその翌週に人民元の切り下げが行われました。中国にとって経済は直ちに政治です。中国人たちは非常に強力な手段を用いて政治を行っているのです。なにしろ米国の負債は中国の国庫にあるわけですから。米国にもＩＭＦにも中国の振る舞いを静止することはできません。金融戦においては中国はすでに勝利しているのです。ドイツについても同じような観点から考えるべきです。グローバル資本主義は合意や友好の空間などではなく戦争の空間なのです。

ジャンカルロ・ヴィターリ・アンブロージョ[*22]——ここ数年大きな変様を遂げてきたマスメディアや教育システムは金融がそのように全世界的に前景化する過程においていかなる役割を果たしていると思いますか。

＊20　Ulrich Beck. 一九四四－二〇一五。ドイツの社会学者。一九八六年に発表した著作『危険社会』（邦訳：法政大学出版局）でリスク概念に依拠してポスト階級社会を論じ脚光を浴びる。以降、現代を「再帰的近代」として捉える論考を多数発表し、幾つかの場面では政策への提言にも参加していた。

＊21　Qiao Liang, « *La grande strategia cinese* », *Limes*, 07/15.

＊22　Giancarlo Vitali Ambrogio. イタリアのジャーナリスト。一九七六年、フランコ・ベラルディらとともに、ボローニャで自由ラジオ「ラディオ・アリーチェ」（注37参照）の設立に関わる。

今日の真に中心的な問題は、最も端的に言えば、ジェネラル・インテレクト（すなわち知的労働や技術生産といったこと）とグローバル資本主義との関係にあります。ジェネラル・インテレクトとグローバル資本主義こそが現代を構成する二つの大きな主体なのです。最もマクロに捉えれば、現代とは知性の力能とカネの力能とのあいだの闘いの時代だと言えます。グローバル資本主義がジェネラル・インテレクトの政治的な力に対峙させられるということもありました。シアトルの時代のことです。No Global 運動[*23]の爆発は基本的にジェネラル・インテレクトの爆発だったと言えます。それまでは純粋な技術的可能性にとどまっていたインターネットが民主主義のための真の機械になったのもこの時代です。インターネットはあらゆる財の共有のための場となりました。この時代のグローバル資本主義にとっての主たる課題は知性の力能を攻撃し解体するということでした。そしてグローバル資本主義はこの課題に粛々と取り組むことになります。一九九九年のボローニャ宣言とこれに基づいて進められたボローニャ・プロセス[*24]とはまさにグローバル資本主義による知性の力能に対するこの攻撃にほかなりません。次いで展開されたのは公共教育予算の大幅削減です。これはヨーロッパのみならずラテンアメリカ（たとえばチリ）でも行われました。教育システムは無知を生産する機械として再編成され、グローバル資本主義の戦略上の主たる機械と位置づけられるに至ったのです。

　このコンテクストのなかでぼくが立てている極限的な問いは次のようなものです。以上のような破壊プロセスは社会の集団的知性の力能を全面的に無化させる点にまで今日すでに至ってしまっているのか、それとも、ぼくたちにはまだジェネラル・インテレクトの自己組織化プロセスを再開させる幾ばくかの可能性が残されているのか。教育や学校といった問題はこの問いに直結しているものであり、たんに

「公共教育を守る」といった次元にとどまるものではまったくありません。それでも何かを「守る」ことが問題になっているとすれば、それは集団的知性の力能にほかなりません。

「騙し絵」としての民主主義

――イタリアでの運動について質問します。二〇〇〇年代前半まではたいへん活気がありヨーロッパの運動の中心をなしているとすら思えるほどだったイタリアでの運動は、イラク戦争反対運動の時期を転機として、少なくともイタリア国外から見る限り衰退してしまったように感じられます。二〇〇八年からの経済危機に対しても、スペインやギリシャでは様々な革新的な運動の出現が見られたのに対し、イタリアで最も可視的な運動として出現したのは極めて保守的な「五つ星運動」[*25]でした。最近では「社会的連立」[*26]が話題になっていますが、今日のイタリアには他にも何か興味深い動きはありますか。

*23 Movimento no-global. 反グローバライゼイション運動。九〇年代から多国籍企業が主導する新自由主義経済の地球規模の拡大に反対して生じた運動。九九年のシアトルでのWTO会議の際の大規模な抗議活動により広く注目されるようになった。

*24 Bologna Process. ヨーロッパ諸国間で、高等教育資格の質と基準についての比較を可能にするために開催された一連の会合および協定。一九九九年に開始し、現在までに四七ヶ国が参加、四九ヶ国が調印している。

*25 ラッザラート・インタヴュー注11参照。

*26 メッザードラ・インタヴュー注18参照。

複数のプロジェクトがあると思うけれど、アンブロージョのほうが詳しいと思う。アンブロージョは教育制度のネオリベラル的改革に抗する運動に深く関わっているし、また、左派連合候補者リスト運動「ツィプラスとともにあるもうひとつのヨーロッパ[*27]」にも関わってきました。

アンブロージョ ――二〇一一年にベルルスコーニが失脚してから今日に至るまでの約四年間、すなわち、モンティの短命政権からベルサーニ[*28]の敗北を経て今日のマッテオ・レンツィ政権[*29]に至るまでのこの期間、左派勢力の結集を目指す幾つかの試みが確かになされはしました。第一に「ツィプラスとともにあるもうひとつのヨーロッパ」の試み。これは二〇一四年の欧州議会選挙を契機に始まったプロジェクトで、ギリシャでのシリザの例に倣ってイタリアでも左派小政党のすべてを結集させるということを目的としたものでした。この試みには共産主義再建党[*30]や「左翼・エコロジー・自由[*31]」など、実際、イタリアにおける既存左派グループの大半が参加しましたが、しかしほとんど死産に終わったと言っていい。候補者名簿を作成する段階からすでに分裂してしまい、選挙終了とともに事実上消滅してしまいました。次いで、「イル・マニフェスト」(il manifesto)紙の編集長ノルマ・ランジェリ[*32]がイタリア中の左派知識人と政治家とに対して「イタリアにおける新たな左派政治主体を構築する可能性について意見を求める」と呼びかけ、活発な議論がなされるということも起きました。とりわけ呼びかけに含まれていた「左派に生はあるのか?」(C'è vita a sinistra?)という一節のその疑問符の存在それ自体をめぐって多くの人が反応しました。しかしこれもぼくの目にはそれほど興味深いものには思えませんでした。というのも「イタリアにおける」と限定して新たな政治主体の構築可能性を問題にすることで、ヨーロッパという次元が忘却されてしまっているように思われたからです。ヨーロッパ規模で起きていること、全世界規模で起きていることに対応できない議論だった。ヨーロッパ規模、全世界規模で起きていることを無視して新たな政治主体なるものをイタリアのなかだけで構築したとしても、それは最初から死ぬ運命にあるとしか言いようがありません。これまでにすでに見られた様々な試みが示している通り、他国との対立や争いを招いて終わるほかないからです。

二〇一三年の総選挙の際の「市民革命」[*33]もそうですが、いま挙げたような試みはいずれも既存の左派

＊27　L'Altra Europa con Tsipras (L'Altra Europa, Lista Tsipras). 二〇一四年の欧州議会議員選挙において、欧州左翼党の候補者ツィプラスを支援するためにイタリアで結成された左派政治連合。

＊28　Pier Luigi Bersani. 一九五一年生まれ。イタリアの政治家。二〇〇九年から一三年まで民主党書記長を務める。同年二月の総選挙では中道左派連合「イタリア良きコムーネ」を率いて望み、上院で過半数を獲得。しかしその後の連立政権樹立および大統領選で思う結果を得られず民主党書記長を辞退する。

＊29　Matteo Renzi. 一九七五年生まれ。イタリアの政治家。二〇一三年、民主党書記長に当選。一四年二月、大統領ジョルジョ・ナポリターノより首相に任命され現在に至る。

＊30　Partito della Rifondazione Comunista. 一九九一年のイタリア共産党の解散および左翼民主党への移行に反発し、結成された左派政党。

＊31　Sinistra Ecologia Libertà (SEL). 二〇〇九年の欧州議会議員選挙の際の選挙連合の後継として、一〇年に結成されたイタリアの左派政党。環境社会主義を党是の一つとする。

＊32　Norma Rangeri. ジャーナリスト。一九七四年から「イル・マニフェスト」紙に寄稿。二〇一〇年から同紙編集長。

グループの結集を目指すだけのものにとどまり、新たな運動を導くようなものでも、新たなアイディアを産み出すようなものでもなく、どれもが選挙が終わった途端に立ち消えになるものでしかありませんでした。鉄鋼労働職員組合[*34]（ＦＩＯＭ）の発意による「社会的連立」の試みはいま挙げたものよりはやはり興味深いものだと言えます。「社会的連立」は、地域ごとに行われてきたか全国規模で行われてきたかを問わずすべての実践をひとつの運動として互いに結びつけることで新たな左派文化を構築するというアイディアに基づくものです。強調されたのは、政党という次元とは異なる地平にあくまでもとどまること、政党の連合を目指すものでもなければ、新たな政党の構築を目指すものでもないという点、あくまでも「下からの」構築にとどまるという点です。この運動においてとりわけ重要な役割を果たしてきたのが学校教育をめぐる運動です。実際のところ、「社会的連立」の枠組みにおいて唯一具体的かつ強力な運動を展開してきたのが学校教育の運動であり、全国規模でのストライキを行い大勢の人々の参加を得たのもこの学校運動だけでした。とはいえ、その学校運動もまた成功したとは言えません。各学校で個別に占拠運動やストライキが行われたり、全国規模でストライキやデモが行われたりしましたが、政府の進めようとしていた公共教育改革を阻止するまでには至らなかったのです。

九月六日にここボローニャで全国集会が予定されており、これには右派系の組合すらも含むすべてのアクターの参加が見込まれています。公共教育改革法廃止の是非を問う国民投票の実施を求めるというのがその目的です。国民投票実施を実現しそこで改革法廃止を勝ち取るためには、闘いを全面化し社会全体を巻き込むことが不可欠であり、教員だけの運動にとどまっていてはなりません。水道水の私企業化に抗する闘争がありましたが学校もまさに水と同じなのです。しかし他方で、この新たな法律の内容をまったく理解していない親たちが多くいるというのも本当です。彼らはそれを高く評価してすらいる。ここにおいて重要な役割を果たしているのがマスメディアです。新法についてマスメディアは「能力」「評価」「悪い教員の解雇」という決まり文句ばかりを繰り返し、それらが何を意味するのかすら説明しない。マスメディアによる決まり文句のこの反復によって親たちはすっかり説得されてしまっているのです。新法がもたらすことになる惨事をぼくたちはそうした親たちに説明しようとしているわけですが、ぼくたち自身が親であり、関係が対等なものにとどまるため、話はいつまでも平行線を辿り続けているというのが現状です。となると、やはり教員こそが幾ばくかの信憑性をもって話せる立場にいるということになりますが、多くの教員たちは労組という彼らの小さな世界に閉じこもり、賃金交渉などといった次元に話を還元してしまっています。教育改革法反対闘争は全社会的なものとならなければなりませんが、その道程は少なくともいまのところ困難極まりないものとなっています。

数年前にチョムスキーがすでにどこかで似たような問題を論じていました。かつての学校は社会全体のための投資としてあったが、今日では学校は個人的な投資の場となりつつあり、だからこそ学費もまた各人が個々に払うべきものだとされつつあるのだと。先にも述べた通り「社会的連立」において具体的で活発な動きを唯一見せたのは教育問題をめぐる闘争でしたが、その闘争ですら、ばらばらの個人に

＊33 Rivoluzione Civile. 二〇一三年のイタリア総選挙に向けて一二年に結成された左派選挙連合。「緑の同盟」や「価値あるイタリア」などが参加した。
＊34 メッザードラ・インタヴュー注19参照。

分断された今日の社会にあって、人々の日常的な実践を互いに接続させるその方法を見出せないままでいるのです。加えて、たとえば教育について発言する者は労働については発言せず、労働について発言する者は環境については発言せずといった具合に、テーマの次元でもそれらすべてを横断するかたちで人々がともに闘っていけるような地平を構築することにぼくたちは成功していない。どの個人あるいはどのグループも自分たちの利害のことしか考えることができず、誰も自分の主権を手放すことができずにいるからです。こうした壊滅的な状況を前にして、結局のところ、やはり党を作らなければならないのではないかという声が回帰してくるわけです。

「社会的連立」はスペインで展開されている運動に大きく影響されています。スペインでの運動においてもまた、ランディーニ[*35]が言うような意味で「下からの」構築がたいへん重視されており、スペイン全土に地区単位での委員会が無数に作られ、それらの委員会が起点となって住居や環境、労働といった問題に関する議論がなされている。スペインでのそうした運動がしかしイタリアの「社会的連立」と異なるのは、スペインではたとえば失業者のために住居を見つけたり、貧者のために無償の医療サーヴィスを組織したりするといった極めて具体的な活動も精力的に展開されているという点です。人々の生活に密接に関わるようなこうした具体的な実践が今日のイタリアでの運動には欠けています。

ビフォ ―――― アンブロージョがいま話してくれたことについて、ぼくなりの考えを示しておきたいと思う。二〇一一年にイタリアでは水道水の私企業化についてその賛否を問う国民投票が実施され、有権者の七〇%が投票し投票者の九〇%が反対票を投じました。すなわち、イタリア住民の大多数が水道水の私企業化に対して反対の意思を表明したということです。驚くべきは、しかし、憲法で意思決定の最終審級と定められている国民投票という手段を通じてこのように住民の圧倒的反対が示されたにもかかわらず、あたかもその結果などなかったかのように水道水は私企業化されてしまったという点です。もうひとつ例を引きます。ギリシャではまず二〇一五年一月の総選挙でシリザが勝ち、次いで七月の国民投票で緊縮策を拒否する意思が示されました。しかし、金融権力による恐喝によってそれらの結果は事実上忘却されることになった。この二つの例からだけでも、なぜ今日のイタリアにおいてネオリベラリズムと闘い得るような政治組織が形成され得ないのか、その理由を理解することができます。もはや誰も民主主義を信じていないのです。民主主義は一種の「騙し絵」のようなものに成り下がってしまった。人々は確かに「民主主義、民主主義」と言い続けてはいます。しかし同時に彼らは、今日の金融資本主義時代にあってはそれがもう存在しないということをはっきり知ってもいるのです。「ツィプラスとともにあるもうひとつのヨーロッパ」にしても「イル・マニフェスト」紙の試みにしても「社会的連立」にしても、それを行おうとしているのはぼくの友人や仲間であり、真面目で誠実な人々ですが、しかし、左派の復興を目指すそうした試みは今日、端的に言って、不可能なのです。「ツィプラスとともにあるもうひとつのヨーロッパ」についてはぼくもその集会に参加したことがありますが、そこに集っているのはぼくと同じ世代の人々ばかりで若者はひとりもいませんでした。ぼくらよりも若い世代に、民主主義のために闘おうと思っている者などいないのです。フェイスブックをやっていれば誰でも今日の「民主主義」が何たるかを知っています。誰しもが自分の意見を好きなだけ言えるということ。話すことな

＊35　メッザードラ・インタヴュー注20参照。

ら幾らでも許されています。しかし意思決定はまるきり別の次元の問題です。意思決定を行うのは東京電力やドイツ銀行なのです。このようなことを言うのはとても辛いことですが、しかし、民主主義の次元で今日できることはお喋り以外に何もありません。今日の状況からの脱出は民主主義を通じてなされるものではあり得ない。あるいは、民主主義はその脱出先ではあり得ない。

ヨーロッパの歴史における次の一歩はフランスでのＦＮの勝利です。ＦＮの勝利はヨーロッパの地勢を根本的に書き換えるものとなるでしょう。はっきりと反ヨーロッパを掲げる右派が台頭することになります。これまでの人生でぼくは恥ずかしいことをほとんどしたことがないように思いますが、二〇一三年のイタリア総選挙ではぼくはほんとうに恥ずかしい振る舞いをしました。「五つ星運動」に投票したのです。「五つ星運動」はポプリのような政党でたくさんの元新左翼も参加していますが、しかし、ひとつはっきり言えるのは移民問題に対してあからさまに人種差別主義的だということです。ぼくは「五つ星運動」が本当に嫌いです。「五つ星運動」のリーダーであるベッペ・グリッロ[*36]は当初は賃金や失業といったテーマについて評価できることを語っていましたが、途中から彼の話は政治家の腐敗といった問題に絞られていくことになります。ぼくからすれば、政治家が腐敗しているのは何も驚くべきことではなく、いまさらグリッロに教えてもらうまでもないことであり、そもそも政治家にクリーンであることを求めること自体が馬鹿げています。腐敗をめぐるそうした下らない議論に加えて掲げられることになったのが移民排斥主義でした。それでもなお最終的にぼくは彼らに票を投じました。なぜか。民主主義をもう信じていないぼくは、歴史の進展を加速させることがいまできる唯一のことであるように思われたからです。

正直に言えば、ぼくは一度たりとも民主主義なるものを信じたことはない。ぼくがかつてもいまも信じているのはジェネラル・インテレクトの自己組織化であり、これは選挙などとはまるきり関係がありません。民主主義が誰にとっても信じ得ないものとなることで今日、ぼくがこれまで主張してきた敵対関係、すなわち、ジェネラル・インテレクトとグローバル資本主義との直接的な対立が全面的に前景化したのだとも言えるかもしれない。アンブロージョが話してくれたように、教育改革を通じて、また、そのためのマスメディア戦略を通じて、今日の資本主義はジェネラル・インテレクトをその政治的自己組織化から何が何でも遠ざけようとしているのです。

アンブロージョ――若い世代についてひとつエピソードを紹介します。マッテオ・レンツィの進める教育改革に反対して学校占拠を行っていた理科高校の生徒たちに「大きな集会を行うのでそこでラディオ・アリーチェ[*37]の経験について話してほしい」と呼ばれたことがありました。集会は二〇〇名を超える生徒たちの参加した大きなものでしたが、ぼくはラディオ・アリーチェや六八年での自分の経験を話しつつも、しかしとりわけ、教育改革が彼らの将来にどんな影響を与えるのか、彼らの親たちにとってど

＊36　Beppe Grillo. 一九四八年生まれ。イタリアのコメディアン、ブロガー、政治活動家。テレビ俳優を長らく続けたのち、二〇〇五年から開始したブログで政治活動家として注目を浴びる。〇九年に「五つ星運動」の結党に参加する。

＊37　Radio Alice. 一九七六年二月九日にボローニャで放送開始した自由ラジオ（海賊放送）。開設にはフランコ・ベラルディ（ビフォ）、ジャンカルロ・ヴィターリ・アンブロージョらが関わった。詳しくは『NO FUTURE――イタリア・アウトノミア運動史』（洛北出版、二〇一〇年）参照。

んな意味をもつのかといったことをやはり話しました。彼らは学校占拠をしているぐらいなので、教育改革についてぼくの話したことはすでによくわかっている様子でした。これに対して彼らが集会の最初から最後まで様々な仕方でぼくに求めてきたのは、どのように抵抗したらよいのか、どのように抵抗しなければならないのかをとにかく自分たちに教えてくれということでした。自分たちはみんなフェイスブックやツィッターをしており、そうしたネットワークのなかでずっと議論を続けているが、どうしたら有効的な手段で抵抗できるのかがわからないと言うのです。自分たちの学校を占拠している高校生たちですら――あるいはむしろ、そのように闘っている高校生だからこそと言うべきなのかもしれませんが――自分たちの権力をどのように行使すれば現実的な効果が産み出せるのか、その方法がまるきりわからないと言います。彼らは自分たちの権力がまさに「騙し絵」のなかのものでしかないことを鋭く感じ取っているのです。

――民主主義が「騙し絵」となり、そこで人々の権力が無化されるという現象は、今日の日本にも見出されます。フランコさんが触れてくれた反原発についても、最近の安保法制化についても同様の現象が見出せるように思います。とりわけ沖縄・辺野古基地建設をめぐっては、イタリアでの水道私企業化やギリシャでの緊縮策とまるきり同様に、総選挙や知事選挙といった制度を通じて住民の意思がはっきり示されたにもかかわらず、その結果などなかったようにして基地建設が淡々と進められています。アンブロージョさんが話してくれた高校生たち、学校占拠をしながらも同時にいっさいの権力を奪われているように感じている高校生たちのその実感は、したがって、ぼくの暮らしている日本でも、基地建設反対闘争をしている人々のそれ、国会前などで安保法制化反対闘争をしている人々のそれでもあるように思います。

歴史の展開を加速させる

――ここで少し話題を変え、スペインについての話に移りたいと思います。フランコさんはここ数年間のスペインでの運動をどう見ていますか。

この五年間、ぼくは比較的頻繁にスペインを訪れており、とりわけバルセロナとセビージャにはよく行っています。スペインはオキュパイ運動が現実的かつ持続的な効果を産み出した唯一の国だというふうにぼくは思っています。二〇一一年五月一五日からスペイン全土で展開された広場占拠運動[*38]（15M）はその後、地区単位でのローカルな運動となって継続されました。オキュパイ運動それ自体は炎のようなものですが、ニューヨークなどではその炎がそのまま消えてしまったのに対してスペインではそうならなかった。なぜか。スペインには他の諸国とは異なる類いのエネルギーがあるからだろうと思います。ギリシャと同様にスペインでは一九七〇年代まで独裁政権時代が続き、その終焉後に新たなエネルギーの出現が見られたわけですが、このエネルギーがいまもなお消え尽きることなく存続しているのです。

＊38　二〇一一年五月一五日、マドリードで行われたデモの一部がプエルタ・デル・ソル広場へたどり着き、そのまま広場を占拠。警察の介入を受けるが、これへの反発を機に占拠運動がマドリード市民に拡大する。国内で15M運動（メッザードラ・インタヴュー注9参照）を生み、その影響は世界の広場占拠運動へと広がった。

スペインの諸都市には、フランスにもイタリアにも見られないような活力がある。とはいえ、スペインやギリシャで起きていることを主たる傾向だとみなすのは間違いです。あくまでも周縁的な現象と考えるべきです。もちろんスペインはギリシャよりもずっと大きい国ですが、それでもなおスペインでの運動についてもギリシャでのそれと同様、周縁的なものだと考えるべきです。

ポデモスの出現は多くの人の関心を引きました。広場占拠運動の別のかたちでの継続として出現してきたからです。しかしそうした継続は様々な地域での運動というかたちでも見られました。バルサロナ・アン・クムー[*39]の市議会選挙での勝利はバルセロナという地域に固有の特徴と切り離せないものです。アダ・クラウ[*40]はそのラディカルさをバルセロナのアナキスト運動から受け継いだ人物であるし、また、バルセロナという都市自体、スペイン中で最もヨーロッパ的な都市であり、ドイツやフランスといった他のヨーロッパ諸国とスペインの運動とが直接対峙する場としてある。バルセロナはまた、オルタナティヴ通貨の試みが極めて成熟したかたちで展開されている都市でもあります。

スペインでは二〇一五年一二月に総選挙が予定されていますが、問うべきはその総選挙を始点にしてスペインがヨーロッパにおける現在の力の均衡を崩すものとなり得るのかという問題です。一五年初めにシリザが勝利したとき、その勝利はまだ始まりに過ぎずこれにポデモスが続くと誰もが考えました。しかし七月のツィプラスの「敗北」は人々に再考を迫るものとなりました。ツィプラスのこの敗北はポデモスの勝利を妨げることになるかもしれない。実際、七月初めに発表された調査結果ではポデモスの支持率は二三%でしたが、今月になって新たに発表された結果ではすでに一八%に下がっています。シリザの敗北を目の当たりにしたスペインの有権者たちは民主主義の次元では何も変えることができないと悟ってしまったのだと思う。もしぼくがスペイン人だったなら、感情的にはポデモスに投票するかもしれないけれど、理性的にはそうしないと思う。ギリシャの経験の後もなお民主主義に期待し続けるのは理性に反し、端的に言って、馬鹿げているからです。

ポデモスについてもうひとつ言えば、ぼくにはやはり彼らの理論的基盤、すなわち、彼らの立脚するラクラウ主義を共有することができない。理性的にはポデモスに投票できないと先に述べましたがその理由はこの点にもあります。左派のポピュリズム、よいポピュリズムというものがあるという彼らの考えをぼくは共有できない。民主主義的次元で国家主権を再確立することで何かをなし得るとする彼らの考えにぼくは同意できない。ギリシャの状況を見ればそれが不可能であるということはわかるし、また、そもそもそうした考え方自体がそれほど面白いものにぼくには思えません。今日の課題は、あくまでもヨーロッパの次元で緊縮策的形態を破壊するということであって、国内での力関係を変様させて意思決定のための主権を獲得するといったことではあり得ません。ポデモスの選挙での勝利に何かポジティヴな側面があるとすれば、それはその勝利がいずれにしてもヨーロッパ全体における力の均衡を揺さぶる

---

*39 Barcelona en Comú. 住宅ローン被害者プラットフォーム（サンチェス＝エストップ・インタヴュー注10参照）からバルセロナで発展した市民プラットフォーム、グァニエム・バルサロナ（Guanyem Barcelona）を母体に、二〇一五年五月の自治体選挙に際して政党として結成。代表のアダ・クラウは市長に選出された。一五年一二月の総選挙ではカタルーニャ州四県選挙区でポデモスなどとの連立「アン・クムー・プデム」（En Comú Podem）を組み一二議席を得た。

*40 メッザードラ・インタヴュー注11参照。

プエルタ・デル・ソル広場（2011年５月20日）
photo : takethesquare.net

ものにはなるだろうと思えるからですが、しかし同時に、スペイン経済を民主主義の次元で変革するという話はぼくには幻想であるようにしか思えない。加えてこの幻想は危険なものでもあるとぼくは思っています。イタリア共産党がかつて掲げた改良主義への回帰です。ポデモスの人々は実際、ベルリングエル[41]に大きな影響を受けているわけですが、一九七〇年代にノスタルジーを抱くのはやはり危険だとぼくは思う。ぼくたちは一九七〇年代に生きているわけではなく、その後のグローバル化によって文化の面でも経済の面でもすべてが変化しているからです。それが金融資本独裁体制に何らかの動揺を与えるという点ではポデモスの勝利に期待しますが、彼ら自身がその実現を目指している政策の内容にはぼくはまるきり関心がもてません。

——金融資本独裁体制下での、既存の力の均衡を崩すという点では、スペインでのポデモスの勝利もフランスでのFNの勝利もフランコさんのなかでは同じものとして位置づけられることになる。

そうです。正直に告白すれば、ぼくはFNの勝利を期待しています。FNの掲げている政策は最悪なものですが、彼らの勝利はポデモスの勝利と同様に情勢の展開を加速させることになります。そのようにEU情勢の展開が加速されることのなかで初めて、未来についての思考が再開されることになる、社会の自己組織化についての想像が始まるのです。力の均衡を崩す力、歴史の展開を加速させる力はポデモスの勝利よりもFNのそれのほうが強いでしょう。EUはフランスとドイツとのあいだの同盟をその主軸としてきましたが、FNはこの同盟を受け入れ難いものとみなしています。この点において、フランスにおけるFNの勝利はヨーロッパの終焉を事実上意味するものとなる。

ヨーロッパ危機の最終局面は地獄のようなものとなるでしょう。それはとりわけ移民たちにとって地獄となるに違いありません。フランスにおけるFNやイタリアにおける北部同盟といった極右勢力がこれまで票をのばしてきたのは、彼らの反ヨーロッパ主義ではなく彼らの移民排斥主義によってのことです。しかし危機を突破するにはこの地獄を通過する以外にない。だからこそぼくはできるだけ高速でそ

＊41　Enrico Berlinguer. 一九二二－一九八四。イタリアの政治家。一九七二年から死ぬまで、イタリア共産党の総書記長を務めた。七三年に当時の与党キリスト教民主主義党（Democrazia Cristiana）との「歴史的妥協」を行う。

の地獄を通過してしまおうと提案しているのです。そのようにして歴史の展開をできるだけ加速させつつ、ぼくたちが取り組まなければならないのは、EUが完全に崩壊したその暁に何をなすべきかを想像するということです。

――EUを崩壊させた後に何をなすべきかという点についてフランコさん自身、何かヴィジョンはありますか。

なすべきことは巨大な規模のもので、ヨーロッパにとどまるものではあり得ません。ただ、ヨーロッパに暮らしているぼくたちは、その文化的背景から、他の人々よりもしっかりと準備することができると言えるかもしれない。中国や日本、米国に暮らす人々と比較しても、あるいはまた、ラテンアメリカに暮らす人々と比較してもそう言えるようにぼくは思う。ぼくたちは何に向けて準備が必要なのか。次に到来する危機に向けてであり、そこで中心をなすことになるはずの問題に向けてです。次に到来する危機において中心をなすのはいかなる問題か。最も端的に言えば、賃労働が不必要なものになるという問題。別様に言えば、資本主義経済における成長がその終焉を迎えるという問題です。労働の不安定化や失業は今日すでに大きな問題をなしていますが、その根本的な原因は消費がないために生産がもはや必要とされていないことにあります。失業問題を解決するために今日可能な唯一の操作は、一人当たりの労働量をドラスティックに減らすということです。重要なことは、この同じ操作が、別の面から見れば、ぼくたちの時間を労働から解放することにもなるという点です。快楽やセラピー、教育や都市生活といったものを社会に取り戻させることにもなります。労働しなければならないという脅迫が、たとえ失業中であっても、また、自宅にいるときであっても、ぼくたちにはつねにつきまとっています。抑うつは実際、そのようにして時間が息苦しいものになってしまうことに密接に関わっているのです。だからこそ、時間を労働に従属させるこの恒常的な脅しと訣別しなければならない。今日の危機を考える上で最も重要なのはこの点だとぼくは思っています。環境問題それ自体よりも金融危機それ自体よりも抑うつそれ自体よりもこの点が重要なのです。なぜか。もし労働から時間を解放できれば、もし生きることを社会に取り戻させることができれば、もし社会を消耗させる競争あるいはそれの恒常的な脅迫と訣別することができれば、環境を治療し、心を治療することができるようになるはずだからです。

しかし、こうしたラディカルな移行にはそれを可能にする文化的条件が不可欠であり、ヨーロッパ中心主義に聞こえてしまうかもしれないことを覚悟で言えば、その条件をこれまで準備してきたのがヨーロッパなのです。カール・マルクスが彼の理論を構築したのはヨーロッパでのことでした。労働者が労働組合や政党といったかたちで自己組織化したその最初の舞台になったのもヨーロッパでした。ぼくがここでしたいのはたんなる昔話ではありません。ぼくが言いたいのは、ヨーロッパにおいてこそ初めて労働者は自己を意識したということ、そして、ヨーロッパは労働者のこの自覚がいまもなお継承される場としてあるということです。労働からの時間の解放は、もちろん、技術的な面から言えばヨーロッパにおいてよりも米国においてのほうが早く達成され得るかもしれない。しかし、より重要なのは文化的条件であって技術的条件ではありません。労働からの解放、より精確には、「労働」という考えそれ自体からの解放へと人々を導き得るような文化的条件は米国においても中国においても、あるいは日本においてもヨーロッパにおけるほどに整っているようにはぼくには思えない。パリ・コミューンが最初に行ったことのひとつが労働の削減でした。「労働の拒否」をいわば当たり前のこととして語るのを許すそうした文化がヨーロッパでは今日に至るまで継承されているのです。

——「民主主義」なるものに対する不信というものを先にフランコさんは語ってくれました。一度たりとも民主主義を信じたことはないと。これについてもう少し詳しく説明してもらえませんか。

その点に関してはぼくはやはりマルクス主義者なのです。社会的生あるいは政治的生を決定するその最終審級は労働との関係だとぼくは信じています。労働の搾取が続いている環境、資本の蓄積が続いている環境において民主的政治が可能になるとはぼくはまったく思っていません。もちろんそもそも「民主主義」という言葉自体が曖昧で、何を意味するのかよくわからないということもある。しかし、民主主義というものは権力が人民によって選ばれることであるという話にとどまる限り、面白いものだとはぼくには思えないし、生産諸関係を変革するのに決定的な何かとの関係においてあくまでも副次的なものにとどまると思う。民主主義では生産諸関係を変革することはできないのであり、何か別のものが必要なのです。レーニンはプロレタリア独裁が必要だと言いましたが、ぼくは社会的次元での再編成が必要だと思っています。政治権力の奪取ではなく社会の再編成が必要なのです。

歴史を振り返れば、民主主義は社会の再編成に対してむしろそれを阻害するものとして機能してきたことがわかります。民主主義は社会がその自律性を組織化しようとするのを抑制するものとして機能してきました。「四年後にまた投票できるから」と言われてそのときまでじっと待って投票するが結局のところ何も変わらない。シリザに投票しても何も変わらない。行動すべき場はそこではないのです。政治的代表システムが何かを変えるわけではありません。政治的代表システムには何の意味もないとまでは言いませんが、あくまでも二次的なものにとどまるということです。
「民主主義」というものをもっと基底的な次元で捉えるなら、すなわち、すべての人に生き残ることを保証するプロセスのことだと理解するならば、「民主主義」はぼくの関心を引く問題になります。しかしその場合の民主主義は政治的なプロセスだとは必ずしも言えなくなります。むしろ社会的なプロセスだとみなすべきものとなる。この意味でぼくは反民主主義者ではない。ぼくはレーニン主義者でもなく、どちらかと言えばアナキストです。ぼくは国家には何も期待していない。国家はぼくにとって「問題」ですらない。もちろん多くの場合、国家は社会の自律性にとって障害をなすものとしてあります。しかしそのことですら正直たいした問題ではない。ぼくにとって重要なのはあくまでも社会の自律性それ自体、社会の自己組織化それ自体であって、政治的形態の変革ではないのです。

バロック的狂気と友愛

――今日のヨーロッパについてフランコさんはプロテスタンティズムのゴシックとカトリシズムのバロックという奇妙な二項対立を提案していますが、これについてもう少し詳しく説明してもらえませんか。

そのテーマについてはこの数年間たくさんのテクストを書いてきました。最初の問いはバロックについてのものです。バロックとは何か。ドゥルーズはライプニッツについて書いた『襞』のなかでバロックとは「襞」であると論じています。つまり、たんなる平面ではなく、無数に折り畳まれた平面であるということです。ここには「過剰さ」の発想がある。過剰さという発想は経済に反するものです。近代経済は合理性の発想に基づいたものであり、この合理性それ自体はおそらくイタリア・ルネサンスにその出自をもつ。イタリア・ルネサンスは古典時代の「完璧さ」への回帰であり、そこで目指されるのは、必要なものだけをいっさいの過剰も欠如もなく厳密に提示するということです。この発想からイタリア・ルネサンスは遠近法を開発しますが、遠近法によって西洋史に初めて導入されたのは、現実に対してたったひとつの眼差し、たったひとつの「観点」があるという考え方、そしてまた、そのたったひとつの観点によってこそ空間を合理的に構成することが可能になるという考え方でした。ところが一六世紀末、これとは異なる新たな発想が出現することになる。当時のスペイン人たちがアグデーサ(agudeza)と呼んだもの、何か過剰なものの出現です。これがバロック的狂気の源泉となります。「黄金の世紀」と呼ばれたスペインの一七世紀における日常生活を論じた著作のなかでネストル・ルハン[*42]という歴史家は、当時の貴族階級にとって彼ら自身を他の階級から差別化する唯一の方法は物事を複雑化する(物事に襞をたくさんつける)ことだったと説明しています。たとえば絹織物を身につけることは当初、貴族階級だけに許されていたことでしたが、しかし徐々にブルジョワ階級が法律を破って絹織物を身につけ始めてしまう。ブルジョワ階級は自分たちの身分に満足していなかったからです。このことが示すのは、バロックというものが基本的にはアイデンティティの多種多様化に存するということです。しかしバロックはまた「観点」の多種多様化にも存しています。当時のスペインの神学者アルバロ・デ・メンドーサ[43]はたったひとつの観点では貧弱過ぎると唱えました。神は無限の存在であり、神は世界をありとあらゆる観点から見ているはずなのだから、我々もまた我々自身のヴィジョンを多種多様化するよう努力しなければならないというわけです。スペインに発生したこのような考え方は、世界の合理化というかたちで当時進められつつあった近代化のプロセスにあからさまに対立するものでした。アグデーサの地としてのスペインでは近代化は問題にならず、反対にドイツやフランス、イギリスなどが近代化のプロセスを辿ることになったのです。そしてそれらの国で近代化が進められるのに重要な役割を果たしたのがまさにプロテスタンティズムだった。プロテスタンティズムのゴシック的厳格さこそが北ヨーロッパの人民を「本質」へと導きました。すなわち、産業や生産、蓄積や労働へと導いた。マックス・ヴェーバーはプロテスタンティズムの倫理がいかにして産業資本主義のブルジョワ精神にそっくりそのまま転じ得たのかということを非常に上手に説明しています。しかし重要なのはその傍らにいわばつねなる周縁としてバロックが存在し続けてきたという点です。

合理主義に基づく近代化プロセスに対してバロックはつねに周縁的な位置にあったというのは本当で

*42 Néstor Luján. 一九二二－一九九五。スペインの作家、ジャーナリスト。雑誌「歴史と生活」(Historia y Vida) の主幹を務める傍ら、多数の歴史小説を執筆した。また食文化にも造詣が深いことで知られる。

*43 Álvaro de Mendoza. 一六七一－一七六一。スペインの宗教家。ローマ・カトリック。アビラ大学で神学を修め、一七三三年には西インド総大司教に叙せられる。さらに四七年には枢機卿に。富裕を嫌い、自らの金銭を貧者へ分配したことで知られる。

すが、しかし同時に、その周縁性はやはり限定的なものにとどまるとも言わなければなりません。バロックの都としてのローマがあるからです。ローマはたとえばラテンアメリカ大陸をまるごとカトリック化することに成功しました。トリエント公会議でその頂点に達することになるカトリックの対抗宗教改革は次のようにルターに応答することに存していたと言えます。問題なのはドイツのブルジョワなどではなくメキシコやペルーの野蛮人たちなのであり、彼らに福音を説くのに数学的な合理性などを話してもどうにもならない、度肝を抜くようなスペクタクルを見せて彼らを驚かせ感動させなければならないのだと。まさにバロックのそのスペクタクル的側面が重要だということであり、これなしには世界布教におけるローマの成功などけっしてあり得なかったのです。ローマのカトリック教会はハイデルベルクのプロテスタント教会とはその勢力規模がまるきり異なります。もし多くの人に話を聴いてもらいたいのであれば、合理主義などを説いても仕方がない、快楽や恐怖といったバロック的「過剰さ」を突きつけなければならないのです。

エクアドル出身でメキシコに暮らしたボリーバル・エチェベリア[*44]はバロックを論じた著作『世紀転回』[*45]のなかで次のように論じています。バロックは近代にあってはずっと周縁的にとどまっていたが、今日その状況は変化しつつある。バロックが回帰してきている。ハリウッド映画、マルチメディア、情報過多といった現代を特徴づける現象はプロテスタンティズムの本質主義とは何の関係もなく、むしろ、その過剰さ、オーヴァーロードといった点でバロックに属する現象なのだと。しかし、バロックのそうした回帰にはそれ固有の危険性も伴っています。近代的批判能力の終焉を告げるものでもあり、さらにはまた、相互有用性に基づいていたとえば労働者たちが政治的連帯をなすその能力の終焉を告げるものでもある。イタリア人作家にクルツィオ・マラパルテ[*46]というかつてファシストだった人がいますが、その彼がファシズム時代、一九二三年に発表した著作に『生きたヨーロッパ』[*47]というものがあります。この著作で彼は次のように論じています。北ヨーロッパのプロテスタントたちは自分たちこそが近代だと考えているがこれは端的に言って間違っている。南ヨーロッパの我々こそが近代であり、ムッソリーニこそが真の近代である。ムッソリーニにはラジオで演説する能力があるが、プロテスタントたちにはそのような能力はない。彼らにはスペクタクルをなす能力がないと。要するにマラパルテはバロックこそが真の近代だと言ってみせたのです。彼は一九二三年の時点ですでに問題の中心を見抜いています。バロックがポスト近代として回帰することを見抜いていたのです。バロックへの回帰とは肉としてある身体への回帰のことでもあります。ムッソリーニが勝利し得たのは、彼が何よりもまずひとつの「身体」とし

＊44　Bolívar Echeverría. 一九四一－二〇一〇。エクアドル出身の哲学者。のちにメキシコ国籍を取得。サルトルなどの実存主義、またマルクス経済批判やフランクフルト学派の影響のもとに、資本主義的近代性をめぐる批判理論を展開した。

＊45　*Vuelta de siglo*, Era, México, 2006.

＊46　Curzio Malaparte. 一八九八－一九五七。イタリアの作家、ジャーナリスト。第一次大戦に従軍、その後戦間期にはファシスト党に参加、雑誌の創刊などの活動を行うが、ヒトラーやムッソリーニを批判した文章により糾弾される。第二次大戦期にヨーロッパを放浪した体験をもとにした小説『カプート』などで知られる。

＊47　Curzio Malaparte, *L'Europa vivente*, La Voce, 1923.

てあったからです。叫ぶ身体であり、たとえ愚劣極まりないことを語っていたにしても、それは第一にまず「声」そのものとしてあったのです。近代の終焉とともに回帰してきたのはイタリア文化のもつこのスペクタクル的側面なのです。バロックの回帰を体現する政治家はベルルスコーニだけではありません。たとえばロナルド・レーガンの名を挙げることもできるでしょう。

これに対してドイツ人たちはバロックから最も遠い存在であり、彼らは「真面目さ」という発想に誰よりも密接に結びついています。労働と価値とのあいだの関係を厳密に規定するこの発想は、ブルジョワ時代においてはたいへん重要でしたが、いまとなってはやはりその古めかしさを否定できないものとなっています。働けば働くほど裕福になれるという時代にはぼくたちはもういないのです。現代においてはもはや労働時間と豊かさとのあいだにそのような比例関係はまるで存在しない。金融資本は労働時間とは何の関係もない。たった一秒で何億ドルもの収益をあげることができるのですから。バロックとはファシズムであり、金融資本独裁体制であり、現代資本主義の狂気そのものなのです。重要なのは、ポスト産業資本主義時代のそうしたバロック的狂気をプロテスタント的規律性によって統御することなどいっさいできないという点です。

——いまフランコさんが話してくれた今日におけるカトリシズムとプロテスタンティズムとのあいだの関係という観点からローマ教皇フランシスコ（ホセ＝マリオ・ベルゴイオ）*48について何が言えるでしょうか。

ぼくにとってフランシスコはバルファキスとともに今日の二大政治リーダーをなしています。ぼくはカトリックではないし、そもそも神を信じてもいません。ただし、歴史上の人物としてのイエスと彼の発したメッセージとには関心をもっています。イエスも彼の発言もほとんど旧約聖書には関係がない。旧約聖書は馬鹿げた書物だと思いますが、反対に福音書はとても興味深い本だと思っています。先にぼくにはヨーロッパ中心主義的なところがあると述べましたが、それに加えてぼくにはイエス好きなところもあり、正直、自分自身でも困っています。いずれにせよ、ヨーロッパの特異性といったものを論じる際に重要なのは、イエスの啓示からユマニスムへと至るキリスト教の展開がいかなるものなのかを把握するということです。この展開プロセスにおいて一貫しているのは、魂の自由とでも呼ぶべき発想、すなわち、人間は神に従属していないとする発想です。イエスの啓示はひとことで言えば「神のことなど知ったことではない」というものでした。だからこそ、人間どうしのあいだの慈しみをもって新たな歴史を始めなければならないということになったのです。ぼくはブッダも同じことを言ったと考えています。「慈しみ」とは他人の快楽や苦痛を共有するということにほかなりません。ユマニストたちの出発点もここにあった。人間文明は神の考えなどといったものとは無関係であり、むしろ、そこからの解放そのものとしてあるというのがユマニストたちの唱えたことでした。これに次いで出現したのが啓蒙主義です。啓蒙主義の運動は神に対する人間の自由のその合理主義的かつ普遍主義的な展開を目指すものでした。そしてこの同じ流れのなかで最終的に出現したのが社会主義にほかなりません。社会主義とは、

＊48 *José Mario Bergoglio.* 一九三六年生まれ。アルゼンチン出身の宗教家。二〇一三年、欧州以外から史上初めて、カトリック教会の最高位たるローマ教皇に就任した。

ひとことで言えば、人間の尺度に適った社会においては私有財産も搾取も存在できないとする発想のことです。したがって、ヨーロッパにはイエスの啓示から社会主義へ向かう一貫した流れがあるということなのです。中国人には彼らの共産主義の系譜などけっして見出せまいといったことをここで主張したいわけではありません。しかしなおそうした系譜が最もはっきりしたかたちであるのはやはりヨーロッパなのです。いずれにせよ、以上がフランシスコを考えるための出発点となる話です。

フランシスコすなわちホセ＝マリオ・ベルゴイオはアルゼンチン出身ですが、アルゼンチン時代の彼には曖昧なところがあります。ベルゴイオは自ら進んで独裁者ビデラ[*49]に握手を求めるような類いの人物だったと言う人がいるし、他方でまた、彼は確かにビデラと握手もしたが、しかし同時に警察に追われていた左翼活動家たちを救済しようともしていたと言う人もいる。この曖昧さ自体たいへん興味深いものですが、フランシスコに対するぼくの最大の関心は別のところにあります。ナンニ・モレッティ監督の作品『ローマ法王の休日』[*50]に、ミシェル・ピコリ扮する教皇が窓辺まで行くけれど、何を言っていいのかわからずひと言も発せられない、というシーンがあります。なぜ言葉が出てこないのか。言うまでもありません、世界のこの悲惨、世界のこの痛みを前にしているからです。そうした悲惨、そうした痛みを前にしていったい何が言えるというのか。では、同じ場面に臨んだフランシスコは何と言ったか。「こんばんは」と言ったのです。これはほんとうに感動的でした。彼は大仰なことは何も言わず、自分はあなた方と同じような人間だと話しました。これはよくあるもの言い方なのかもしれませんが、しかしローマ教皇が「こんばんは」と言って話し始め、自分はあなた方と同じだと言ってみせることにはやはり極めて特別な意味があります。教皇就任直後に「ラ・チヴィタ・カットーリカ」（La Civiltà Cattolica）

誌に掲載されたインタヴューで、フランシスコはとても興味深いことを言っています。教会は人々を説伏するためにあるわけではない。自分にとって重要なのはいっそう多くの人をカトリックにすることではない。福音の時代は終わった。しかしそれは未来が明るいと思っているからではない。むしろ未来は極めて暗いものだろう。したがって福音の時代だけでなく希望の時代も終わった。我々に唯一残されているのは「隣人愛」なのであり、教会は野戦病院となり、世界戦争で傷ついた人々の身体を治療しなければならないのだと。「隣人愛」とはブッダが「慈しみ」と呼んだもの、マルクス主義者が「連帯」と呼んだものにほかなりません。教会のこの位置づけは極めて斬新なものです。

フランシスコは神についても極めて斬新な解釈を述べスキャンダルを巻き起こしました。神は父というよりもむしろ母だと彼は言ってみせたのです。実はフランシスコの前にも同じことを言った教皇がいます。一九七八年八月二六日に教皇に選出され同年九月二八日に死亡したヨハネ＝パウロ一世です。彼はヴァチカンの他の人々によって殺害されたと言われています。ヨハネ＝パウロ一世の言ったことをフランシスコはより強い意味で、また、より繊細なニュアンスを込めて繰り返したのです。彼は二〇一五年に聖年を宣言しそのテーマを「慈しみ」（misericordia）と定めましたが、そこで問題にされているのが

＊49　Jorge Rafael Videla. 一九二五－二〇一三。アルゼンチンの軍人、政治家。七六年に起こしたクーデタにより、当時のペロン大統領を失脚に追い込み権力を掌握。以後、八一年まで自身を大統領とする軍事独裁体制をしく。戦後は独裁時代の拷問や拉致で裁判にかけられ二〇一三年に獄死を遂げる。

＊50　Nanni Moretti, *Habemus Papam*, 2011.

「世界戦争」と彼自身の呼んでいるもの、すなわち、地球環境破壊と金融資本独裁であることは明らかです。

この文脈において読み返してみるべきは一世紀から四世紀にかけて広まったグノーシス派のテクストでしょう。グノーシス派はキリスト教成立プロセスに随伴した運動でしたが異端とされたものです。グノーシス派の主張は次のようなものでした。キリストは神の子ではなく、ひとりの女から生まれた子であり、その女は慈しみの神である。この女とは別に男の神もいるが、この男は凶暴かつ卑劣な者であり、彼こそが死や病い、暴力や戦争に満ちたこの世界を創造したのだと。要するに、一方には女の神がよい神としており、他方には男の神がわるい神としているということであり、わるい神が創造したこの世界から我々を救済するためによい神は我々のもとにその子を送ったということです。二世紀の異端者にマルキオン[*51]という人物がいますが、彼は子どもを作ってはいけないとまで主張しました。フランシスコの唱えていることもこれと同じような文脈のなかで理解すべきものだとぼくは考えています。

――少し挑発的な質問をしてみたいのですが、男の神と女の神とのあいだには一種の相互補完性があると考えてみることもできるのではないでしょうか。男の神は厳しい現実を創り出す。これに対して女の神は想像的な次元において慈しみを創り出す。そうなると、女の神の創り出す慈しみの想像力は、結局のところ、男の神が創り出す悲惨の現実を補完するものでしかないのではないかということです。

ひょっとするとその通りかもしれません。しかし、権力が父のそれであることに疑いはなく、ぼくたちが権力に対して叛乱を起こすとすれば、それは父に対する叛乱になるということもまた疑い得ません。

マッシモ・レカルカーティ[*52]というイタリア人精神分析家がいます。レカルカーティはぼくと同様に一九七〇年代の運動を経験した人で、とても賢い人物ですが、その彼と最近ぼくは公開討論をしました。その討論で彼がまず言ったのは、今日の資本主義が想像物の飽和状態を産み出しており、息の詰まるようなその状態が無意識の働きを阻害しているということでした。レカルカーティは今日の人間にはもはや無意識はないとまで言ってみせた。フロイトからすればそんな馬鹿げた話があるかということになるでしょう。しかし「無意識なき人間」というレカルカーティの表現は、少なくとも、今日の人間が無意識との接触を失ってしまったという事態を意味するものだと受け取れば、とりあえずフロイトとの整合性は保たれます。実際、ぼくたちは今日、マスメディアによる想像物の爆撃に曝されており、現代資本主義によるハイパー記号化のなかに吸収されてしまっています。したがって、ここまでのレカルカーティの議論についてはぼくはいっさい反論はないしとても興味深いと思っています。しかし彼は次のように話を進めました。問題は我々が父との関係を失ったことにある。想像界によって象徴界が完全に駆逐さ

＊51　Marcion. 一〇〇?–一六〇?　小アジア（アナトリア）・シノペ出身の宗教家。聖書に基づく教義をユダヤ的伝統から切り離し、「聖典」概念の発展に寄与。しかしローマの原始キリスト教共同体の教父たちから異端として告発された。

＊52　Massimo Recalcati. 一九五九年生まれ。イタリアの精神分析家。臨床の傍ら、精神分析理論、特にフランスの精神分析家ジャック・ラカンの研究に努める。*Jacques Lacan. Desiderio, godimento e soggettivazione*, Milano, Raffaello Cortina, 2012（未邦訳『ジャック・ラカン――欲望・享楽・主体化』）、*Il complesso di Telemaco. Genitori e figli dopo il tramonto del padre*, Feltrinelli, 2013（未邦訳『テレマコス・コンプレクス』）など著作多数。

れてしまった。想像物のカオスのなかに道徳性や規則、秩序といったもののすべてが呑み込まれてしまった。したがって、精神分析家としての自分の仕事は父の再構築を促すことに存するものとなる。無意識を取り戻すために今日の人間が必要としているのは規範や法といったものの象徴的権力のその再確立である、と。ラカンに依拠しながらレカルカーティはそのように解決策を示したのですが、彼のこの後半の議論はぼくにはまったく承服できないものでした。ぼくからすると、今日の問題は父の欠如などではない。父の復権など誰も必要としてない。今日のぼくたちに欠けているのは兄弟姉妹どうしのあいだの身体の次元における「慈しみ」であり、それこそが再確立されるべきものなのです。そしてそうした「兄弟姉妹愛＝友愛」は父ではなく母との関係においてこそ築かれるのです。この点についてはレカルカーティとの討論の後にも「母の欠如」と題して発表したテクスト[*53]で改めて論じましたが、ぼくたちが自分の身体を快楽や苦痛の身体として知覚するのは母に導かれてのことなのであり、このプロセスこそが今日のぼくたちに欠けているものなのです。金融資本独裁を前にして何をなすべきか。法の至上権を回復すべきなのか、それとも、身体間の連帯を再活性化させるべきなのか。父か母かという問いはこの意味で優れてアクチュアルなものだとぼくは思っています。

＊53　Franco Berardi Bifo, « Senza madri », 2014. インターネットサイト Commonware で閲覧可能。

「ヨーロッパ」を名実ともに消し去ろう

フランコ・ベラルディ（ビフォ）

二〇一五年七月一七日

辛酸をなめた一週間

〔二〇一五年〕七月五日日曜日「ノー（OXI）」の勝利は私たちに、金融の鎖をひきちぎるような錯覚をもたらした。しかし一週間後、今まで以上に厳しい鎖につなぎとめられることになった。ギリシャ人にとってこの一週間は、全ヨーロッパの良識と民主主義にとっても、屈辱的な時間となってしまったのだ。

そう、この百年のあいだに三度にわたって、ドイツはヨーロッパを破壊したのである。

しかし私たちはこの辛酸をなめた一週間の経験からいくつか学んだことがある。まず、ヨーロッパの統一を信じる人々は、負けているということである。反対にヨーロッパという理念を嫌悪する人々は、勝っているということだ。ギリシャはヨーロッパを信じていたがゆえに、悲惨と屈辱を受け入れてきた。

しかしその一方でドイツは決してヨーロッパの連帯を受け入れてはこなかったのだ。怠惰な南のカスどもがドイツの金魚の糞であるかのごとくたかっているではないか、とドイツは常にこう説明してきた。ドイツは地中海からの移民を拒絶し、ギリシャへの戦争賠償金の支払いを拒絶し、ツィプラス政権に抗した。これらは、ヨーロッパの連帯への断固なまでの拒絶申し立てである。だからヨーロッパの理念を嫌悪する人々が勝っているのだ。

私たちはここから、「ヨーロッパ」を名実ともに消し去ろう。

もう一つ学んだことがある。政治的左派は死んだということだ。シリザの敗北は民主主義のなかで金融資本主義と戦うことの不可能性にかんする何度目かの証明となっている。民主的選挙という方法は、ドイツのテロ行為によって常に妨害されてきた。スペイン人・イタリア人・ポルトガル人は左派に投票することが危険であるということを今や知っている。というのも、金融ナチ（Finazis）からの猛攻撃にさらされるからだ。

フランスと同様にイタリアでも、植民地的な緊縮財政形態の唯一のオルタナティヴが、ナショナリズムを選択することとなり果てている。北部同盟〔イタリア〕・国民戦線〔フランス〕・イギリス独立党が金融ナチに対抗する際に信用を勝ち得ている唯一の勢力なのだ。

欧州連合（EU）は労働者を無力にするネオリベ的強制と同時に、金融による強奪を植民地的に要求していくものであるということが今や明らかだ。

植民地化された国家では、植民地主義への憎しみがナショナリズムを醸成していくということがよく知られている。このことは反植民地運動の限界でもあった。ナショナリズム的同一化の内部で罠にかかる危険性、そして資本主義は植民地主義的抑圧の起源であることに対する無理解がある。にもかかわらず私たちは、ドイツの経済的ナショナリズムが、ヨーロッパの植民地化された国々を貧困に陥れた抑圧的な力であると理解せざるをえないのだ。

ドイツのナショナリズムは他国のナショナリズムと同じではない。他国の苦しみに対する無感覚さに、そして自動化された規則の絶対的優位に基づいている。機能不全の拒絶は、その文化史の本質的特徴でもある。

私たちはこんな単純で明らかなことをみないようにしているし、こう自らに言い聞かせている。ショイブレ〔財務相〕とメルケル〔首相〕は民衆を殺しているわけではない。悲劇の最終幕をまだみてはいないのだ。いずれにせよ、〔二〇一〇年以降の〕ギリシャでの自殺率の急上昇は一つの狼煙であり、九〇年代ユーゴスラヴィアでの大量虐殺がなによりもドイツの挑発の結果であるということを忘れてはならない。むろん、ドイツはナチス親衛隊を送り込んではない。そのかわりにカネを工面し、ところどころで「クロアチアのファシスト集団」ウスタシャ（あるいは極右の「黄金の夜明け」？）がその仕事をしてくれるだろう。

ヨーロッパの未来は暗い。では私たちには何ができるだろうか。

シリザ敗北へのコメントとして、「エウロノーマデ」という美しいウェブマガジンで私は次のような記事を読んだ。「私たちは戦い続けなければならない」。不幸にも、こうした言葉は悲愴的に響くかもしれない。この言葉が意味するのは何だろうか。エウロノーマデの友人たちに向けてのことなのだろうか。「続ける」という言葉は何を意味するのだろうか。私たちは戦うことができていなかったのだ。

ギリシャが殉死しているあいだに私たちは何をなすべきか。ドイツ大使館を占拠すべきだったのか。BMWを破壊すべきだったのか。大規模なストライキを組織すべきだったのか。

私はイタリアでもフランスでも街路での闘いをみることはなかった。屈辱的にも辛酸をなめた一週間、悲しかったことといえば、ヨーロッパの諸都市で沈黙が続いていたことだ。無能力と鬱が蔓延しているのだ。なぜ私たちはこうした事実を否定すべきなのか。思うに、私たちは屈辱からの学びを受け入れたほうがいいのだろう。私たちはここから学び得たことから始めていかねばならないし、ここから積み上げていかねばなるまい。

まず、社会運動は野戦病院として考えねばならない（ローマ法王フランシスが教会について述べたように）。自己治癒のための空間、屈辱をともなった人々へのケアと連帯のための空間を創出することだ。

次いで、無力化された状態を強力に励起しなければならない。その状態とは破産、撤退、政治舞台の放棄、そしてあらゆるニッチな世界でぼんやりと考えられている戦争の覚醒のなかでの敗北主義だ。

撤退のあいだに、戦争が荒廃をもたらしているあいだに、私たちはコミュニズムが生き残る環境を整備しなければならない。

上述してきたように、ヨーロッパを離脱するのは不可能だ。というのも、ヨーロッパは過剰に監視された監獄だからだ。ヨーロッパの罠から唯一抜け出す道は、資本主義から抜け出すことしかない。

（訳：森 元斎）

Title: Let's cancel the name of Europe in our minds and in our hearts
Author: Franco 'Bifo' Berardi
VERSO, 17 July 2015
(http://www.versobooks.com/blogs/2129-bifo-let-s-cancel-the-name-of-europe-in-our-minds-and-in-our-hearts)

II　スペイン／ギリシャ

「大衆」は突破口を探し求めている
——ギリシャとスペイン

ファン＝ドミンゴ・サンチェス＝エストップ

二〇一五年八月一七日　マドリード
二〇一五年九月一五日　ブリュッセル

ギリシャ——問われる「民主主義」

——ファン＝ドミンゴさんには、スペイン情勢とギリシャ情勢の双方についてそれぞれ伺いたいと思います。まずはギリシャ情勢、あるいは、ギリシャを中心とした今日のヨーロッパ情勢をどう見ているのか。たとえば七月五日の国民投票はファン＝ドミンゴさんにとってどういう出来事でしたか。

ぼくはちょうどそのころギリシャにいました。毎夏、サソス島でギリシャの友人たちとともに過ごすのですが、国民投票実施[*1]はぼくがまだ島にいるときに発表されました。ぼくはすぐにシリザの友人たちに連絡し「OXI」（緊縮財政策に「否」）のキャンペーンを手伝うことになりました。ギリシャの当時の雰囲気には一種の楽観主義があったように思います。交渉の末にギリシャが債権者たちから合意を強要されていることは誰もが知っていて、新たな何かを知らされたという雰囲気はなかったし、また、すべてを一変させる可能性がまだ残されているという期待もありませんでした。ただ、それでもなお、何か重要なことが起きるのではないかという期待はあったように思う。ぼくの友人、アキス・ガブリリデスが言っていたのですが、シリザが選挙に勝利し政権をとったときに最初にギリシャ人たちが感じたのは大きな安堵感だったそうです。なぜ安堵感なのか。単純なことですが、シリザに先立つ政権はトロイカ[*2]に言われるがままに振る舞う「債務者根性政権」で、国中に「悲しみの情念」を撒き散らしていたからです。スピノザが定義する通り、人々は活動力能の低下を強いられていました。つまり、ギリシャ住民はある種の「罪悪感」をつのらせるようになっていたということです。「我々はみんなでケーキを食べてしまったのだからみんなで返済しなければならない」といった国家によるプロパガンダと国外からの脅しとによって、ギリシャ住民は債務への罪悪感を覚えるようになっていました。もちろん実際には問題の「ケーキ」をほんとうに食べたのは一握りの人だけです。ニーチェが道徳批判を展開する際に論じていたように、たとえばドイツ語では「罪悪感」と「債務」とがひとつの同じ語 Schuld で言い表される。シリザの勝利によって住民のあいだに大きな安堵感が広がったというのは、住民がそうした罪悪感、重

＊1　ラッザラート・インタヴュー注2参照。
＊2　ビフォ・インタヴュー注9参照。

閉鎖２日後、抗議の横断幕が掲げられるギリシャ国営放送（2013年６月13日、アギア・パラスケヴィ）
photo by linmtheu (flickr)

荷から解放されたということです。シリザ政権は人々に対して、債務というのはひとつの関係のことであって、関係のなかに見出されるのは罪悪ではない、解決すべき問題があるだけだと告げたのです。解決すべき問題というのは、要するに、ギリシャが囚われている不条理な状況のことです。借金を返すためにさらなる借金をしなければならないということが無限に続くという状況、また、それに伴って、社会や生に対して制限なくコントロールが続くという状況。これは幾ばくか古代を思い起こさせます。レビ記には「全贖宥《しょくゆう》」という素晴らしい制度が描かれている。債務の重荷から逃れるために人々は自分の子どもを奴隷として差し出すのですが、そのことによって、債務がすべてを覆い尽くすことを避け、社会の存続を可能にする最低限の自由を維持することができる、というものです。二月からのシリザ政権の下で人々は、大きな希望を得たわけではないものの、それでもなお、大きな安堵感とともに、国外債権者とその国内エージェントとによって奪われてしまっていた尊厳を取り戻したということです。

シリザ政権がもたらした変化は基本的には気持ちのもちように関わるもので、具体的に何か大きな変革が行われたわけではありません。しかし幾つかの象徴的な振る舞いというものはありました。そうした象徴的な振る舞いのうちでも特に重要であるように思われるのは、経済省の清掃員たちを復職させたことでしょう。当時、清掃員たちは不法に解雇されていて、選挙前からシリザはその問題の解決を約束、そしてそれを実行したわけですが、これがシリザ政権の行った最初の措置となりました。解雇はトロイカの命令によってなされたものでしたが、この解雇によって経済省は下請け会社に清掃を発注し、それがかえって高くつくものとなっていた。このこと自体、負債植民地主義体制の非理性的な性質をよく表しています。シリザ政権が行った象徴的振る舞いとしては、公共放送局[*3]（ＥＰＴ）の再開も挙げることができます。同放送局は一年以上のあいだ一種の海賊テレビとして運営されていました。公共サーヴィスの閉鎖とその私企業化とを進めていた国家に抗して労働者たちが公共放送局を国家の外で海賊テレビとして自主的に維持し続けていたということであり、このこと自体、危機から生じた運動のひとつとして興味深い。ぼく自身、この自主運営を支持するためにその局の番組に出たこともあります。いずれにせ

＊3　ギリシャ国営放送（*Ελληνική Ραδιοφωνία Τηλεόραση*）。二〇一三年六月には緊縮策の一環として閉鎖され、職員およそ二六〇〇人が解雇された。

よ、以上のような一連の象徴的振る舞い、また、債権者の押しつけてくる覚書のその不条理や非理性についての率直で裏のないシリザ政権の語り口は、ギリシャ住民の多くから好意的に受けとめられました。

その後、周知の通り、債権者との交渉が始まるわけですが、その交渉がうまくいかなかったのは、ヤニス・バルファキスが[*4]振り返って述べている通り、ギリシャのほうから何か新たな提案をするたびにユーログループはこれに「沈黙の壁」で応じたからです。債権者のロジックは一貫して、最後通牒を突きつければそれでよしというものでしかなかったために、交渉は何ヶ月ものあいだ立ち往生しました。二〇一五年六月後半、ギリシャが資金不足のために債務返済を停止しなければならない状況に陥り、交渉がその緊張の極みに達するなかで、シリザ政権は債権者に対して妥協の意思を示すために、自分たちの当初のプログラムから外れる提案をせざるを得なくなる。とはいえその提案も、これまでほとんど税金を支払ってこなかった船主など最も裕福な層にもきちんと課税するといった内容を含むもので、結局、債権者には受け入れられませんでした。トロイカの路線に沿ったものとはみなされなかったためで、ここでも階級対立は明確です。これに続いてトロイカからの再提案があり、ツィプラス政権はその受け入れの是非を国民投票にかけることになる。

国民投票は、したがって、緊縮策一般についてのものではなく、あくまでもトロイカからの具体的な提案についてのもので、ギリシャ人民を交渉の内部に物理的に介入させるためのものでした。債権者の提案は五ヶ月のプログラムであり、その五ヶ月間に期限を迎える返済を可能にする資金援助を伴い、その五ヶ月が過ぎたらゼロから交渉し直すという内容だった。これについて国民投票がなされ「否」が大勝したわけですが、この「否」は限界をはっきりと踏まえた優れて明晰なものだったように思います。

人々はユーロ離脱を望んではいなかった。ユーロ離脱が国内経済や生活に与える影響がどれほど甚大なものか、専門家に限らず誰もがよく心得ていたからです。ひょっとするとギリシャはユーロ圏に入るべきではなかったとは言えるかもしれませんが、しかし一度ユーロ圏に入ったらそこから出ることなど問題外でした(これはエクアドルの場合と同じです。コレア政権[*5]はドル圏から出ることなど一度たりとも問題にしていません)。しかし同時にまた、「否」が大勝することで幾ばくかの交渉の可能性が生じ、ヨーロッパのなかで幾らかはギリシャが尊重されることになるだろうと多くの人が信じていたというのも本当です。バルファキスも、ツィプラスやその閣僚たちも、ギリシャ人民の大多数も。しかし実際には、交渉を前進させる余地などまるきりなかった。債権者たちは国民投票というアイディアそれ自体に怖れをなしたのです。すなわち、本来であればエリートだけに限られているはずの交渉に人民が参加してもよいというアイディアそのものに怖れをなした。実際、ヨーロッパの指導者のひとりは、いったいどうしたら何も理解していない人民を議論に参加させることなどできるのかと発言しました。これはヨーロッパのエリートたちが「民主主義」についてどう考えているかをよく示す発言でしょう。民主主義などもはや何の役にもたたない、とりわけ支配者たちの意思に従うものでない場合にはそうであると彼らは考え

*4　ラッザラート・インタヴュー注7参照。
*5　ラファエル・コレア(Rafael Correa. 一九六三年生まれ)はエクアドルの現大統領。二〇〇六年の大統領選挙で勝利し、〇七年一月から政権を担当する。急進左派政権として新自由主義経済路線からの脱却をモットーに掲げる。

ているのです。

不在の交渉相手「ヨーロッパ」

七月一二日から一三日にかけての長い夜の後、ツィプラスは受け入れ得ないものを「受け入れた」。最後通牒に込められたメッセージは明白極まりないものでした——我々があなたたちに突きつける一連の措置をあなたたちは受け入れなければならない、さもなければ我々はあなたたちをユーロ圏から離脱させるだけだ。ユーロ圏から離脱させるとは、端的に言って、流動性を切断し干上がらせるということにほかなりません。ギリシャはその時点ですでに二週間ものあいだ銀行閉鎖と資本規制[*6]とを強いられていた。もしギリシャがトロイカの合意案を受け入れず債務返済を中止していたら、そのことによってギリシャ経済がどんな事態に直ちに陥ることになるのかは誰にでも想像できるものでした——欧州中央銀行がギリシャの流動性を完全に切断する。ギリシャは債務返済を中止すべきだったという人もいますが、ぼくにはそれは間違った判断だとしか思えない。エクアドルには債務返済の中止が可能でした[*7]が、それはドルをもっていたからです。ドルは複数国のコンクラーヴェによって統治された通貨ではなく、米国内ではFRB（連邦準備制度）によって、米国外では為替相場によって統治されている通貨です。エクアドルの場合には、ギリシャにとってのドイツに相当するような政治的な交渉相手が存在せず、そうした交渉相手に対峙する必要がいっさいなかった。反対にギリシャの場合に起きたのは、ヨーロッパと対峙しなければならないということと同時に、その「ヨーロッパ」がそれとしては存在せず、それゆえに交渉を前進させることができないということでした。再びバルファキスの言を引けば、ギリシャも「クラブ」の一員として自分たちの権利やヴィジョンを主張しましたが、結局のところその「クラブ」自体が存在しなかったのです。どんな提案、どんな分析を示そうともただ沈黙の壁があるだけでした。ユーログループには経済学者もおり、たとえばスペインの経済相ルイス・デ・ギンドスがそうです[*8]。ギンドスはギリシャの債務が返済不可能なものだと認めつつも、いざ投票という段になると、ユーログループの事実上のボス、ヴォルフガンク・ショイブレ[*9]の意向に従って行動しました。

要するに、危機を生じさせたのはヨーロッパの存在ではなく、むしろ反対に、ヨーロッパの不在なのです。ギリシャの友人たちから問題はブリュッセルの官僚機構だとよく言われましたが、そのたびにぼくは「ブリュッセルの官僚機構」なるものが存在すればどんなによかったか、残念ながらそんなものは存在せず、あるいは、少なくともヨーロッパのためには存在せず、コンクラーヴェのなかで最も力のあ

＊6　二〇一五年六月二六日のギリシャとヨーロッパ間の協議決裂に伴い欧州中央銀行は緊急流動性支援の上限の据え置きを決定。これを受けツィプラス首相は銀行の破綻を防ぐため、ギリシャの銀行閉鎖と資本規制に踏み切った。

＊7　二〇〇八年一二月、コレア大統領は、旧政権が発行したグローバル債の一部、約三二億ドル相当を、違法であるとし、債務不履行を宣言した。

＊8　Luis de Guindos. 一九六〇年生まれ。スペインの現経済・競争力相。二〇〇八年のリーマンショック時にはイベリア半島でのリーマンブラザーズの幹部であったが、その後、スペイン危機に際して現役職に就任。スペイン国内での緊縮政策を進める。

＊9　ビフォ・インタヴュー注2参照。

る一国のためだけにある官僚機構だと答えてきました。つまり、「連邦主義的ヨーロッパ」が欠如しているのであり、政治的交渉相手としてのヨーロッパが欠如しているのです。米国で起きたことと対比するとこれはよりはっきりします。カリフォルニアやフロリダはギリシャのそれと同じぐらい重大な債務危機を経験したわけですが、それらの州はあくまでもFRBによって救済された。他方、米国のいわば「植民地」であるプエルト・リコもまた債務危機に陥ったわけですがそのときは救済されなかった。米国の例は、ギリシャあるいは南ヨーロッパがヨーロッパの中枢権力、ドイツの右派勢力に対していかなる立場にあるかをよく示しています。南の諸国は北による不条理な経済政策に従属させられており、北の経済的利益のために自国経済の破壊を強いられている。実際、ドイツは危機の最中にすでに一〇〇〇億ユーロの利益を得ている。破壊的措置によって南の経済を崩壊させることで自国の負債をマイナス金利で返済したためです。

シンダグマ広場の舗石。「私が支援したシリザがいるのはここだ」
（2015年７月14日、アテネ）
photo by Chris Acos (flickr)

ツィプラスは、いわばピストルを頭に突きつけられた状態で、非理性的かつ非合法的、不条理で屈辱的な合意案の受け入れを強いられたわけです。今後いったいどうすればよいのか。どのようにすれば前進が可能なのか。ツィプラスは、自分の受け入れたその新たなプログラムが不条理なものであるということを偽ったり隠したりしようとはけっしてしません。そのプログラムの唯一の利点としてツィプラスがそれでもなお強調するのは、それが五年間の資金援助を約束するものであるという点、その意味で五年間はギリシャに生き存《なが》らえることを許すものであるという一点です。つまり、時間を稼げるということ。時間を稼げるというのは生きたままでいられるということであり、生きたままでいられるということはまだ動けるということ、まだ何かを創出できるということであり、それこそまさにギリシャの人々がこれから取り組もうとしていることです。たとえば、つい最近、ギリシャ議会は、住居接収を可能にする法案を通過させました。つまり、ギリシャではこれまで、主たる住居に暮らし続ける権利は法によって保証されていましたが、この新法の成立によってギリシャでも、すでにスペインで見られるような状況が生じる可能性が作り出されたということです。スペインでは数多の人が住居からの立ち退きを強要され、警察による暴力が問題となったり、あるいは逆に、市民グループによる抵抗運動[*10]が見られたりしています。トロイカから課されたこの法制化それ自体を避けることは不可能でしたが、しかしなお、ツィ

*10　住宅ローン被害者プラットフォーム（PAH：Plataforma de Afectados por la Hipoteca）のこと。サブプライム危機、欧州債務危機にともない、スペインで住宅バブルが崩壊したのち、多数の債務不履行者が生じ、強制退去などの被害が相次いだ。そののち被害者たちによる市民ネットワークが形成された。

プラスはその法案可決に先立ってギリシャ国内の銀行経営者たちと会談し、少なくとも最初の数ヶ月は銀行が司法に住民の立ち退きを請求しないという合意を取りつけることに成功しました。そして今後、住居への権利を別のかたちで保証する新たな法案が作成されることになっています。このようなタイプの介入の余地がありとあらゆるレヴェルにおいて残されている。もうひとつ別の例を挙げれば、確かに年金についても補足手当は二〇二〇年までカットすることに決まっていますが、しかしそれに代わる措置を講じる可能性はここでもやはり残されている。他方、ツィプラスが受け入れを強要されたトロイカからの合意案には馬鹿げた内容が多く含まれています。レストランやホテルでの消費税率を二三％にまで引き上げるというのもそのひとつです。ギリシャは観光立国であり、近隣諸国での同様のセクターの消費税率は、たとえばトルコでは七％に抑えられているなど、ずっと低い。これについてもツィプラスがはっきりと述べているように、問題はこれまでの税率が低かったということではなく、消費税をきちんと徴収することができなかったという点にあります。したがって、真に求められるのは税率の引き上げではなく、脱税を食い止めるための新たなメカニズムの確立であり、そのための支援なのです。

ギリシャ神話を思い起こせば、ツィプラスとその仲間たちは罠にかけられており、その罠はオデュッセウスたちがキュクロープスによって閉じ込められた洞窟に似たものだと言えるかもしれません。オデュッセウスたちはキュクロープスからの招待を断れなかったわけですが、しかし彼らは羊の腹の下に隠れて洞窟から逃れることに成功しました。そのようにツィプラスたちにも施策の余地が残されている。加えて他の要素もあります。すべてがユーログループの水準で決定されてしまうわけではなく、国際的な水準もあるということです。たとえばＩＭＦはギリシャの負債が返済不可能なものであると繰り返し主張してきたし、米国もＩＭＦを通じて負債についての交渉をするよう働きかけてきました。もし負債についての交渉が始まってしまったら、これまでに指摘してきたようなことはいっそう不条理なものに見えてくるでしょう。というのも、ギリシャに課せられた様々な措置は、びた一文まけることなくギリシャに負債を全額返済させるとの目的で構想されたものだからです。

状況は二つの面で展開されているようにぼくは思う。一方では一種の喜劇、モリエールのいうような「コメディバレ」のようなものがあって、そこではギリシャへの侮辱、ギリシャ人民への侮辱のようなことが演じられている。しかし同時に他方では、負債についての交渉が開始されるかもしれないという可能性がつねに残されており、こちらの面では間違いなく米国が圧力をかけ続けるでしょう。したがって、ギリシャが囚われている植民地主義的牢獄においては、ギリシャそれ自体を超え出るようなかたちでも施策の余地がつねに残されている。たとえば、ここスペインでは二〇一五年五月に自治体選挙があったわけですが、広範な連立がマドリードやバルセロナで勝利を収めました。この連立にはポデモスも参加しましたが、中心的組織としてのことではない。物事は止まることなくつねに動いており、今後とも動き続ける。アイルランドやイングランドなどをはじめとしたヨーロッパの他の国々でも同様です。ヨーロッパのネオリベラリズムには亀裂がすでに穿たれ始めており、ヨーロッパの金融寡頭支配層はおのれの権力を死守するためにカネを失う覚悟をすでに強いられ始めている。実際、彼らはツィプラス政権誕生以来、株式市場で二八五〇億ユーロもの損失を出している。これはギリシャの負債総額とほぼ同額です。ギリシャ人民は確かに国民投票後にある種の諦念を強いられましたが、しかし彼らは真の賭け金がどこにあるのかをはっきり自覚している。人々は好機の到来を待っています。スペインでは二〇一五年一二月に総選挙が控えている。他にも様々な運動がすでに展開されており、これについてはギリシャも同様です。自主管理病院、食料配給ネットワークなどといった危機に対する抵抗運動はギリシャ全土で非常に強力に展開されています。ヨーロッパにおいて長らく支配的であったネオリベラリズムはその終焉を迎えつつあるのです。

スペイン──「アスナール事件」から15Mへ

──ヨーロッパが金融危機に陥った二〇一〇年以降のギリシャとスペイン両国における展開に並行関係を指摘する論者は多い。マドリードでプエルタ・デル・ソル広場占拠*11が始まったのは二〇一一年五月一五日であり、その一〇日後にはアテネでもシンダグマ広場*12の占拠が始まる。どちらの広場占拠も、その後、両国でそれぞれ展開されることになる様々な運動の源流とみなし得るものです。他方、そのように運動が展開されるなかで、スペインでもギリシャでもそれまでの二大政党体制を根底から揺るがす左派の第三党の出現がある。ギリシャではシリザがすでに政権をとったし、スペインでもポデモスが欧州議会選挙で多くの議席を獲得しました。スペインでのここ四年間をファン＝ドミンゴさんの独自の視点から辿り直してもらえませんか。

すべては二〇一一年五月一五日から始まったとも言えるのかもしれませんが、ひょっとするとその言い方は精確さを欠くかもしれません。というのも、それに数年ほど先立ってアトーチャ駅付近での列車爆破事件（二〇〇四年三月一一日）があり、この爆破事件についてのアスナール政権*13の虚偽発表に対して自然発生的に起きたデモがあるからです。アスナール政権は爆破事件がＥＴＡ*14による犯行だと発表しましたが、爆破事件がアスナール政権によるイラクへの軍事介入に抗議するイスラム原理主義グループによるものであることは明らかでした。このときの運動はその後の抵抗運動を特徴づける物質性、ネットワークという物質性をすでに垣間見せるものでした。アスナールを首相とした国民党（ＰＰ）政権[*15]へのこの異議申し立てにおける組織化は、少なくとも部分的には、まだ初期段階にあったインターネットやＳＮＳなどを通じてなされ、これがその後の運動の実効的かつ強力なデッサンとなった。また、この「アスナール事件」によって覚醒した人々は、その三日後に実施された総選挙で、イラク撤退や社会政

＊11　ビフォ・インタヴュー注38参照。

＊12　二〇一一年五月二五日、スペインの広場占拠に触発されたギリシャの若者たちが、緊縮財政への抗議として、国会前のシンダグマ広場を占拠した。占拠はおよそ一ヶ月続いた。

＊13　ホセ＝マリア・アスナール（José María Aznar. 一九五三年生まれ）はスペインの政治家。一九九六―二〇〇四年までスペインの首相を務める。新自由主義経済の導入のための改革を図り、スペインのユーロ圏加入のための政策を実施した。

＊14　ＥＴＡ（Euskadi Ta Askatasuna：「バスク祖国と自由」）はバスク人居住地域の分離独立を目指す急進的民族組織。フランコ独裁政権下の一九五九年に弾圧への抵抗として発足し、以降、現在まで、爆弾や暗殺などのテロ事件をたびたび起こしている。

＊15　Partido popular. スペインでは、フランコ独裁政権が崩壊し民主憲法が制定された一九七八年以来、主に中道右派の国民党（ＰＰ）と左派の社会労働者党（ＰＳＯＥ）が二大勢力として、国内の政権を担当してきている。国民党は一五年一二月二〇日の総選挙で一二三議席を獲得（六三議席減）、第一党の座を維持した。一方の社会労働者党は二〇議席減の九〇議席となった。

策拡充を求め、サパテロを党首とする社会労働党（ＰＳＯＥ）に票を投じることになる。そのようにして誕生したサパテロ政権は、不動産バブルによって牽引された経済成長やそれに基づく国内全体での賃金上昇などといった当時の好景気も幸いして、社会運動や大衆からの期待にそれなりに応えるものでした。同性結婚合法化などもこの時期になされたものです。サパテロ政権に有利に働いたこの好景気は、しかしながら、二〇一〇年からのヨーロッパ経済危機によって破壊されることになり、同時にまた、サパテロを支持してきた潜在的左派投票者層も同じ危機を契機として再度、消散してしまう。言うまでもなく、サパテロが緊縮策を受け入れたためであり、これが15M[*16]の出現を準備することになったわけです。危機と緊縮策とによって打撃を受けた多くの若者たちがサパテロ政権に反対するようになり、サパテロ政権に裏切られたという感情を抱くようになった。〇四年四月にサパテロが首相に就任したその直後に行われたデモでは“Zapatero, ¡no nos falles!”（サパテロ、私たちの期待を裏切るなよ）というスローガンが掲げられましたが、サパテロは結局のところその期待を裏切り、緊縮策を押しつけられるがまま何もしようとしなかったのです。サパテロ政権下のスペインはツィプラス政権下のギリシャとはまるきり異なる状況にあったと言えます。サパテロは緊縮策の受け入れを新たな徳であるかのように価値づけ、この振る舞いによって彼の政権はその正統性を大きく失い、その後の様々な選挙で敗北してゆくことになる。この意味ではサパテロ政権こそが火種となって、不安定な生活を強いられることになった若者たちによるあの多岐にわたる広範な運動が生じることになったとも言えるかもしれません。当時、経営者団体の会長が若者たちに対して「君たちは君たちの親よりずっと悪い生活を送ることを宿命づけられている。君たちの親よりも多く働いても稼ぎはずっと少なくなる」とはっきりと公言していたことも思い出しま

郵便はがき

301－0043

龍ケ崎市松葉6－14－7

株式会社 **航思社** 行

ご購入ありがとうございました。ご記入いただいたご意見は、今後の出版企画の資料とさせていただきます。また、お客様の住所やメールアドレスなど個人情報につきましては、小社の出版物に関する情報の案内にのみ利用し、それ以外の目的で使用することはございません。

フリガナ お名前	性別	年齢 歳

ご住所 〒

tel.　　fax.

E-mail

お勤め先（ご職業）

株式会社 航思社　tel. 0297-63-2592　fax. 0297-63-2593
◎ URL http://www.koshisha.co.jp　◎お問い合わせ info@koshisha.co.jp

愛読者カード

本書のタイトル

本書を何でお知りになりましたか

1．新聞・雑誌の広告を見て（紙誌名　　　　　　　　　　　　　　　　　）

2．新聞・雑誌の紹介・批評を見て（紙誌名　　　　　　　　　　　　　　）

3．書店の店頭で　4．人にすすめられて　5．案内チラシなど

6．インターネットで　7．その他（　　　　　　　　　　　　　　　　　　）

本書の内容について

1．満足　2．普通　3．不満　4．その他（　　　　　　　　　　　　　　）

デザイン・装丁について

1．良い　2．普通　3．悪い　4．その他（　　　　　　　　　　　　　　）

値段について

1．安い　2．普通　3．高い　4．その他（　　　　　　　　　　　　　　）

本書をお買い上げになった書店

書店名　　　　　　　　　　　　　　所在地

ご購読の新聞

1．朝日　2．読売　3．毎日　4．日経　5．その他（　　　　　　　　　）

ご購読の雑誌・週刊誌など

本書に対するご意見・ご感想、今後の出版物についてご希望等をお聞かせください。

す。いずれにせよ、従来の「プロレタリア」のイメージに収まるものではありませんが、それでもなおひとつのはっきりとした階級路線のヴィジョンが生じていたことだけは確かです。

以上のような経緯が15Mを導いた。15Mは怒り（indignación）の表出でしたが、怒りの併せもつもうひとつの側面は尊厳（dignidad）の要求です。尊厳の要求を伴う怒りの表出という15Mのこの特徴は、ギリシャでその約二年前に起きたこと、すなわち、アテネ・エクサルヒア地区での警官による若者の射殺をきっかけに〇八年一二月八日に始まった蜂起、また、「アラブの春」の予兆となった地中海対岸での幾つかの大規模なデモに呼応するものです。スピノザ主義者なら誰でも知っている通り、怒りとは自分に似ている他者に対してなされる悪について人が抱く感情のことです。これこそまさにスペインで起きたことであり、サパテロの正統性をぐらつかせ、その後徐々に体制全体をその内的なオルタナティヴも含めてぐらつかせることになったものです。人々はPPもPSOEも同じだと考えるようになり、それらがもはやひとつの政党でしかないかのように「PPSOE」という表現が頻繁に用いられるようになった。民衆に緊縮策を強要する統一勢力としてのPPSOEということです。これに対して、マドリード中心地での数ヶ月にわたる占拠が始まり、人々はそこにキャンプし、自己組織化し、様々なメッセージを発し、議論を重ねたわけです。プエルタ・デル・ソルの占拠は感情教育であったのと同時に政治的なそれでもあり、「未来なき若者たち」[*17]を名乗る世代にとっては文字通りの「出来事」となりました。若者たちは「未来」を失ったが「現在」を自分のものとするようになり、この「現在」を起点に新

＊16　メッザードラ・インタヴュー注9参照。

ポデモスのシリザ連帯集会（2015年１月31日、マドリード）
photo by Gerard Julien (Getty Images)

たな何かを構築できるのではないかと考えるようになった。権力に「未来」の何事かを約束するように求めるのではなく「現在」を自分のものにしそこで直ちに何かを構築する。実際、彼らは様々なものを構築しました。たくさんのテントが張られたというだけでなく、小さな木製モニュメントなども数時間かけてみんなで作り、その後ずっとそこに残されることになったりもした。難民たちがみなそうしてきたように、仮のものとはいえ一種のユルバニスムが出現したのであり、モーゼが砂漠にテントを張るかのようでした。マドリードでのこの試みはスペイン全土の様々な都市に拡大し、たとえばバルセロナのカタルーニャ広場などでも同様の占拠がみられました。

マドリードをはじめとしてスペイン全土の都市に地区ごとに住民たちによって「15M評議会」（asamblea 15-M）が形成され、諸都市の広場はそうした評議会の核となり、これがテレビやラジオでの「公開討論」によって長らく占められてきた場を奪い返すことにもなりました。スペインでは少なくとも一九七八年の新憲法制定以来、議会が真の討論の場であったためしはなく、複数の政党のあいだでのたんなる算術的ゲームが繰り広げられる場でしかなかった。スペインではどの政党においても投票の際の規律が絶対的で、議員が所属政党とは独立して個人的な考えを述べるということはほとんどなく、議会では議論がなされない。このため議論は議会とは別の場、マスメディアに移されてきました。テレビやラジオでは「テルトゥリア」(tertulias)と総称される番組が多く放送され、これに「テルトゥリアーノ」(tertulianos)と呼ばれるジャーナリストや知識人が参加して人々の関心をそれなりに引く議論を行う。要するに、一方には沈黙する議会があり、他方には、ときにはかなり低レヴェルにとどまることもありますが、しかしそれなりの多様性、それなりの活気をもったマスメディアでのお喋りがあるということです。15Mは、メディアでのお喋りと議会での沈黙というこの分裂を廃棄し、市民の生活に不可欠な事柄に関わるいわば真面目な政治を公的空間に改めて導いたと言えます。運動のこの側面を象徴するのが二〇一二年九月二五日に行われた国会包囲デモ(“Rodea el Congreso”)です。15Mはそれ自体「議会」をなしていたわけですが、同日のデモはいわば「正式な」議会を包囲し議員たち全員に総辞職を迫るものでした。平和的な戦術でこれに臨む者が大半でしたが、ウクライナのオレンジ革命などにインスパイアされ「国会襲撃」というより暴力的な戦術

＊17　Juventud Sin Futuro. 緊縮や不安定就労への抗議のために二〇一一年二月にマドリードで結成された、大学生を中心とした社会運動組織。

スペイン国会包囲デモ。国会前の通りに入る間際で進路を阻まれる（2012年９月25日、マドリード）
photo by Juanlu Sánchez

の採用を夢見ている者たちもいました。警官が大量に投入され厳戒態勢がしかれたために、後者の選択肢は結局いっさい実現されませんでしたが。

いずれにせよ、この国会包囲行動を経て権力はいっさいのデモを終わらせなければならないと考えるようになる。権力はなかなか賢い戦術を展開しました。一方で、逸脱行為についてはこれを野蛮な仕方で制圧する。警察はあからさまに暴力を用い、死者こそは出ませんでしたが深刻な怪我を負った者は少なくありませんでした。他方で、公共の場での集会などについては罰金徴収という仕方で対応する。罰金は高額なもので、これにときとして侮蔑行為が伴いました。たとえば警官は人々に対して「お前の稼ぎが一〇〇〇ユーロ以下だとか何とか、そんなことオレたちの知ったことか。きっちり六〇〇ユーロ払ってもらうぞ」などと罵声を浴びせました。15Mを終わらせることになったのはこうした権力の振る舞いによってのことであり、議会解散、議員辞職などによってではなかった。同時にまた各地区での評議会においても先に進むための突破口が見出され得なくなっていました。評議会では総じてとても「礼儀正しい」内部規則の厳守が求められ、たとえば、同意を表明する場合には拍手ではなく静かに挙手するとか、誰かの発言が長過ぎる場合にも特定のジェスチュアで合図しなければならないなど、すべてが厳格に定められていました。しかし、過度に礼儀正しいそうした内部規則はいわばそれ自体がコンセンサスの押しつけそのもので、評議会の内的限界をなしていました。真の決定を下すことができなかったのです。

「我々は代表されない」からパブロ・イグレシアスの登場へ

占拠や地区評議会に比較すると周縁的だったものの、15Mには「委員会」（comisiones）という試みもありました。分野ごとにグループに分かれて様々なプログラムを具体的に考える試みで、たとえばぼく自身も関わった「経済委員会」には、統一左翼[*18]（IU）の新世代を代表するアルベルト・ガルソン[*19]も参

＊18　Izquierda Unida. スペイン共産党を中心に、社会労働者党以外の左翼が結集して一九八六年に組織された政党連合。二〇一五年一二月の総選挙では左派連立「人民連合」（Unidad Popular）として二議席を獲得するにとどまった。

加していたし、政党に属さない人々も多く参加し、「銀行救済プラン」に対抗するプログラムとして「市民救済プラン」の作成などに取り組んでいました。15Mにおける「委員会」の活動はその後の「潮流」(mareas)と呼ばれる別の過程を準備もします。医療従事者や教育従事者たちの発意による15Mの継続とみなし得る「潮流」は、医療や教育の私企業化に抗する運動として労働組合を核に組織されたものです。労組中心であったがために元来の15Mと大きく齟齬をきたすもので当初は対立もありましたが、それでもなお15Mのメソッドが最終的には重視され、反対に従来の労組固有のメソッドはもはや用をなさないものとして退けられるようになっていきました。たとえば公共教育のための「緑の潮流」[*20](Marea verde)は、労組に属する教員だけでなく、学校教育をめぐるすべての人々、生徒や学生、親なども巻き込む運動であり、「大衆の政治化」という文脈ではとても重要な試みでした。要するに、労組主導の下で私企業化に抗する教員の運動として誕生したものが、すでに同様の問題に取り組んでいた15Mに合流し一体化し、労組という枠組み自体から大きくはみ出すものになっていったということです。「潮流」も含めた15M運動がその全体として直面することになった限界は政治的代表のそれでした。15Mが始まって一年が過ぎた頃にはすでに何らかの政治組織を作らなければならないという要求があったように思います。当時ぼくの目にもっとも現実的に映った案はIUの内部改造を行うというものでしたが、これはまるきりうまくいかなかった。IUは今日もなお共産党的官僚主義そのものにとどまり続けており、その保守的な指導者たちを追い出すことはやはり不可能だったからです。彼らは権力のカネに触れたこともある連中で、汚職事件すら起こしたことがあるわけですから仕方ないのかもしれません。急進左派勢力のうちで15Mを真面目に受けとめた希有な政党のひとつに反資本主義左翼党[*21](IA)があります。15MはIAがそれまでに辿ってきた路線とは相容れないし、IAの観点からすれば15Mは「左翼」ですらなかったのですが、それでもなお多くの党員たちは指導的立場に立とうとすることなく運動に参加しました。いずれにせよ、15Mはその本性において「政党」という概念そのものと相容れないものだった。実際、その主たるスローガンのひとつは反アスナール運動のときのものをそのまま引き継いだ"¡Que no nos representan!"（我々は代表されない）というものでした。注意すべきは「我々は代表されない」という一文に両義性があるという点です。誰かが誰かを代表するということそれ自体が不可能であるという意味、我々はいっさいの代表関係を超えたところに存在するという意味にも理解できるし、しかし他方でまた、いま代表の座に就いている者たちは我々のよき代表者ではないという意味、我々は別の代表者を必要としているという意味にも理解できる。反アスナール運動ではとりわけ後者の意味で理解され、それゆえに人々はサパテロに投票し、サパテロによき代表を求めたと言えるかもしれない。

＊19　Alberto Garzón Espinoza. 一九八五年生まれ。スペインの政治家。スペイン共産党・統一左翼に所属し、15Mでも活躍した。ATTACのメンバーでもある。二〇一四年から統一左翼の書記。一五年には党内の首相候補者に選出される。
＊20　15Mをきっかけに生まれた社会運動「潮流 mareas」の一つで、公共教育の予算削減に対する異議申し立てを続けている。
＊21　Izquierda Anticapitalista. スペイン新左翼活動家の組織「オルタナティヴの空間 Espacio Alternativo」を前身とし、二〇〇九年に結成された政党。一五年一月に非政党グループ「反資本主義者（Anticapitalistas）」に改編、ポデモスに合流した。

しかし15Mでは代表に対する異議申し立てはよりラディカルになっていました。15Mには同様にやはり両義的だと言えるもうひとつのスローガンがありました。“Democracia real, ¡ya!”（真の民主主義、いまここに）というものです。我々はこの現在においていますぐ真の民主主義を求めるといった意味ですが、問題はもちろん「真の」民主主義なるものが何かという点にある。ここでもまた、代表の全面的拒否、よき代表の要求という二つの読解が可能です。ポイントは、ぼくの考えでは、代表関係の拒否が代表関係それ自体のなかにすでに含まれているということにあります。代表とはつねに弁証法的であり、つねに不在の現前だからです。当たり前のことですが、我々の代表者は我々を別の仕方で再現前させるのであって我々をあるがままに再現前させるわけではない。いずれにせよ、15Mがその停滞をどう突破しようとしたのかは、不在と現前とをめぐる代表性の弁証法という観点からよりよく検討することができるように思います。15Mでは代表関係が拒否されるのと同時に代表制度の空間における行動が緊急に求められてもいた。代表制度それ自体の拒否、ネットワークという方向での試みのひとつとして「政党X」[*22]が挙げられます。この試みはとりわけバルセロナで力強く展開され、自治体選挙の際、アダ・クラウを筆頭とした民衆連合市民候補リスト「バルサロナ・アン・クムー」[*23]の形成において重要な役割を果たしました。「政党X」と同様の方向性をもつものとしては、左右の区別を超えた横断的な政治・社会変革を目指す「民主主義プロジェクト」（Proyecto Democracia）という試みもありました。以上のように15Mの政治的読解を通じて政治的代表へと突き抜けようとする動きがなかったわけではないのですが、いずれにおいても物事は思うようには進みませんでした。

事態が展開し始めたのはマスメディアを起点にしてのことだったと言えるでしょう。大学で政治哲学を講義する教員たちがパブロ・イグレシアス[*24]を中心に小さなグループを作り、マドリードの地域テレビチャンネルで「ラ・トゥエルカ」(La Tuerka)という政治討論番組を始めたのです。街頭でなされてきた議論がこの番組を通じてはじめてマスメディアに導入された。議会が議論の場としては空洞化し、これにマスメディアでのお喋りが取って代わるという時代が長く続いていたわけですが、そうしたなかで街頭において再開されていた政治的議論をイグレシアスたちはマスメディアに持ち込んだということです。彼らはスペクタクルを意識的に演じつつそこに内実を与えた。この番組の成功を通じてイグレシアスが世間的によく知られるようになると、視聴率の低迷に悩んでいた右派テレビ局は彼を自局の討論番組に招くようになりました。そうしたテレビ局が目論んでいたのは、他のコメンテーターたちによってイグレシアスが論破されるということでしたが、実際に起きたのはそれとは真逆のことでした。そうした番組ではよく放送終了間際に「勝者は誰か」といった投票を視聴者にさせるのですが、パブロ・イグレシアスが高得点を収めるということが続いてしまったわけです。街頭での議論を背景に語るイグレシアス

＊22　Parrido X. 15M運動から生まれた市民運動ネットワーク。既存の政党の形をとらず、水平的なつながりを強調する。候補者リストを設けておらず、二〇一五年の自治体選挙では政党として選挙に参加することなく、バルセロナにおいてはバルサロナ・アン・クムーの応援を行った。
＊23　ビフォ・インタヴュー注39参照。
＊24　Pablo Iglesias Turrión. 一九七八年生まれ。スペインの政治学者、政治家。二〇一三年以前はマドリード・コンプルテンセ大学で教授を務めながら著作やテレビ出演などで活動。一四年から政治家へ転身。欧州議会選挙にポデモスとして出馬し当選、欧州議員となる。現在はポデモス党首を務める。

によって右派の論客が見るも無惨に論破されるということが続きました。右派のテレビ局の番組でこれが起きたのだからとても痛快なことでした。サパテロに近い中道左派のテレビ局、ラ・セクスタ（La Sexta）もイグレシアスを頻繁に番組に招きましたが結果はやはり同じでした。これまでマスメディアでの発言を許されてこなかった声がそのようにしてマスメディアに登場するようになる。これが世論形成に与えた影響は甚大でした。

「普遍的利害を擁護することによってのみ個別的利害を代表できる」

――フランスでも一〇年ほど前に同じような現象があったと言えるかもしれません。革命的共産主義者同盟[*25]（LCR）の党首オリヴィエ・ブザンスノ[*26]のことですが、彼もまた地上波全国ネットのテレビ局が放映する様々な討論番組に頻繁に招かれ高い人気を得るという時期がありました。しかし、LCRもその後身の反資本主義新党[*27]（NPA）も選挙で大勝するということはなかった。イグレシアスとブザンスノとでは何かが違うのでしょうか。

ブザンスノとはブリュッセルのATTAC[*28]で一緒に活動していたということもあり個人的な知り合いでもありますが、彼の言葉遣いは、やはり、従来の急進的左派のそれにとどまっていたと言わざるを得ません。いまなお若々しくとても感じのよい人ですが、アラン・クリヴィヌ[*29]などのLCRの古参メンバーたちともとても近く、急進左派活動家の伝統から決してはみ出しません。これに対してイグレシアスは、何よりもまず、マスメディアにおいて何をなすべきかということについてブザンスノよりもずっと明確なヴィジョンをもっていて、左翼の物言いとして受けとめられることを積極的に拒否する話し方をする。イグレシアスの言葉遣いは15Mのそれに少し似ていると言ってもいいかもしれない。15Mは実際、左翼の枠組みに収まることを拒否する運動でした。「一般の人々」と同じ言葉遣い。つまり、どんな既存のイデオロギー的オプションも自分にはぴったりこないと感じつつも、社会や暮らしについて何らかの欲望を抱いている多くの人々と同じ言葉遣いです。

＊25 Ligue communiste révolutionnaire. 二〇〇九年に解散したフランスのトロツキスト政党。〇〇年代には反新自由主義・反グローバライゼイションを打ち出して活動。〇九年以降には反資本主義新党（NPA）へ移行した。

＊26 Olivier Besancenot. 一九七四年生まれ。フランスの政治活動家。郵便局員を務めながら、反資本主義新党を代表する活動家としても活躍する。

＊27 Nouveau Parti Anticapitaliste. フランス革命的共産主義者同盟が二〇〇九年に解散した後、移行して結成された新党。反新自由主義やオルターグローバリズムなどを党是に活動する。

＊28 金融市場の武装解除を唱えるイグナシオ・ラモネの記事に触発され、一九九八年にフランスで設立されたオルターグローバライゼイション運動組織。金融取引への課税（トービン税）の実現を訴え、その活動は現在、世界中に広がっている。

＊29 Alain Krivine. 一九四一年生まれ。フランスの政治活動家。元欧州議会議員。ブザンスノと並び、反資本主義新党を代表する一人。六六年に、LCRの前身、革命的共産主義青年団（JCR）の結成を主導、ベトナム反戦運動や六八年五月で活躍した。六九年と七四年には大統領選に出馬（落選）。LCRでは長年幹部を務めた。

ブザンスノは党が階級を代表するという非常に古典的な考えから脱し得ていません。アルチュセールの表現を借りて言えば、党は小さな「国家」のようなものとしてあり、住民のうちの特定の部分を代表するという考えです。語りかける相手をあらかじめ限定し、誰を相手にするのかという境界をあらかじめ自ら設定してしまう。一例を挙げれば、一九七〇年代のフランス共産党は"Nous sommes des pauvres."(我々は貧者である)というスローガンを掲げましたが、これは実際、大失敗だった。富者にカネを払わせるという含意のこのスローガンがヨーロッパでも比較的豊かなフランスで掲げられれば、フランス国内の大半の人は自分が払わせられるんだと思うにきまっているわけです。自分で自分の限界を定めてしまうがゆえに多数派に到達し得ない典型的な例です。アントニオ・グラムシはこの点について非常にはっきりと語っている。「普遍的な利害を擁護することによってのみ個別的な利害を代表することができる」と。これこそ政治の本質です。これとは正反対に左翼は長い間、個別的な利害をあくまでも個別的な利害として擁護してきたのであり、その左翼の眼前に屹立する階級支配構造においては右派こそが彼らの個別的な利害をあたかも普遍的な利害であるかのように語り、見事な成功を収めてきた。左翼はサバルタン役を選ぶことで、権力奪取のあらゆる可能性を自ら失ってきた。だからこそ語り方を何としてでも変える必要がありました。戦術を変える必要があったのです。戦後ヨーロッパの左派勢力のうちで第二次大戦後に権力に最も接近したイタリア共産党[*30](PCI)は、政治的理由から権力奪取の道を閉ざされてはいましたが、やはり他のどんな組織よりも物事をよく理解し、横断的な言葉遣いで語ることができました。ポデモスの選択した言葉遣いは横断的かつ普遍的であると同時にラディカルでもある。ラディカルさが大衆のそれでなければならないと考えているからです。逆に言えば、「プロレタリア」

を自分たちなりに想像してそれを何としてでも代表せんとする先鋭的な小さなグループのラディカルさではダメだということです。

　イグレシアスの背後には15Mがありましたが、ブザンスノの背後には実質的に何もありませんでした。当時のフランスには確かに多くの人々の動員があった。しかしまさに彼らは動いていただけで立ち止まることなく、議論しプログラムを考案するための空間を産み出すには至りませんでした。反対に15Mはまさにそうした空間を産み出したのです。誰の目にもそれとわかる幾つかの実践が行われました。住居接収を阻止する運動――警官隊が住居を取り囲み住民を暴力的なやり方で立ち退かせるといった悲惨なスペクタクルがスペイン全土、いたるところで展開されていましたが、これに対して民衆の抵抗が組織され警官隊の前に立ちふさがりました。学費値上げに抗う運動――それまで約七〇〇ユーロだった大学の学費がいきなり三〇〇〇ユーロに値上げされ、多くの学生が大学をやめざるを得ない事態となりましたが、これに対する抵抗運動が組織されました。テレビの討論番組のなかでイグレシアスは街頭でのそうした運動の代弁者として語った。ポデモスが拡大することになった重要な要因としてはさらに反資本主義左翼党（ＩＡ）の存在も挙げなければなりません。ＩＡは小政党でしたがスペイン全土に広がる組織をもっていました。ＩＡの活動家たちはスペイン各地でのポデモスの「サークル」（círculos）の創設

＊30　Partito Comunista Italiano. 一九二一年設立。第二次大戦後はイタリア議会の第二党の位置を占め、七〇年代にはユーロコミュニズム路線から、カトリック勢力との「歴史的妥協」を行い政権に参画する。九一年に解散。

に貢献しました。「サークル」というのはポデモスの地区評議会のことで、15M運動のなかで創設された評議会を前身とするものもあります。たとえばマドリード近郊のシエンポスエロス市では15M評議会として誕生したグループが「シエンポスエロス民衆評議会」となり、次いでポデモスのサークルとなり、さらに一五年五月の自治体選挙のときには連立組織アオラ・シエンポスエロス（Ahora Cimpozuelos）となり、選挙に勝った今日では市政を担うに至っています。

ポデモスとその党内中央集権化

――ポデモス創設を呼びかけるマニフェスト「駒を進めよう」（"Mover ficha"）は約三〇名の署名をもつ文書ですが、どのようにして書かれることになったのですか。

署名者はみなイグレシアスと近かれ遠かれ個人的な付き合いのあった人たちです。たとえば、当時はIAのリーダーで今日ではポデモス選出の欧州議会議員になっているミゲル・ウルバン[*31]はイグレシアスの高校時代からの友人です。マニフェストの公表とともにイグレシアスはインターネットを通じて五万人の支持を求めましたが、すぐにその倍の支持を得ることになりました。フェイスブックも重要なツールと位置づけられましたが一〇〇万を超える「いいね」を得ました。

ポデモスの「サークル」の話に戻れば、サークルの誕生は驚くべきものでした。数週間のうちにスペイン国内に一二〇〇ものサークルが出現し、そのうちの幾つかは一〇〇人規模の大きなものだった。サークルはスペイン国外にも作られ、ぼくの暮らすブリュッセルにもできましたが、会合にはときとしてやはり一〇〇を超える人々が集まった。これに加えて、それぞれのサークルのインターネット・サイトにも多数の登録がありました。先にも話した通り、サークルは15Mを受け継ぐものであり、そうであると同時に新たな次元、すなわち、政治的代表の次元を併せもつものでもありました。

しかしポデモスは創設当初から一種の矛盾を抱えていたとも言わねばなりません。党の創設を呼びかけ、党の指導を担うことになった人々と、スペイン国内外に無数に作られたサークルとのあいだには最初からある種のコンフリクトがあった。ただし、二〇一四年五月の欧州議会選挙のころまではこのコンフリクトはある意味でポジティヴに機能していたように思います。欧州議会選挙の選挙戦にポデモスが投じたのはたった一三万ユーロでした。これは他の政党とは比較にならないほど少額です。たとえば統一左翼（ＩＵ）ですら同じ選挙戦に四五〇万ユーロ費やしている。それでもなおポデモスは投票総数の八％を勝ち取り欧州議会に五議席を得たのです。選挙へと向かう党内過程は十分に民主的に進められたように思います。プログラムについての自由な討議があったし、候補者リスト作成の際にも党員であれば誰もが立候補できる党内予備選挙が行われました。もちろん、たとえばＩＡの人々が特定のプログラムや特定の立候補者を推薦するということはありましたが、それが強制的に働くということはいっさいなかった。予備選挙では確かにイグレシアスが筆頭候補に選出されましたが、これは彼が世間的によく知られた人物であるがゆえに最初から予測できたことであり、ポデモスの指導部によって彼への投票の

＊31　Miguel Urbán. 一九八〇年生まれ。スペインの活動家、政治家。ポデモスの設立に関わった一人であり、現在欧州議会議員。

強制があったわけではありません。

欧州議会選挙での成功はとても喜ばしい驚きでしたが、しかし、こう言ってよければ、最後のよい驚きともなってしまった。支持率調査でのポデモスの数字は上がり続け、一四年一一月には約三〇%にまで達し、調査結果上は第一党となりました。当時はぼく自身も、このまま支持率が上がり続け、ラテンアメリカでボリーバル主義を掲げる国でのそれと同じ高みに達することができるのではないかと本気で信じていました。五〇%とか六〇%とか。ポデモスのそうした快進撃に対しては当然のことながらマスメディアや大政党からの反撃があった。ポデモスがベネスエラから資金提供を受けているとの疑惑報道がなされたり、ポデモスをETAに比較したり。もっとも15MがすでにETAに比較されていました。スペインでETAが担っている象徴的機能はたいへん大きいもので、民政移管後にフランコ派のファシスト勢力が民主的な枠組みにおいて新たな尊厳を獲得できたのも、もちろん彼ら自身の自己改革の努力もあったとはいえ、やはり基本的にはETAが存在していたおかげです。おぞましい長期独裁体制を導いた悲惨な内戦によって数十万の死者を出したという事実を、いかなる自己批判もなしに、大量殺戮についてのいかなる謝罪もなしに、まるでなかったことのように処理し得てきたのは「野蛮で極悪な組織」が時間の経過とともに卑劣さを増すやり方で最終的には八〇〇を数える人を殺害したという事実があったからです。ETAはその殺害対象を権力中枢にある者たちから次第に周縁の弱い人々へと移していきました。バスク社会党の市議[*32]などといった周縁的な人物を斬首によって殺害しました。「斬首」がもともとむしろフランコ主義者たちの用いた典型的な処刑方法だったことを思い起こせば、いわば、数十万の斬首が数百の斬首のおかげでいまもなお問題にされないままにとどまっているとも言えます。要するに体制にとってはＥＴＡは「授かり物」だったのです。アスナールは頭の悪い男ですが、頭の悪い者はときとして自分ではそうとは知らずに真理を言う。アスナールは次のように言っていました。「自分にとっては分離独立主義よりもテロリズムのほうがましだ。なぜならテロリズムは胃潰瘍のようなもので、とても痛いがそれで死ぬということはなく、反対に分離独立主義は我々の政治秩序の終焉となってしまうからだ」と。ＥＴＡは体制にとって有用な存在であり、体制に政治的正統性をしっかりと保証してくれるものとしてあり続けてきた。ＥＴＡからの最終休戦協定提案をスペイン政府がけっして受け入れようとしないのも、それが彼らにとってたいへんな損害になるからにほかならず、今日に至るまで右派は敵とみれば誰彼かまわずＥＴＡの関連団体だとして非難し続けている。アダ・クラウに対してすら、彼女がＥＴＡの手法を用いているとして非難していますが、これは本当に馬鹿げたことです。非暴力を貫く市民的不服従を爆破工作と同一視するわけですから。馬鹿げていますがいまもなお有効な戦術であることに変わりはなく、だからこそ、当然のことながらポデモスもＥＴＡに比較されることになるわけです。

ポデモスがベネスエラから資金提供を受けているというネガティヴ・キャンペーンも大筋としては間違っています。テレビ番組ラ・トゥエルカがベネスエラからの資金援助を受けていたというのはおそらく真実ですが、党それ自体については明らかにその限りではない。二〇一五年初め、ファン＝カルロ

＊32　Partido Socialista de Euskadi-Euskadiko Ezkerra. スペイン・バスク自治州の社会民主主義政党。社会労働者党のバスク地方支部政党。

ス・モネデロ[*33]が一三年にベネスエラ政府から二度に分けて多額の資金提供を受けていたという事実も暴露され大々的に報じられましたが、このカネについてもまた、モネデロ自身が釈明して述べた通り、その全額がラ・トゥエルカの運営に充てられたというのはおそらく真実であり、彼がそれで私腹を肥やしたという疑惑は根拠のないものだと思うし、そのカネがポデモスの資金になったという事実もないと思います。たとえ政治的には多くの点で彼に同意できないとしても、少なくともカネの面では彼は潔白だとぼくは思います。

話を元に戻します。二〇一四年一一月にポデモスはかの「三〇%」に達したわけですが、この頃から党指導部は国政に切り込んでいくために組織をコントロールしなければならないと言い出します。九月一五日から二ヶ月かけて党の組織構造を決定し役員を選出する過程（"Asamblea Ciudadana Sí Se Puede"）が進められることになる。一〇月一八日・一九日にマドリードにある多目的アリーナ「パラシオ・デ・ビスタレグレ」で全国大会が開催され、九月一五日からその前日までに提出された組織案をめぐって討論が行われ、その後一週間の投票期間を経て、イグレシアスら創設メンバーを中心としたグループ（"Claro que podemos"）によって作成された提案文書が約八〇%の得票率で採択。次いで、役員候補リストの募集が行われ、一一月八日・九日にインターネット上の「ポデモス広場」（Plaza Podemos）で立候補者たちの公開討論会が実施され、その後、投票が行われました。そして一一月一五日にマドリードのヌエボ・アポロ劇場で党創設過程終了を告げる大会が開かれ、イグレシアスらのグループによって作成された候補者リストの当選が発表され、イグレシアスが初代書記長に就任するに至りました。

まず、党の組織構造をめぐる投票についてですが、イグレシアスたちによって作成され他に大差をつけて採択された組織案はたいへん中央集権的なもので、指導部のリーダーシップを重視するものでした。また、党役員選挙においても、イグレシアスたちはひとつ残らずすべての役職を自分たちのグループで独占することに成功しました。イグレシアスたちは役員選挙がリストを争うものでかつ多数決でなされるということを一方的に決定した上で、さらに、規則上はリストはオープンでなければならないとしながらも、実際には彼ら自身、グループの部外者が後から入り込む余地をいっさい残さないリストを提出しました。希望者が個人で立候補することのできた欧州議会予備選挙のときのそれとはまるきり異なる選出方法となってしまったわけです。その結果、イグレシアスたちは、党内民主主義を監視し保証するために設けられた役職に至るまで、すべての役職を仲間うちだけで占有することになりました。極めて乱暴なやり方で党内の権力奪取が図られたのであり、一種のクーデタが起こされたと言っていい。イグレシアスはポデモスをスペイン国内で最も民主的な組織だとずっと言い続けていますが、どんな民主的体制においてもこれと同じようなことは起きないでしょう。

このクーデタの結果生じたのは、イグレシアスたちによる党の一極支配であり、サークルの完全なる権力喪失です。サークルが機能しなくなることで、同時にまた、マスメディアを介する以外の方法での社会への影響力行使も実質的に失われてしまった。それどころか、マスメディアにおいてすら、選挙マ

＊33　Juan Carlos Monedero. 一九六三年生まれ。スペインの政治学者、政治家。ポデモスの中心的メンバーの一人で、テレビのディベート番組「ラ・トゥエルカ」などでも活躍。二〇一五年四月まで、同党の幹部を務めたが現在は退任している。

シーンと化したポデモスは次第にスローガンを繰り返すばかりとなり、そのせいでマスメディアはポデモスを避けるようになってしまった。討論番組に招かれても空虚なスローガンを繰り返すばかりでは、その番組自体、視聴率を確保できず、次からはもう招かないというのはいわば当然のことです。ポデモスのメディア露出が激減してしまったのには、右派からの圧力ということももちろんあるでしょうが、もし仮にそうした圧力がなかったとしても、空疎な言葉で視聴者を退屈させてしまうわけですからいずれにせよ番組には呼ばれなくなる。

こうしてポデモスは、一方で党内民主主義を完全に失い、他方で党外に対しては空虚で退屈な言葉しか発することができなくなってしまった。そのためポデモスの支持率はどんどん下がり始めることになり、今日では一三%という調査結果が出るまでに低下しました。しかし、ある意味でよかったこともあります。二〇一四年一〇月のビスタレグレでの全国大会のとき、組織構造の他に倫理規定と選挙戦略も争われたのですが、その結果、ポデモスはあくまでも国政選挙（一五年一二月実施）にのみ今後の力を集中させ、自治体選挙では候補者を立てないという方針が採択されたのです。一五年五月に行われた自治体選挙でポデモスは実際、党としては候補者を立てず、その代わりに党の活動家たちが他の人々と民衆連合を結成して選挙戦に参加し、これがいわば15Mの第二波をなすような動きとなった。たとえばマドリードではポデモスの党員たちは民衆連合市民候補者リスト「アオラ・マドリード」[*34]に参加し、バルセロナでも連立候補者リスト「バルサロナ・アン・クムー」に参加しました。サラゴサやカディスでも同様の動きがあり、民衆連合あるいは連立はいずれの自治体でも大きな勝利を収め、マドリードではアオラ・マドリードの筆頭候補者マヌエラ・カルメナが、バルセロナでは「バルサロナ・アン・クムー」

の筆頭候補者アダ・クラウがそれぞれ市長に就任しました。反対に、自治体選挙と同時に行われた自治州選挙ではポデモスは党として候補者を立てましたが、全国平均でわずか一四%の得票にとどまり、いずれの自治州でも第一党になることができなかった。自治州選挙のこの結果が示すのは、党として単独で候補者を立てるという戦術が15M後のスペインの状況にまったく適っていないという明白な事実です。ポデモスの指導部は実際、自治体選挙について当時、たいへん奇妙な議論を展開していました。自治体選挙における成功の背景には自分たちが存在し、自分たちがあえて党として候補者を立てないという選択をしたことが勝利を導いたと言うのです。これは馬鹿げた話です。実際に起きたことは、彼らが指導部としての存在感を示すなかで行われた自治州選挙では一四%の票しか得られなかったのに対し、彼らが不在だった自治体選挙では全国平均でその倍以上の得票率に達したということなのですから。自治体選挙と自治州選挙の双方の結果からはっきりわかるのは、政治的代表の次元において人々は能動的に参加することを望んでいたということ、何らかの指導者の下での受動性にはもう戻りたくないと考えていたということです。ところがポデモスの指導部はあくまでも人々を受動性において捉えようとした。あたかもテレビがなければ動員に期待することはできず、組織化がなければ15Mに期待することもできないかのように。

＊34 Ahora Madrid. 地方自治体選挙のためにマドリードで二〇一五年三月に結成された民衆連合型の市民候補者連立リスト。ポデモスおよびガネモス・マドリードとの連携のもと、選挙では二〇議席を獲得し、第二党の位置に。筆頭候補のマヌエラ・カルメナ（Manuela Carmena）は市長に選出された。

突破口を探す「大衆」

今日のスペインにみられるのは「大衆」の存在であり、いままで我々がずっと語ってきたのもその「大衆」の物語なのだと思います。アスナールを追い出すことで出現したこの「大衆」こそが15Mをなし自治体選挙に勝利したのです。そしてこの「大衆」は現在、政治的な突破口を探している。ずっと自分を探し続けているとも言えるでしょう。しかし、ポデモス、少なくとも今日の形態におけるポデモスはもはやそれに適うものではない。従来の「政党」のたんなる反復になってしまっているからです。滑稽ですらあるほどまでに代表を強調する組織に成り下がってしまった。もちろんポデモスにおいても規則上は「参加の道」なるものが定められています。しかしこれは実際には機能し得ない。その規則に従えば、何らかの提案を行うには党員の一〇％の賛同が必要になりますが、ポデモスの党員になるのは簡単なことで、スペイン国籍の身分証明書と電話番号さえあれば誰でもすぐにインターネット上で登録でき、実際、党員数は三二万にも達しており、これを母数として一〇％の賛同を得ることは事実上不可能でしょう。実際に活動している党員は多く見積もっても約一万ですが、彼ら全員から賛同を得ても必要な割合には達しない。したがって「参加の道」は事実上、閉ざされているのです。党員は党についての新たな情報も今日ではマスメディアを通じて知るだけであり、党員であることにもはやいかなる意味もない。ポデモスは「企業」あるいはクメール・ルージュのような組織になってしまいました。

　国政選挙についてもポデモス内での予備選はすでに行われましたが、そこでもまたリストを多数決で選出するという方法がとられました。これは指導部が思いのままにことを進めるということにほかならず、プログラム作成も党の活動家たちではなく、指導部が“los mejores”（最良の人々）と呼んでいる者たち、要するに専門家に任せることがすでに決定された。党はポリス化され、党の活動家たちは子ども扱いされ、そのいっさいの参加が封じられている。状況はこのようにたいへん嘆かわしいもので、そのことがまたポデモスの周縁化を導いており、ヘゲモニー獲得の上昇局面がつまるところポデモスを従来の左翼へと回帰させ、それどころかさらに、スペインにおける従来の左翼の支持率へと回帰させつつあるのです。フリオ・アンギータ[*35]の時代に統一左翼が実際の選挙で記録した最高の得票率が自治州選挙でのそれで、まさに二〇一五年の自治州選挙でポデモスが得た数字に等しい一四%でした。ただし、アンダルシアでは反資本主義左翼党のテレサ・ロドリゲス[*36]というオープンで知性の溢れる素晴らしい候補を立てたために、ポデモスは一四%をわずかばかり上回る票を得ましたが。

——ということは、ポデモスの最近の支持率低下はギリシャでのシリザの困難を踏まえてというわけではないということですね。

そうではない。それよりもずっと前から始まっていたことです。ギリシャで起きたことの影響があるに

＊35　Julio Anguita. 一九四一年生まれ。スペインの政治家。八八年から九八年までスペイン共産党の書記長を務める。また八九年から二〇〇〇年まで、統一左翼の総コーディネーターを務める。

＊36　Teresa Rodriguez. 一九八一年生まれ。スペインの活動家、政治家。二〇一五年四月からポデモス・アンダルシアの書記長を務め、同時期のアンダルシア議会選挙で当選、現在、同議会議員として活動。

アオラ・エン・コムンの集会（2015年5月6日、マドリード）
photo by Fotos de Camisetas de SANTI OCHOA (flickr)

しても、それは小さなものだと思う。ポデモスの指導部はギリシャの影響が大きいと言ってはいますが。

——「大衆」が存在するという話、構成的権力のようなものが存在し突破口を探し続けているという話はとても面白い。

突破口を探し求め、ときに何かを見出す。15Mを見出し、ポデモスを見出し、自治体選挙を見出してきました。次はどんな突破口を見出すのか。国政選挙については「アオラ・エン・コムン」[*37]というプロジェクトがあり、すでに動き始めています。ポデモスに多かれ少なかれ失望した人たちの発案によるもので、マドリードやバルセロナでうまくいったことをポデモスを軸にしながら国政選挙でも試みようというものです。ポデモスを軸にしながらも、今日のポデモスよりもずっとみんなが積極的に参加しやすい形態、ポデモス以上の何かにすることを目指している。アオラ・エン・コムンにとってポデモスは必要な要素ですが、それだけでは不十分でもある。不十分だというのは、とりわけ、ポデモスが「普通の左派政党」になってしまったからです。したがって、ポデモスを軸にしつつポデモスを大きくはみ出す広範な連立を作らなければなりません。困ったことに、パブロ・イグレシアスその人の人気すら今日ではラホイ[*38]の人気をも下回るものとなってしまっているのです。

――アオラ・エン・コムンの提案に対してポデモス指導部はどう反応していますか。

彼らは当然のことながら反対しています。なにしろ彼らはすでに予備選まで済ませてしまっているのですから。ポデモス指導部はアオラ・エン・コムンからの提案を故意に誤解し、複数政党による連立だと理解しようとしている。しかし実際の提案は、たんなる政党レヴェルでの連立などではまるでなく、多

＊37 Ahora en común. 二〇一五年五月のスペイン地方選挙の後に登場した市民プラットフォームの名称。総選挙に向けてポデモスと統一左翼とを軸に左派連立が目指されたが、ポデモスが参加を拒否したため、統一左翼を中心とした連立「人民連合」（Unidad popular）として一五年一二月の総選挙に臨むこととなった。

＊38 Mariano Rajoy. 一九五五年生まれ。スペインの政治家。国民党が野党に転落した二〇〇四年にアスナールの後を継ぎ国民党党首となる。一一年の与党復帰に伴い、スペイン首相に就任した。

種多様なアクターを含むものであり、政党という枠組みを積極的に退けたかたちでの民衆連合なのです。[*39]

最後に指摘しておきたいのは、こうした話がヨーロッパのレヴェルでも継続されなければならないということです。ギリシャの例を通じて我々がはっきりと学んだのは、一国内で政権をとっても左派政党には実質上何もできないということ、一国だけで左派的な政策を実現しようとしてもけっしてうまく行かないということです。ヨーロッパという空間が必要であり、ネオリベラリズムとの闘いはヨーロッパの水準で進めなければ勝ち目はないのです。

＊39　二〇一五年一二月二〇日の総選挙でポデモスは、統一左翼との連立「アオラ・エン・コムン」には参加しなかったが、カタルーニャ州でのバルサロナ・アン・クムーとの「アン・クムー・プデム」をはじめ、幾つかの選挙区で連立を組んだ。とりわけアダ・クラウの協力は、ポデモスの得票数を伸ばすのに大きく貢献した。

新たな闘争サイクル
——スペイン(1)

ラウル・サンチェス＝セディージョ

二〇一五年八月二〇日　マドリード

左翼から15Mへ

——二〇一一年五月一五日にマドリードのプエルタ・デル・ソル広場の占拠が始まり、これを契機に今日まで続くと言ってよい「15M運動」がスペイン全土で展開されることになります。ラウルさんにはまず、この運動についてそれをどう考え、どう生きてきたのかを話していただけますか。

15Mは前もってはまったく予想し得ない出来事だったのと同時に、ぼくたちに左翼であることをついにやめさせてくれた出来事でもありました。現実を断ち切り新たな地平をいっきに構成するような類いの運動は国外、たとえばアルゼンチンなどで起こるものだというイメージに当時のぼくたちはすっかり慣れ切ってしまっていて、それがまさか自分の住んでいるスペインで、マドリードで起こるとは微塵たりとも想像すらしていなかった。これに加えて15Mは、それに先立つ闘争サイクルに身をおく限り「ラディカルな運動」だとはみなし得ないものでした。グローバル運動やDisobbedienti[*1]あるいは世界社会フォーラムといった運動は、左翼あるいは極左の運動とそれとは異なる新たな運動との両面を併せもった最後のものだったと言えます。二〇〇〇年代前半までのこの闘争サイクルにおいては運動の構成形態もまた複合的なもので、一方ではネットワーク型の不定形な構成が始まっていたのと同時に、他方では従来の左翼的図式に基づく地平が残されてもいました。15Mはこの後者の地平に決定的にピリオドを打ったのです。

15Mによる切断が可能となったのは主観性の存在論的な突然変異が起きたためであって、運動に携わる人が別の人になったわけでは必ずしもありません。Democracia Real Ya[*2]の中心的メンバーには実際、EuroMayDay[*3]など、先の闘争サイクルのそのとりわけ末期においてすでに活動していた若者たちが多く含まれています。ただし彼らはそこですでに、戦略／戦術の関係という観点から言っても、政治活動のあり方という観点から言っても、左翼のそれとは異なる新たな形態あるいは構造に身をおいていました。つまり、党や前衛を構築するというのとは異なる仕方での政治活動が模索されていたということであり、そこではアウトノミア型の前衛、労働者の自律性といったものですら退けられるべきものとされました。そして15Mは実際、そうしたアウトノミア的発想にも決定的なピリオドを打った。コミュニズムの地平それ自体が、ネグリ派のようなものも含めて、過去のものになったとすら言えるかもしれません（この点についてぼく自身は必ずしも賛同していません）。要するに、左翼か右翼か、革命か改良主義かといった二分法、政治領域のダイナミズムをこれまで産み出してきたいっさいの二分法がその終焉を告げられたということです。

15Mは一種の「受動性」を特徴とするものでもありましたが、その受動性は政治を知覚するための開かれを作り出す受動性でした。受動的であるという点だけを取り上げて、たとえば反資本主義左翼党[*4]のトロツキストたちは、受動性が能動性に転じなければ変革の戦略を構想するにはけっして至らないと言って15Mを批判しました。ぼく自身について言えば、15Mを契機に極左のそうした姿勢と完全に訣別した。能動性／受動性の関係、行動／思考の関係といったものが今日では新たなかたちで問われているのです。15Mが証明してみせたのはネットワーク型の相互作用によっても意思決定がなされ得るということ、決定あるいは決断は必ずしもシュミットやレーニンが唱えるようなものだけではないということでした。逆説的にも、15Mを受けて創設されたはずのポデモスこそが今日では決定をめぐるこの神話に拘泥し、ヴォー・グエン・ザップやら毛沢東やらを引用し、いつも軍隊的な言葉遣いで話し続けています。一〇年ほど前に共著で『超限戦』を発表し世界的にもたいへん有名になった喬良と王湘穂は、今日

＊1　イタリアの反グローバライゼイション運動。二〇〇一年に"Tute Bianche"（パンチョ・インタヴュー注11参照）から発展、改名により設立された。

＊2　二〇一一年一月結成のスペインの市民運動。15M運動で大きな存在感を示し、世界の関心を集めた。

＊3　主に西ヨーロッパ諸国で組織されている、反不安定雇用のための運動ネットワーク。毎年メーデーを現代の新たな労働問題のためにアップデートするとして、この日にパレードなどを主催している。

＊4　サンチェス＝エストップ・インタヴュー注21参照。

の戦争は事実上、資本の働きにこそ存しており、中国が戦争に入る場合、ミサイルなどといったものの以上にSNSや金融への介入ほうがずっと重要になるといったことを唱えています。彼らの議論がぼくたちの関心を引くものであったのは言うまでもありませんが、軍事と政治とのあいだのこうした揺れをもっと前に指摘した人物にグラムシがおり、彼は、中国人たちとはいわば逆に、政治を軍隊のメタファーで捉え、機動戦／陣地戦という言葉遣いで政治を語ろうとしていました。

主体はつねに超個体的なもの、つねに複合的なものであり、つねに複数の人が決定過程に参加することになりますが、それでも最終的には決定がなされます。この点でぼくがつねに思い出すのは、プエルタ・デル・ソル占拠を終わらせるかどうかが話し合われたときのことです。全会一致の規則などがあって、一五日間、いっさい何も決まらなかった。あとは全員が同意するかどうかを確認するだけという段になって総会を開くたびに、そこで誰かが手を挙げて「自分は反対だ」と言い出したからです。占拠を終わらせるかどうかはソルにおいてだけではなくフェイスブックやツイッターなどでも議論されました。もしきちんと分析すれば、終わりを決断しなければならないという意思が下からの発言によって徐々に共有されていったその過程が見えてくるに違いありません（もっともソルにはホームレスもやってきてみんなと一生そこに住み続けたいと主張してもいたので、占拠は終わらせるが彼らは残るがよいといった内容の合意形成を彼らと図らなければならなかったということもありました）。いずれにせよ、ネットワーク型の相互作用が決断にその土台を与えたということであり、この決断は状況についての決断ではなく、状況それ自身による決断、状況に内在する決断でした。主体性を欠いた決断であるようにも見えるかもしれませんがけっしてそうではなく、多様体としての主体性がその内的相互作用によって決断を産出したのです。ここでの主体性は、したがって、状況からいったん身を離した上で外部から状況について何事かを決定するといったものではありません。それは党のメタファーであり、将軍のメタファーです。たとえばマキャヴェッリが君主による決断を論じたとき、彼が問題にしたのは主体としてのマルチチュードと対象としてのマルチチュードとのあいだの揺れであり、君主がマルチチュードからいったん外化された上でマルチチュードについて何事かを決断するということでした（もちろんマキャヴェッリについては「マルチチュードへの君主の内在化」といったことも語ることができます）。

ぼくは八〇年後半に極左政党「共産主義運動」[*5]（MC）に入ることで政治活動を始めました。一九八二年、政権の座についた社会労働者党[*6]（PSOE）はスペインがNATOにとどまるかどうかについて国民投票を実施することを約束した。その国民投票は四年後、八六年になってようやく実現されるのですが、その際、とても大きな反NATO運動がスペイン全土で展開されました。ぼくがMCに入ることになったのはその運動を通じてのことでしたが、共産党が瀕死の状態にあった当時のスペインにおいて政治活動とその構成とを刷新したのがこの運動でした。首相フェリペ・ゴンザレス[*7]は、ド＝ゴールのよ

＊5　Movimiento Comunista. 一九七二年、スペイン各地の新左翼運動が結集して設立された政党。九一年の革命的共産主義者同盟の設立に伴い解散。

＊6　サンチェス＝エストップ・インタヴュー注15参照。

＊7　Felipe González. 一九四二年生まれ。スペインの政治家。社会労働者党。八二－九六年、四期にわたりスペイン首相を務める。

うに振る舞い、もし国民投票でNATO脱退が決定されれば自分は辞任すると表明し、また、スペインがヨーロッパ統合から脱退することにもなると言って脅しをかけもした。それでもなお国民投票ではNATO残留に対する反対票が三〇%以上にもなったのです。八〇年代のスペインは社民主義とオルドリベラリズムとの複合体が支配する時代でした。資本の物質的構成においてはフランコ時代からの金融寡頭体制が継続されていました。そして、こうした体制に対するオルタナティヴとしてあったのは統一左翼[*8]をはじめとした極左政党でした（この流れを最も尊厳ある仕方で今日体現している人物は反資本主義左翼党で活動を続けるハイメ・パストール[*9]です）。そこに反NATO運動が新たなタイプの運動として到来したのです。反NATO運動とともに新たな主観性が出現しました。フェミニズム運動、スクワット運動、都市運動といった生活形式や主体化プロセスに関わる様々な運動が出現し、互いに関係し合いながらそれぞれの力を強めていくことになった。シャンタル・ムフなら「アゴニズム」と呼ぶかもしれませんが、いずれにせよ、スペインにおいてこの動きは非常に重要なものでした。というのも、これこそが、九〇年代後半からのアスナール国民党政権時代[*10]に見られた社会的マイノリティによる様々な抵抗を説明するものであり、さらにまた、その後のサパテロ政権の出現を説明するものだからです。サパテロが選挙に勝ったのは、貧困との闘いといった経済的な理由からのことではなく、同性婚や女性の権利などといった市民権、生活形式に関わる彼の提案が受け入れられたからです。これらの要素は八〇年代の運動によって「革命」という地平が捨てられることと引き換えに創造されたものです。

　八〇年代当時すでに「新たな社会運動」論やラクラウのヘゲモニー論は流行していました。ラクラウの議論は、社民主義こそが多岐にわたるすべての新たな社会運動の連合あるいは統一を可能にするのであり、だからこそ社民主義を導入しなければならないといったご都合主義的なものでしたが、やはりたいへん革新的だったというのも事実で、主観性の観点においてはポストフォーディズム時代に対応するものだったと言えます。これに対して当時のスペインの極左における中心的議論は依然として、そうした運動が「プチブル的」であるかどうか、「主要な矛盾」にしっかり根差したものであるかどうかといったものであり続けていました。起こったのは生活形式の突然変異であり、政治の突然変異だったのです。極左勢力がこれを理解するためにはインターネットの到来を待たなければならなかった。誰の目にもはっきりと見えるかたちでインターネットが党による媒介を断ち切るという状況を待たなければならなかったのです。

15M——「空白」とその顕在化

15Mは「非知」に基づく政治の可能性を示しもしました。「非知」は人々が共存するために必要不可欠な要素であり、他方でまた、「非知」によってこそ極左のベンヤミン風メランコリーが回帰するのを防ぎ得ます。つまり、どんなにハイな情勢に身をおいていても「今回もまた幻滅に終わるに違いない、なぜな

＊8　サンチェス＝エストップ・インタヴュー注18参照。
＊9　Jaime Pastor. 一九四六年生まれ。スペインの政治家。新左翼活動家の運動「オルタナティヴの空間」の設立、またそれに続く「反資本主義左翼党」の設立などに関わる。
＊10　サンチェス＝エストップ・インタヴュー注13参照。

ら革命はそう簡単には実現するはずがないのだから」というブラックホールに陥ってしまうこと、そのようにして自ら進んでつねにおのれを「前夜」に位置づけてしまうこと、そうしたことが「非知」によって回避可能になるということです。実際には、そうした考えに囚われることなく日常的な実践のなかにしっかりと立っている人が必ずおり、その典型が今日で言えばＰＡＨ[*11]（住宅ローン被害者プラットフォーム）です。極左がメランコリーのブラックホールに囚われ足踏みしているその間もＰＡＨは活動を続けている。

住宅ローン被害者プラットフォーム（ＰＡＨ）のデモ
（2011年５月12日、バレンシア）
photo by Antonio Marín Segovia (flickr)

住居を必要としているたくさんの家族がいるからです。また、そうした運動は喜びに満ちている。必要とされていることがありそれが叶えられるという喜びです。アダ・クラウ[*12]やマヌエラ・カルメナ[*13]が体現する対抗権力は何も怖れない。認知労働者世代の不安定性と貧困家庭の不安定性という互いに異質な二つの不安定性の混成を可能にする生政治的装置を創造することができているのです。

　貧困家庭は移民家庭だけには限らない。不動産バブルのときにカネを稼ぎバブル崩壊とともにすべてを失ったような無数の家庭もそこには含まれます。とりわけ後者において経験された主観性の次元でのカタストロフは甚大なものであったはずです。もともと彼らは、読書をしたり政治活動をしたりといった習慣がほとんどなく、ひたすら仕事に専念して三〇〇〇ユーロ程度の月収があり、車を二台か三台もっていたような人々であり、ＰＳＯＥがその主たる票田としてきたような人々です。ＰＡＨはそうした彼らとプレカリアート活動家とのいわばルクレチウス的な出会いから生まれたのです。

ＰＡＨは例外的あるいは特異的な革新性をなしていますが、これでゴールということにはならないでしょう。もしサンディカリズムの再生が「社会的サンディカリズム」*14というかたちでなされ得るとすれば、その起点となるのは生と政治とを直結させるＰＡＨのような組織であるはずだからです。ＰＡＨマドリードやＰＡＨバジェカスのメンバーとぼくは知り合いですが、たとえばＰＡＨバジェカスのパブロ・カルモナ*15などもまたぼくと同様にもともとプレカリアート活動家でした。彼らは二〇〇九年頃から

＊11　サンチェス＝エストップ・インタヴュー注10参照。

＊12　メッザードラ・インタヴュー注11参照。

＊13　サンチェス＝エストップ・インタヴュー注34参照。

＊14　メッザードラ・インタヴュー一二一–六頁参照。

＊15　Pablo Carmona. 一九七四年生まれ。スペインの活動家、政治家。15M以前から長らくマドリードを中心に様々な社会運動に参加する。マドリード市議会選挙では、マドリード・エン・モビミエントの筆頭としてアオラ・マドリード（サンチェス＝エストップ・インタヴュー注34参照）に参加し議会入りを果たす。

PAHの活動を始めるわけですが、当初はそれほど多くの人々に知られた存在ではありませんでした。PAHは長きにわたる丁寧な活動を経た後に、15Mを通じて真の対抗ヘゲモニーを体現する運動となった。政治的主観性の刷新が新たな政治的時間性のなかでゆっくりと進められることで、運動は新たな可能性すなわち「カイロス」との関係に入ったのです。

ポデモスがその出現当時の人気を失いつつある今日、スペインでは「制度的跳躍」(salto instiucional)の「危機」なることが語られるようになりましたが、しかしぼくからすればこれは「危機」などではない。ポデモスの失速を前にして「宿命だ」とか「いつもと同じことが今度もまた起きただけだ」と言う人がいますが間違っていると思う。15Mを受けたかたちで「制度的跳躍」の実験を試みたのはポデモスだけではありませんでした。15Mのネットワーク的ロジックにポデモスよりもずっと忠実であろうとした「政党X[*16]」のオートポイエーシス的試みもあったし、それ以外の試みも複数あった(ポデモスの「スターリン主義」よりもいっそう問題の多い試みもあった)。そもそも15Mが可能となったのは、当時のスペインにおいて左翼全体が機能不全に陥り完全な空白状態が作り出されていたからです。サパテロは辞任し、統一左翼はすでに「生ける屍」で(後に同党の汚職関与が発覚することにもなる)、労組もさしたる動きを見せず、運動においてもEuroMayDayなどの流れは完全に途絶えてしまっていました。空白、沈黙、暗闇そのものだったのです(もちろん回顧的には、たとえばパブロ・イグレシアスがすでに彼のテレビトーク番組を始めていたといったことを指摘できるかもしれません)。これとは対照的に、たとえばイタリアの場合、二〇一一年一〇月一五日の世界同時アクションの枠組みにおいてローマで二〇万人を超える規模の大きなデモが行われますが、イタリア国内でのその主催者はDisobbedienti にもともと属していた人々で、二〇〇〇年代前半までの闘争サイクルがその連続性をまだ保っていた。先行サイクルのうちで最も革新的な者たちが従来の関係性を通じて極左や蜂起主義者たちに呼びかけたのであり、この意味でイタリアでの一〇月一五日は先行サイクルの残党がその最期を迎えた日であると同時に、新たなサイクルのその出現可能性が潰された日だとも言えます。そして、まさにこれこそが、その後のベッペ・グリッロの五つ星運動[*17]（M5S）やフォルコーニ運動[*18]といった右派ポピュリズムの出現を許したのです。同時期のイタリアでの状況とこのように比較してみても、スペインにおける「空白」がたいへん重要なものだったということがわかるでしょう。

社会あるいは市民政治に生じたこの空白は15Mによって「埋められた」わけではない。というのも問題となっていた空白は戦略のそれ、代表性のそれであり、15Mはまさに代表性を拒否する運動だったからです。二〇一二年九月二五日には国会に対する「象徴的」襲撃という試みもなされた。暴力を伴わない、い、い、いソレル主義とでも言うべきアクションでした。15Mのネットワーク型運動、オートポイエーシス的運動が恒常的な限界を抱えていたことは疑い得ません。すべてが可能だったわけでなかった。たとえばDemoracia Real Yaでは、その組織化をさらに先に進めなければならないという段になった途端、代表性

＊16　サンチェス＝エストップ・インタヴュー注22参照。
＊17　ラッザラート・インタヴュー注11参照。
＊18　Movimento dei forconi. 二〇一二年以降、反緊縮などを争点に活発に活動するイタリアの農業・牧畜業者たちによる運動。

のファンタズムが直ちに回帰し喧嘩が始まってしまいました。ネットワーク型運動には、絶対的とまでは言わないまでも、明らかに限界があります。ぼく自身、二〇一二年の時点では、正直、何をどうすればいいのか、まるきりわからなくなっていました。国会包囲アクションも「空白」を埋めるものとはならなかった。いっさいの暴力なしに、ネットワーク型の運動によって、議員たちに「最悪な事態を回避するためには我々が辞職し憲法制定議会選挙を行うしかない」と覚悟を決めさせるということが試みられたわけですが、群衆による非暴力クーデタとも言えるそのような試みはやはり成功しなかった。15Mは空白を埋めたのではなく、むしろ空白を誰の目にも見えるように顕現化させたのです。

15Mはその規模においてスペイン現代史上、他に類をみない運動でした。最初の六ヶ月のうちに何らかのかたちで運動に参加した人の数は八〇〇万を超えるという調査結果が出ており、ソル占拠から一年が過ぎた国会包囲の時期にはさらにそれを上回る数の人々が少なくとも一度はデモなどに参加したことがあるという状況でした。誰も彼もが政治化していたわけです。マリオ・ドラギ[*19]が“We will do whatever it takes, to save the euro.”（ユーロを救うためなら我々は何でもする）と公言し、ギリシャにはすでに最初の覚書が突きつけられており、同じような覚書がスペインにも突きつけられるかもしれないと多くの人が思っていた。したがって、人々が政治システムや政権の正統性を疑い、議会に解散を迫るのはいわば自然のことでした。それでもなおあの国会包囲が成功しなかった理由として、こう言うとバディウ派を喜ばせることになるかもしれませんが、マルチチュードの自己規律化が欠けていたということも挙げられるように思います。バディウ派にとっては「規律」とはポル＝ポト流のそれのことでしょうが、しかし、「自己規律化」というものを「開かれたシステムの自己制御」といった意味で語ることもできるはずです。開かれたシステムがそのアクター間の模倣を通じて自己を制御する。15Mに見られた知性には「警官隊と衝突してしまったら過激派として扱われ直ちに弾圧されることになってしまう」といったもののほかに「女性への生成」「ケアへの生成」という重要なロジックもありました。高齢者や障害者、移民や不法滞在者といった人々のケアにあたるということです。国会包囲では「ケア」のこのロジックがその実効性を十分に発揮せず、運動を革命へと転換させようと機会をうかがっていた極左グループの振る舞いを押し止めるまでには至らなかった。現場では実際、最初はすべてがうまくいっていたにもかかわらず、突如として極左グループの旗をもった人物が警官隊に突入していくということが起きた。警察の仕込んだ芝居だった可能性も大いに考えられますが（今日でもなおその真相はわからない）、いずれにせよ、これが警官隊の反撃を許し、アクション全体が解体されるひとつのきっかけとなったのは疑い得ません（テロリズムや反体制への対処法をすでによく研究しているスペインの警察にとってはネットワーク型運動への対処のほうがずっと困難なものとしてあります）。

ポデモスの登場

――プエルタ・デル・ソル占拠が終わった後も15M運動は国会包囲といった幾つかの中心的なアクション、そしてとりわけ都市や地方での地区単位での運動（PAHの活動もそのひとつと言えます）として展開され続

＊19　Mario Draghi. 一九四七年生まれ。イタリアの経済学者。ゴールドマン・サックス副会長やイタリア銀行総裁を務めた後、二〇一一年から欧州中央銀行第三代総数を務める。

スペイン国会包囲デモ（2012年９月25日、マドリード）
photo by Fotomovimiento (flickr)

け、そうした文脈のなかで二〇一四年一月にポデモスが登場してくるわけです。ラウルさんはポデモスの登場をどう受けとめ、また、その後のポデモスの展開をどう捉えていますか。

15Mによって顕現化された「空白」にチャンスを見出したのがポデモスの創設者たち（「プロモトーラ」[*20]）だったと言えます。政治化した民衆のネットワーク的「現前」のダイナミクスと、そのインパクトの下で増幅されつつあった「代表性」のダイナミクスとのあいだを繋ぐ政治主体に自分たちがなるというチャンスを彼らは見出した。15Mはマスメディアにとっても無視し得ない現象となっていて、テレビ放送における15Mの存在感は時間の経過とともに高まり、その結果、六〇%もの住民が15Mへの賛同を表明するにまで至りました（PAHへの賛同は八〇%にも達しました）。これはどんな政党も得たことのない数字であり、望んだことすらない数字だったと言えます。しかもそれが数日で終わることなく何ヶ月ものあいだ持続したのです。15Mはテルトゥリア（トーク番組の総称）での定番の話題となりましたが、まさにそのテルトゥリアから誕生したのがポデモスでした。ポデモスは従来の左翼活動家像とも高学歴エリート像とも一線を画す新種の政治的パーソナリティを作り出しました。パブロ・イグレシアスのことですが、彼は、15Mの味方であると人々が信じることのできる唯一のテルトゥリアーノ（トーク番組のコメンテイター）としてテレビ視聴者の前に出現したのです。たとえばペドロ・サンチェス[21]が「私はあなたたちの味方だ」などと言っても誰にも信じてもらえないに違いありませんが、パブロ・イグレシアスは、たとえ彼自身が15Mに積極的に参加したわけではなかったにせよ、しかし、人々にとって信じるに足る人物だったのです（「プロモトーラ」のうちで15Mに大きく関わったのはファン＝カルロス・モネデロ[22]で、また、イグレシアスについては彼の学生数人が「未来なき若者たち[23]」として15Mの呼びかけに加わっていました）。イグレシアスのような人物の出現はいつでもどこでもあり得るといったものではなく、ポデモスの創設者たち自身に特別な才能があったことは認めなければなりませんが、しかしまた、当時のスペインには例外的な条

＊20　La Promotora. スペイン語で「宣伝者」、「プロモーター」の意。ポデモス設立に関わった人々を指す。

＊21　Pedro Sánchez. 一九七二年生まれ。スペインの経済学者、政治家。二〇〇四年にマドリード市議会議員に当選。〇九年から一一年まで、また一三年から現在まで下院議員。一四年からは社会労働党の書記長に就任した。

＊22　サンチェス＝エストップ・インタヴュー注33参照。

＊23　サンチェス＝エストップ・インタヴュー注17参照。

件が整っていたとも言わなければなりません。15Mのような運動が六〇%を超える高い賛同を得ていたという状況があり、また、そうした状況を可能にした「基底」として、これまで話してきたような代表性の「空白」と、二〇〇八年に始まった金融危機の影響によるヨーロッパ経済の不安定化あるいはユーロ通貨危機とがあったということです。

　経済危機だけでは不十分だということはポルトガルの例がよく示しています。ポルトガルでも二〇一一年三月にアラブの春に並走するかたちで“geração à rasca”（路頭に迷った世代）の運動[*24]がありましたが、これは事実上、自然消滅してしまい、その後、ポルトガルの状況は悲しいものになってしまった。ポルトガルはスペイン以上に深刻な経済危機に陥っていたのですが、スペインに見られたような代表性の「空白」はなかった。ポルトガルでは左翼ブロック[*25]が幾らかの健闘を見せた後に、しかし最終的には支持率を失うということが起きましたが、これは中道右派の社会民主党[*26]がそのヘゲモニーを保ち続けたためです。スペインでサパテロが自滅して終わったのとは反対に、ポルトガルの社会民主党は、基本的にはレトリックに過ぎないものだったにせよ、緊縮策に抗する幾つかの措置をはっきりと打ち出したため、政治的に生き存《ながら》えることに成功したのです。社会民主党ではその創設者のひとりであるマリオ・ソアレス[*27]が重鎮として緊縮策との闘いへと党を指導し、他方でまた、左翼ブロックも二〇一一年一月の大統領選挙では社会党[*28]の候補マヌエル・アレグレ[*29]への支持を表明するなど、様々な点でポルトガルの状況はスペインのそれよりも一段階前にとどまるものだったと言えます。

　ポデモスは「空白」をどう扱えばよいかということは理解しましたが、それを他の人々とともにいかに実践すればよいかという点では今日、失敗しつつあると言わざるを得ません。彼らのアプローチは、マスメディアを今日の政治的代表性の鍵に位置づけるというもので、具体的には民衆をテルトゥリアに結びつけることで政治家たちが失ったものをマスメディアにおいて回復するというものです。しかし、それはまたすべてを解体してしまうこと、すべてを茶番の次元に位置づけてしまうということでもありました。「テレビはもちろんクソであり、すべては茶番でしかないが、しかし、我々が茶番を演じるのはあなた方がそれを望んだからであり、茶番こそがあなた方のほうへと向かうための唯一の道だからだ」と。彼らが展開しようとしたのはメディアでのゲリラ戦とでも言うべきものであり、彼らはその作

＊24 二〇一一年三月にポルトガルで起こった一連のデモを指す。政党に属することなく、反緊縮を訴えた。

＊25 Bloco de Esquerda. 一九九九年設立のポルトガルの左翼社会主義政党。欧州反資本主義左翼党の創設メンバーであり、欧州左翼党にも参加している。

＊26 Partido Social Democrata. 一九七四年設立のポルトガルの中道右派政党。設立当初は社会民主主義政党であった。社会党とともにポルトガルの二大政党をなす。

＊27 Mário Soares. 一九二四年生まれ。ポルトガルの政治家。亡命中の七三年に社会党の設立に参加し、民主化革命（カーネーション革命）後、ポルトガルの最初の首相に就任（大統領はアントニオ・エアネス）、八六年から九六年までは大統領を務める。

＊28 Partido Socialista. 一九七三年設立のポルトガルの社会民主主義政党。七四年の民主化革命以来、社会民主党とともにポルトガルの二大政党をなす。

＊29 Manuel Alegre. 一九三六年生まれ。ポルトガルの詩人、政治家。古くからの社会党党員であったが二〇〇六年、独立候補として大統領選に出馬。一一年には社会党および左翼ブロックの支援のもと、再び大統領選に出馬している。

戦を通じてマルチチュードを従来の代表性メカニズムから切り離そうと試みたわけですが、この試みがうまくいかなかったのは、彼らが「政治神学」すなわちシュミット主義的主権論に陥ってしまったからです。彼らがその影響を隠さないムフやラクラウの議論は、マスメディアでのオピニオン・リーダーが政治エリートになる時代における政治家階級の再正統化のそれにほかならず、シュミット主義の社民版とでも呼べるものです。パブロ・イグレシアスはマスメディアにおいて確かに何がしかを解体しましたが、「視聴率」というその価値法則には従ったままこれを実行した。結局のところ、ひとつのスペクタクルを別のスペクタクルに置き換えただけだったのです。

左翼ポピュリズム——シニフィアン操作による「政治」

プロモトーラのDNAには15Mの産み出した「構成する切断」とうまく結びつかない要素が初めから含まれていたと言うべきなのかもしれません。彼らの「政治神学」への帰依は初めから絶対でした。パブロ・イグレシアスは「我々の身を守るために我々に残されたものは国家しかない」と繰り返していますが、これは国家を道具と考えるスターリン主義あるいはシュミット主義の典型的な発想です。彼らにとって国家は決断主義を恒常的に維持するための道具に過ぎない。彼らは国家を内在的に捉えることを知らない。たとえばネグリの論じるようなスピノザ主義的発想、すなわち、マルチチュードの搾取を組織するための形式としての国家、関係としての国家といった発想が彼らには欠けています。国家を「いまここ」で捉えることができない。だからこそ彼らはまたマスメディアや学校、文化といった領域についても「国家装置」といった観点から思考せず、あくまでもヘゲモニーの観点から捉える。パブロ・イグレシアスが「国家」と呼んでいるのは議会や政府、軍隊といったものでしかなく、彼らにとってはそれらを「奪取する」ことしか問題にならない。「まずは権力を奪取しその後でプログラムを実行する」という戦略をポデモスは掲げていますが、これは馬鹿げているし間違っています。ポデモスは「左翼ポピュリズム」の名において新機軸を打ち出しているようにも見えますが、その戦略が「政治神学」に収まってしまっているという点では従来の左翼と何ら変わらない（「国家」についての彼らの議論は実際、スペイン共産党[*30]の歴史的指導者のひとりサンティアゴ・カリージョ[*31]のそれとほとんど変わらない）。それゆえにポデモスもまた15Mの提起した「空白」の問題を解決するものには実のところまるでなっていないのです。

ポデモスの戦略はラクラウの幾つかの著作に立脚しています。ポデモスのラクラウ理解では、政治とは言語活動あるいはシニフィアンの操作に存した営みであり、シニフィアンの配置をずらすことで人民の構成を微調整することに存するものだとされる。また、人民はラカンの言うような「欲望する主体」であり、指導者なしには存在し得ないとされる。複数の「対象a」を様々に組み合わせ、最終的には「この私こそがあなた方の対象aにほかならない」と告げる者こそが指導者だからです。「あなた方は主

*30 Partido Comunista de España. 一九二一年創立。フランコ独裁政権のもとで非合法化されたが、七七年に合法化。スペイン民主化の中でソ連と距離を置いたユーロコミュニズムを模索するが、そのために分裂を経験する。現在は統一左翼として選挙に臨む。

*31 Santiago Carrillo. 一九一五－二〇一二。スペインの政治家。民主化後のスペインでスペイン共産党の書記長を務める。フランスやイタリアの共産党と組んで、ユーロコミュニズム運動を指揮した。

人を欲している、それをあなた方は手に入れるだろう」[*32]（Vous voulez un maître, vous l'aurez）と。しかしこれはやはり容易に過ぎると言わざるを得ません。テレビに出演し、視聴率を精査して人々が何を望んでいるのかを考察し、それを踏まえてまたテレビ局に赴くといったシニフィアンの実験を繰り返すだけなのですから。「欲望」とは何かといった問いが立てられることもなければ、シニフィアンには還元されないものが存在するといったこともまるで考慮されません。「身体」はシニフィアンのたんなる支持体、時間を欠いたたんなる容器などではない。身体は老いもすれば疲労しもする。そうした非シニフィアン的次元において物事を把握しないままでいったい何ができるというのでしょう。テレビや金融といったものは機械状インタフェイスをなしており、それらのインタフェイスは非シニフィアン的次元において機能しています。たとえばマリオ・ドラギが量的金融緩和実施を発表するといったことがあれば、その効果として新たなバブル期待が作り出され、そのなかで一部の人が収入を増やすなど、新たな現実が産み出される。言表はイデオロギーを生産するのではなく機械として機能する。金融的言表機械には家庭や企業、国家のバランスシートを変化させる現実的な効力があり、この意味で「シニフィアン」ではなくむしろ「シーニュ」なのです。すべてはシーニュだと言っていい。量的金融緩和実施の発表によってドラギが発するのは貨幣でも金《きん》でもなくシーニュであり、そうしたシーニュは、パブロ・イグレシアスがテレビを通じて操作しようとするシニフィアンの次元をつねに超出する。ところが彼らはそうした金融的シーニュについても彼らのいう「カースト」（一%のエリート）をめぐるシニフィアンとしてしか捉えない。必要なのは、シーニュの世界のただなかに分け入っていくということであり、シーニュの総体のなかでたとえば何らかの金融的シーニュとパブロ・イグレシアスやマリアノ・ラホイ[*33]らの顔貌性のシーニュとのあいだの関係を捉えるということなのです。かつてサドが言ったように「さらなる努力」が必要でしょう。

ポデモスのプロモトーラは政治領域を自律的なものだと考え、前衛主義や改良主義といった従来のパラダイムに代わるものとして、新たなメディア状況に対応したシニフィアンのポピュリズムを推し進めようとしています。かつて五月広場からペロンがシニフィアンを発したように、テレビスタジオからパブロ・イグレシアスがシニフィアンを発する。そして、この「シニフィアンのポピュリズム」に政治神学原理主義の内的再生産が組み合わされる。指導者がつねに正しく、議論は不必要だとされ、さらに党内ではこの体制への信任が一般党員たちに強要される。二〇一四年一〇月のビスタレグレでの党大会[*34]はまさにそうしたものでした。

欧州議会選挙でポデモスが五議席を獲得し、このまま事態が推移すれば支持率は四〇%を超えることにすらなるのではないかと多くの人が感じ始めていた二〇一四年六月、イニゴ・エレホン[*35]が「六月報

*32 フランスの精神分析家ジャック・ラカンが、六八年の後のフランス学生運動の時代に、ヴァンセンヌ大学で行った即興講義（六九年一二月三日）の中で学生たちに向けて述べた言葉（ただし、インタヴュー内での引用は正確ではない）。Cf. Jacques Lacan, *Le séminaire XVII : L'envers de la psychanalyse*, Seuil, 1991, p. 239.

*33 サンチェス＝エストップ・インタヴュー注38参照。

*34 サンチェス＝エストップ・インタヴュー一七六－九頁参照。

*35 Íñigo Errejón. 一九八三年生まれ。スペインの政治学者、政治家。ポデモスのメンバーで、パブロ・イグレシアスに次いで注目される。

告」を発表する。あれからすでに何世紀も経ったような気がしますが、いずれにせよ、あの文書でエレホンは「総選挙まで我々にはもう一年しか残されていない。電撃戦を展開しなければならない。党内民主主義も含めすべてを選挙戦マシーンに従属させなければならない」と呼びかけました。これはもうレーニン主義の党ですらない、マーケティング企業そのものです。要するに「あなた方は全員マーケティング戦士にならなければならない。極左の馬鹿な考えや15Mの精神などといったものはすべて忘れなければならない」ということですが、ぼくには本当に危険なトラップであるように思えました。リーダーは「天才戦略家」なのだから決断主義の例外を認めなければならないといった発想で、スペインでも多く見られた類いのフォーディズム的企業観を思い起こさせるものです。

欧州議会選挙からビスタレグレへと至る半年間、ポデモスではもちろん党内論争がありましたが、しかし、すべてを決定したのは結局のところエレホンの「六月報告」であり、あの文書で示されていた路線が八〇%もの賛同をもって採択されるに至りました。「状況が変われればそれまでの約束に忠実である必要はいっさいない」とスピノザは『国家論』で論じましたが、ポデモスの場合もまさにそれでした。「確かにあなた方の多くは15Mによって創造された新たなエートスのさらなる発展を求めてポデモスに参加したのかもしれないし、我々もあなた方のそうした期待に応えることを当初は約束したかもしれないが、総選挙に勝つためにそのエートスに反してでも例外状態を不可逆的に開くという我々からの提案に同意したのはあくまでもあなた方自身なのだ」と。ポデモスに参加した人たちはほとんどCMに騙されてインチキ商品を買ってしまったようなものです。ポデモスの創設者たちは「権力を民衆に返す」というキャッチフレーズを掲げて人々をおびき寄せた上で、しかしそもそも「権力を民衆に返す」ためにはまず選挙に勝たねばならず、そのためにはひとつのヘゲモンを確立する必要があるとして、ビスタレグレにおいてこれへの同意を人々に求めたのです。その後、ポデモスの指導部に対して起きたのはいわば「ジェネラル・インテレクト（一般知性）の叛乱」とでも言うべき事態でした。ポデモスの指導部がなすべきだったのは実際、ジェネラル・インテレクトを政治化し、政治をダイアグラム化するということだったはずなのに、彼らは状況を前もって知る能力が自分たちにはあると愚かにも思い込み、情勢についての密教のようなものを展開した。しかしその後、彼らが自ら露呈させることになったのは、彼らの手元には最初からラクラウの本が数冊と「パブロ・イグレシアス」という装置、そして、誰にも負けない「やる気」しかなかったということでした。

資本の観点においてすら今日では、意志の単方向化《ユニラテラル》は失敗しか導かず、成功のためには「外因性アゴニスト」（外部からの作用因）が必要だと考えられています。ドラギ流のネオリベラリズムは実際、レギュラシオン学派の金融論や、ベルナール・シュミット[*36]らのマネタリー・サーキット理論[*37]といったシステム論に大きく影響されている。しかしもちろん他方には、メルケルやイェンス・ヴァイトマン[*38]、ハン

＊36　Bernard Schmitt. 一九二九－二〇一四。フランスの経済学者。五〇年代のフランスで貨幣マクロ経済学の研究を行う。貨幣循環論学派の代表の一人に数えられるほか、量子経済学の創設者とみなされる。

＊37　ヨーロッパで発展したポストケインズ派経済学の理論。フランスのシュミットやプロン、イタリアのグラツィアニが代表。貨幣の創造と諸極間でのその流通、および消滅に着目する。

＊38　Jens Weidmann. 一九六八年生まれ。ドイツの経済学者。二〇〇六年から一一年までメルケル首相の経済顧問を務めた後、一一年にドイツ連邦銀行総裁に就任。

ス＝ヴェルナー・ジン[*39]といった連中の進める極右化したオルドリベラリズムの台頭がある。彼らの極右オルドリベラリズムは「社会的市場経済[*40]」をネオ帝国主義的あるいはネオビスマルク主義的プロジェクトに結びつけようとする非常に危険なもので、コールやエアハルト[*41]といった名とともに記憶されている従来のオルドリベラリズムと同じものではもはやまるでありません。かつてのオルドリベラル派は共和主義者や連邦主義者らとともにEU創設に積極的に参加しましたが、これとは反対に、今日の極右オルドリベラル派が目指すのは、彼らの発言やテクストから判断する限り、ヨーロッパにおける「主権の自己限定」であり「大ドイツ」です。ジンは実際、シニシズムに満ちたテクストを書き、そのなかでギリシャに対して「あなた方にはユーロ圏離脱を勧めるが、それは制裁としてのことではなく、あなた方にとっていま必要なのは主権を回復し国内市場を正しく調整し直すということだからだ」と忠告していま す。ポデモスの指導部はこうした次元をまったく重視せず、ただひたすら経済成長の幻想をまき散らしている。一時期は三〇%にまで達したポデモスへの支持率が今日では急降下し、国民党のそれよりも下回るものとなってしまっている要因のひとつはここにあると思う。ヨーロッパにおける統治形態の今日的趨勢についていかなる真面目な分析も示すことなしにスペイン国家の「主権」を語ってみせてもうまくいくはずがない。この点をひとつとってみてもパブロ・イグレシアスがツィプラスと大きく異なるのは明らかです。

民衆の政治的自己組織化

――問題の総選挙は二〇一五年一二月に予定されているわけですが、ラウルさんはやはりポデモスには投票しないのですか。

いや、ポデモスに投票しようと思っています。たとえポデモスが他のグループと連合することなく単独で候補者を立てることになったとしても、ポデモスに投票することに変わりはありません。ぼくだけに限らず、多くの人は、たとえパブロ・イグレシアスのことがもう好きではなくなってしまっていても、ポデモスへの投票の意思を変えていないと思う。一五年五月の地方自治体選挙ではアオラ・マドリード[*42]やバルサロナ・アン・クムー[*43]といった試みによって市民プラットフォームという新たなやり方があるということが示され、知性さえあればポデモスはまだ存続し得るということがわかりました。

ぼくが怖れているのは、ギリシャにおいて極左勢力が国民投票後にシリザに対してそうしたように、

＊39 Hans-Werner Sinn. 一九四八年生まれ。ドイツの経済学者。Ifo経済研究所所長。現在、ドイツ経済相の顧問を務める。

＊40 放任主義と社会主義の間を行く第三の道として、戦後の西ドイツで導入された、自由市場経済と社会政策を組み合わせた社会経済システム。

＊41 Ludwig Erhard. 一八九七－一九七七。ドイツの政治家。戦後の西ドイツで長く経済相を務めたのち、一九六三年から六六年まで首相を務める。戦後西ドイツの高度経済成長はしばしば彼の名をとって「エアハルトの奇跡」と呼ばれる。

＊42 サンチェス＝エストップ・インタヴュー注34参照。

＊43 ビフォ・インタヴュー注39参照。

ここスペインでも極左勢力が「復讐」を企てポデモスをその内部から崩壊の危機に曝すということ、具体的には、反資本主義左翼党を出自とするグループがポデモスから離脱してしまうということです。ポデモスにとっての課題は、したがって、党をどのように構成し直すか、党内でどのように権力を配分するかというものになるはずです。反資本主義派はいまでもトロツキストであることに変わりはなく、権力奪取のための仮借なき闘争を展開するという「前衛」路線をいっさい手放していない。党内のアゴーン（闘争）を放置すれば有権者たちが逃げてしまうことは必至です。ポルトガルの左翼ブロックのように、何ら有効な戦略もないままにただ議会内に少数派として存続しているだけといった状況に陥りかねない。そうなれば、パブロ・イグレシアスは最良の場合でも第二のカリージョあるいは第二のベルリングエル[*44]にしかなれないでしょう。十分に議席を得ることができず、PSOEと連立政権を組むようなことになってしまえば、PSOEに支配されてポデモスは終わってしまう。八〇年代初頭のフランスにおいて、ミッテラン大統領の下でピエール・モロワ[*45]を首相として発足した左派連立内閣は、銀行国有化などを含む「共通プログラム[*46]」を実現に移した途端、資本からフランに対する攻撃を受け、ミッテランによって直ちに退陣させられてしまった。もちろん当時のフランスと今日のスペインでは事情が大きく異なり同じことがそのまま起こるとは言えませんが、しかし、ポデモスがPSOEと連立を組めばこれと似たような馬鹿げた事態を招きかねない。

シリザの場合、ツィプラスら主流派の「プランA」に対して「プランB」を主張した党内左派が党から離脱するということが起きたわけですが、ポデモスの場合には、ラクラウ主義を徹底化した結果、物質的基底を完全に失ってしまったがゆえに、そもそも「プランA」すらないという状況に陥っています。

コカイン使用後のフラッシュのようなもので、ラクラウを使用してその効果を確かに得たわけですが、その代わりに、具体的状況を思考する能力を完全に失ってしまった。その上、彼らにはそもそも具体的状況を思考している時間もない。少しでも手を休めれば、反資本主義派から直ちに反撃を喰らうのは明らかだからです。ポデモスはパニック状態にあると言ってもいい。彼らのあからさまな傲慢さが党内外の多くの人に嫌悪を抱かせてしまった。公然と他人を蔑む彼らの態度が多くの人のうちに「悲しみの情念」を産み出してしまったのです。

いずれにせよ、ポデモスが総選挙に勝つための唯一のシルヴァー・ライニングは、一五年の地方自治体選挙（24M）のときに示されたそれ以外にないと思う。24Mが実証したのは、15Mによって開かれた環境が存続している状況においては、ラディカルな民主主義を広範かつ強力に拡大させるということが選挙に勝つために必要不可欠だということであり、それがまた、権力の変革可能性の保証にもなるということです。バルセロナやマドリード、サラゴサなどでの市民プラットフォームにおいて見られたのは、ジェネラル・インテレクトが外部からのいかなる命令も受けることなしにひとつの政治的協働へ自ら導

＊44　ビフォ・インタヴュー注41参照。

＊45　Pierre Mauroy. 一九二八－二〇一四。フランスの政治家。社会党。一九八一年から八四年のミッテラン大統領の下で首相を務める。

＊46　Programme commun. 一九七二年にフランスで、社会党、フランス共産党、左翼急進党の間で署名された社会改良プログラム。八一年のミッテラン大統領就任を機にモロワ内閣のもと一部が実現に移されるものの、八三年の所謂「転回」により打ち消された。

くというプロセスだったのであり、こうしたプロセスを産み出せるかどうかが15M以後のスペインにおいて選挙で勝利できるかどうかの鍵なのです。24Mの一ヶ月後、ポデモスの一部の人たちが中心となって“Abriendo Podemos”（ポデモスを開くことで私たちは可能性を獲得する）というマニフェストを発表しました。その起草にはぼく自身も参加しました。アオラ・マドリードやバルサロナ・アン・クムーなどの勝利を踏まえたもので、15Mとの連続性のなかでポデモスを多声的《ポリフォニー》組織化へと開かなければならないと主張するテクストです。マニフェストはそれなりに成功し、アオラ・エン・コムン[*47]をはじめとした幾つかの市民連合プロジェクトを誕生させることにもなったし、また、ポデモス指導部の目を覚まさせることにもなった。彼らはそれまではポデモス単独ですべての候補者を立てるということにこだわっていましたが、今日では、幾つかの選挙区で他の政党と連合する意思があることをすでに表明しています。要するに、ポデモス指導部がはっきり認識すべきなのは、15Mを通じて民衆が政治的自己組織化を獲得したということであり、また、民衆のこの新たな政治的能力が「新興政党」といったものに容易に回収され得るようなものではないということなのです。

実際、語られるべき「物語」はたとえば「我々は政治家と銀行家との手のうちにある商品ではない」（No somos mercancía en manos de políticos y banqueros）といった15Mのスローガンにおいてすでにはっきりと表現されていたし、実行されるべきプログラムも15Mによって「市民救済プラン」[*48]としてすでに具体的に創出されていました。新たな物語やプログラムのためにパブロ・イグレシアスやイニゴ・エレホンの登場を待つ必要などまるでなかった。広場占拠という身体的あるいは物質的振る舞いとともに15Mによって示されたオルタナティヴの実現のためにネットワークを駆動させるだけでよかった。プエルタ・

デル・ソルには実際、この国を統治するために必要なすべての人材が揃っていたのです。ところがイグレシアスたちはそうした人々を全員厄介払いした上で、小さな友だちグループに閉じこもってしまった。二〇一一年のスペインで起きていたのは、体制危機、金融危機、政党危機といった複数の危機が、そうと名状されることなしに、互いに共鳴し合っていたということだった。そこにチャンスを見出して登場したポデモスが開いたサイクルは、少なくともいまのところ、二〇代前半の若者たちが統一左翼の大御所に代わって新たに「政治家」になるというものに過ぎなかったと言わざるを得ません。これでは事実上、従来のサイクルのたんなる反復でしかない。ポデモスは15Mによって新たなサイクルへの扉が開かれたということを真剣に受けとめようとはしなかったのです。

「正面対決」から「包囲」へ

――二〇一五年一月の選挙でのシリザの勝利から国民投票を経てツィプラスの辞任へと至るこの約半年間のギリシャ情勢の推移は、一国で政権をとっただけでは不十分だという現実を誰の目にもはっきりと示すものとなりました。この点についてラウルさんはどう考えていますか。

シリザがあってポデモスがあるといった状況を産み出すことができれば、それだけでも、ヨーロッパに

*47 サンチェス＝エストップ・インタヴュー注37参照。
*48 Plan de Rescate Ciudadano. 15M運動を受け、具体的な成果の実現のために作られた市民ネットワーク。銀行救済措置への反対や公共教育・公衆保健など五つの軸を据えて活動する。

ポデモスのシリザ連帯集会（2015年１月31日、マドリード）
photo by Andres Kudacki (AP Photo)

おける力関係をすでに幾ばくかは変えられるかもしれない。少なくともショイブレ[*49]にはもはや出る幕がないというぐらいのところまでは行くことができるかもしれない。しかしぼくたちはその可能性を失いつつあるとやはり言わざるを得ません。

いずれにせよはっきりしているのはヨーロッパの重要性がかつてないほど増しているという事実です。ヨーロッパには今日、確かな「力」が存在しています。スペインのような国にもそれ固有の「ゾンダーヴェグ」（特殊な道）があるはずだなどといったナショナリズム的幻想とは訣別しなければなりません。ヨーロッパ規模で政治主体を構築する必要がある。ポデモスの試みているそれとは別の類いの「切断」を作り出さなければならない。パブロ・イグレシアスはテルトゥリアなどでよく「戦略」ということを語っていますが、そのたびに彼が持ち出すのは「チェス」の喩えです。ぼく自身、イグレシアスが司会を務める「アパッチ砦」というテルトゥリアに何度か招かれヨーロッパについて話しましたが、その際にぼくが彼にいつも言ってきたのは「チェス」ではなくむしろ「囲碁」をモデルに考えるべきだということです。チェスは正面対決を前提としますが、今日では正面対決などあり得ない。包囲という仕方での力の展開を考えるべきなのです。戦略は囲碁モデルで構想されるべきであり、そこではチェスのモデルは役に立たない。真の変化は囲碁モデルで戦略を立てられるかどうかにかかっている。はっきりしているのは――こう言うとまたバディウを喜ばせることになってしまうかもしれませんが――無秩序は全面的なものであって、その安定化を図る方法はいっさいないということです。ぼくたちはポスト民主主義の時代に身をおいているのであり、15Mでも言われていた通り、民主主義は今日、完全に金融資本によって簒奪されてしまっている。ネイションをひとつの権力として打ち立てるといった「近道」ではどこにも到達できない。たとえスペインでポデモスが選挙に勝利したとしても、それだけではたとえばギリシャに何かをもたらすまでにはけっして至りません。

選挙での勝利は、スピノザに倣って言えば、力能の増大のひとつです。重要なのは、力能（ポテンシア）と権力（ポテスタス）とは違うという点、力能が増大するとは対抗権力が増大するということであって、選挙での勝利は権力の奪取ではないという点です。したがって、なすべきことはいたるところで対抗権力の増大を図るということ、国政や地方自治体のレヴェルでもそうするのと同時に、まさにP

＊49　ビフォ・インタヴュー注2参照。

AHに見られるような仕方で、運動のレヴェルでも対抗権力の増大が図られなければなりません（今日のポルトガルやイタリアに欠けているのはとりわけこの最後のもの、運動のレヴェルでの対抗権力の増大です）。選挙に勝てばすべてが可能になるというのは幻想で、一般的に言っても「すべてが可能になる」ということなどあり得ない。しかし、15Mが表現してみせたような共的な身体を動的編成におくことで可能になることはたくさんあります。ヨーロッパのエリートたちに危機を突きつけることもできるし、今日のヨーロッパにおける真の選択肢が「民主主義か戦争か」というものであるといったこともはっきりさせることができる。

ツィプラスがショイブレたちに「降伏」したという言い方があります。そうした「降伏」によって引き起こされる危機が、旧シリザ左派のようなトロツキストやタリク・アリ[*50]に代表されるようなナショナリストなどの一部の運動によって、ヨーロッパからの離脱を主張するための口実に使われつつあります。しかし、そうした傾向は15Mによって開かれたような政治的主体化のサイクル（敵対関係を共的身体の動的編成に従属させるサイクル）を圧し潰し、それ以前のサイクルへの逆戻りを導くものにしかなりません。すなわち、戦争に民主主義が従属するというこれまで通りの状況を維持することにしかならない。一部の左翼は二〇世紀に経験した負け戦を二一世紀になってもなお続けたがっており、ほとんど悲喜劇のような様相を呈していますが、今日のヨーロッパ情勢が最悪であるからこそまさに二〇世紀と同じ闘い方、再びバディウの表現を借りれば「現実への熱情」（passion du réel）に駆り立てられた二〇世紀型の闘争を繰り返していてはだめなのです。状況が最悪なら我々自身がその最悪さの深淵部にまで到達しなければ我々に勝ち目はない、政治はつねにいっそう軍隊化することなしには実現し得ないといった考え方は、左翼のみならず右翼をもつねにさらなる急進化へと導く。双方が鏡のような関係のなかでそれぞれの急進化を正当化するといった完全に閉じた循環が形成されてしまう。15Mが仮面やアイロニーの多用などによって解体したのは、しかし、まさにこの「現実への熱情」ではなかったでしょうか。

現実にすでに戦争状態にある今日のヨーロッパにおいて政治を戦争のメタファーで語り続けるのは、戦争と民主主義とが両立可能であると認めるのとほとんど同じことであり、間違っていると思います。戦争は民主主義の敵であり、とりわけ15Mのような運動によって創出された民主主義にとってはそうです。ぼくたちはツィプラスを何が何でも擁護しなければなりませんが、その理由のひとつはまさにこの点に関わっています。戦争と民主主義とをはっきり対置するロジックのなかで一種のポジティヴな「中立化」を進めていかなければなりません。カール・シュミットが称讃に値するとされる理由のひとつとして彼が「中立化」を告発してみせたという点がよく語られてきましたが、しかし「中立化」にはポジティヴな面もある。スキャンダルを巻き起こすかもしれないようなことをあえて言えば、スペインの国民党にすらこの意味でポジティヴな面を見出すことができる。たとえば中立化が移民にとっていいことであるのは疑い得ません。国民党による極右の中立化がなければ、スペインでの移民に対する暴力はもっと激しいものになっていたに違いない。イタリア北東部などのように極右の圧倒的な支配が見られるところでは実際、事情がまるで異なるのは周知の通りです。たとえばヴェローナには移民は立ち入る

＊50　Tariq Ali. 一九四三年生まれ。パキスタン出身、英国で活躍するジャーナリスト、著述家。雑誌『ニュー・レフト・レヴュー』の編集者としても知られる。

ことすらできないし、また、マッテオ・サルヴィーニ[*51]はロマ民族や移民に対してのみならず難民に対してまで公然と退去を要求している。スペインにおいて極右の中立化を行ったのはフランコだったと言えるかもしれない。ファシズム政党ファランヘを事実上解体した上でフランコが打ち立てたのは、ロッサーナ・ロッサンダ[*52]の議論に従えば、ファシズムではなく「日常性を独裁的に管理する体制」でした。スペインには実のところイタリアのそれのようなファシズムは一度たりとも存在したことがないのです。民政移管以降、国民党がその中立化を以てカテコーン（katechon）の役割を担ってきたとすれば、それは、まさにシュミットが指摘している通り、すでにフランコその人がカテコーンを体現していたからでしょう。これは逆に言えば、もし国民党にその死を宣告するということが将来あるにしても、その方法を誤ると、極右ファシストの台頭を許すことになってしまいかねないということでもあります。新たな右翼を作り出しておかなければならないのであり、15Mには実際そうした傾向も内在していたように思います。ファシズムは自然に崩壊するわけではない。破壊の作業に積極的に取り組む必要があるのです。第三インターナショナル（コミンテルン）はファシズムを解体するひとつの方法として人民戦線戦術を提示しましたが、これをもう一度やり直さなければならないのです。

＊51　メッザードラ・インタヴュー注15参照。
＊52　Rossana Rossanda. 一九二四年生まれ。イタリアのジャーナリスト、政治家。一九五〇－六〇年代、イタリア共産党の指導部の一人。六九年に自ら創刊に関わった雑誌「イル・マニフェスト」（Il Manifesto）でソ連のチェコスロバキア侵攻を断罪したことで、同党から除名処分された。

野生的で構成的な民主主義のために

アントニオ・ネグリ
ラウル・サンチェス＝セディージョ

二〇一五年二月二三日

ポデモスを生んだ仲間たちは次のように言う——運動の水平性は豊かだが成果の少ないもので、しかるに我々はそうした限界から前向きな脱出を成し遂げたのだ。組織化と代表制による自己構成の政治的身振りでもって成し遂げたのだ。我々は地方自治体選挙と総選挙のあいだ、つまりこの〔二〇一五年〕五月から年末までのあいだこそが、唯一「七八年の南京錠を打ち壊す」[*1]ことを可能にすると頭を働かせ理解した。選挙の期間中、敵は国内に散り散りにならざるをえない。また、他のどんな場合よりも憲法による秩序がきちんと保障される機会であり、信用を失って二分している現行の体制にようやく割って入り込むことのできる機会でもある。くわえて二〇一五年の年末になってしまえば、資本主義戦線は我々の抵抗に対応し、ひょっとするとこれを獰猛に打ち破った後で、いまいちど態勢を整え、反転攻勢に出てくるかもしれない。このチャンスに、あまりにもたもたしていれば、歴史的なこの好機の窓はふたたび閉じてしまうだろう、と。

こうしたすべては我々も認めるところだ。ポデモスの仲間たちは、かつてない力能を備えた画期的運動を土台に垂直性を構成すべく一歩を踏みだすという冒険に、ヨーロッパで唯一真剣に取り組んだ人々である。こうして彼らは、デマも逃げ口上もなしに、「下からの民主主義」の脱出経路を組織したのだ。「下からの民主主義」は、水平性にとどまって眺めているだけでは、時代の要請の前にやはり無力だからである。ミュンヒハウゼン男爵などは、自分の髪をひっぱって自分を投げ飛ばし、泥沼から脱出したなどと大ボラをかましていたわけだが……ポデモスは成し遂げたのである。

しかし勝ち続けるためには、ただ敵をどう倒すか、どう分解し、その政治的かつ構成的な重心をどう崩すかと考えているだけではいけない。そうした方向でなされる行動が、始まりの時点と変わりなく、多数に開かれた根本的に民主的な広さを持つように配慮せねばならない。そうした過程では、空間的な狭さも、時間的な狭さも許されない。一例を挙げよう。ポデモスの理論家たちはしばしばイタリア共産党を参照しているが、イタリア共産党もやはり、くだんの戒めを忘れたときに、〔旧約聖書のサムソンのように〕髪の毛といっしょにその力を失って、敵に捕まってしまったのだ。このときの狭さは「政治の自律」という名であった。

この狭さはすぐさま、そこに手を突っ込んだ人の指（やら首）を捕らえる結び目に変わる。これに関し、政治学では一世紀も前から、政党というものへの明快な批判が積み重ねられてきた。この批判は単に、党が構造として官僚主義化してしまうという限界のことだけを言うのではない（そうした限界にこだわった当時の理論家たちは、かつての右派のごとく、労働者の党組織から生まれてくる力を告発したのだった)。それはなによりも、政治の自律が規定する権威、指令、リーダーシップ、「カリスマ性」といった特徴に関わる批判である。こうした批判は当時、正確な情勢分析であると同時に警鐘でもあった。警鐘は他にもやまほどあったが、なかでもとりわけ正鵠を射たものであった。しかし結局これは、例の理論家たちとプロレタリアの党組織との闘いにまでエスカレートしていったのだった。

以上は「空間的」と呼んだ限界についてである。ここから「政治の自律」に関わる「時間的」限界を取り上げよう。我々は、選挙期間であれ、社会的時間であれ、危機の時間を利用する可能性を否定はしない。権威の鎖の弱い輪に一撃を加える必要性も否定しない。市民による社会的抗議の力が強まる瞬間にそうできるのなら、なおさらである。しかし気をつけたい。統治を行うのは難しい。これは、誰かが一人で行えるようなものではない。どうしたって現行のガバナンス体制の中で行うしかない。だが現行の体制では、一定期間のあいだ行動の連続性を維持せねばならないだけでなく、一回ごとの行為を続けることでそれを構成していかねばならない。ここで問題となるのが、敵方(草の根保守や「PPSOE」[*2]、カタルーニャ資本の国家主義的プロジェクト、ヨーロッパおよびグローバル・レヴェルのトロイカなど)の能

＊1　訳注――スペインでは七八年にフランコ独裁政権が崩壊し、民主的憲法が制定されて以来、国民党(PP)と社会労働者党(PSOE)の二政党が大きな支配力を振るっており、ポデモスは、こうした態勢を崩すことを党是の一つとする。

＊2　訳注――国民党(PP)と社会労働者党(PSOE)を緊縮策推進派として一緒くたに取り上げる表現。サンチェス＝エストップのインタヴュー一五九頁参照。

力である。彼らはひっきりなしに反撃を繰り広げることができるのだ。そうした敵を相手にしつつも、こうした時間的次元のもとで運動の「内部にいる」ことこそ、ポデモスが今や手に入れた統治行動にとって重要である。

ボリビアの仲間たちは、長らく政府と憲法制定会議とが共生を続けたことで、この点について完全に理解した。大騒動ではあったが、しかし力強く活気に満ちていた。「時間」の面での統治の問題は、単に成果に関わることだけではない。なによりも政権獲得の不可逆性の問題である。「政治の自律」におもねる者は、下からの民主主義の発展などおまけにすぎないと考えてしまうだろう。場合によっては、ただカリスマ的なだけの効果を備えた権威を思い描くことにもなりかねない。悲劇でしかないが、こうしたこともときには起こる。だが、我々の場合、そうではない。我々は、ブルジョワ的権威というヴェーバー的ジレンマときっぱり縁を切るために活動している。このような権威は、せっかく闘争が社会的葛藤を政治の次元にまで練り上げても、これにただ権威主義的解決しか与えないものだからである。

ともあれ中心的問題へと戻り、これを論じていこう。水平性から垂直性へ。扇動や運動による抵抗から統治へ。ポデモスはすべての仲間たちに、後者の水準を起点に理性を働かせるよう要求している。中央からの統治の水準ということだろうか。おそらくそうだろう。もっとはっきりといって、スペイン中央政府の水準ということだろうか。こちらのほうが近そうだ。しかしおそらく確かだと思うが、全市民の活動が都市の統治を力強く革新しようとする場合こそ、成果を伴う構成的プロジェクトの身近で具体的な例ではなかろうか。そうだと言っておこう。都市も自治体も、都市生活もその出会いの形式も、管理や構成的イニシアティヴの実例でありうるからだ。大都市や都市、村落に設けられたあれらのキャンプは、構成的な出会いの一形式であった。そこにはすでに、大都市の生活様式が、やがて一般的な意味での政治様式、生産様式となることが示されていた。都市における民主主義と（再）生産とのあいだに相互作用を起こすことで、我々は、政治を分節化する可能性を手にする。すなわち勝ち取ろうとする意志と決定能力とを結び合わせることで、闘争の展開を変容プログラムの生産と一緒に活き活きと織り上げていくことができるのだ。その内部でこそ政治は判断される。そこでこそ、「いかに統治されることを欲するか」というフーコー的な問題が血の通ったものとなるのである。

ところが、それでもやはり、石を積むかのごとくに、大都市や市町村の行政から出発してこそ、国家レヴェルの統治（＝政府）を構築する可能性が生まれる。生政治の体制では、権威、生、生産、情動、コミュニケーションが迷宮のごとくに交錯し混じり合っているため、そこでの跳躍は、不可能と言わずとも困難なのだ。ところでかつての政治でも事態はそんなふうだった。ときに英雄的な跳躍があったとしても、ほとんどいつもすぐに撤退せねばならなかった。逃げながら、大地を慌てて横切りつつ、そこにさまざまな制度を狡猾にしいていくのである。

水平性から垂直性に移行することは、総合的決定能力、統治能力、「機動戦」の管理能力を制覇するということだけを意味しない。同時に、もっと豊かな、高みからの眺めにまで我々が上ってきたということでもある。そこまで来て分かることがある。陣地を獲得し戦線を定めたならば、これを堅実に固め、さらに展開していかないようでは、機動戦とて何の成果をあげたことにもならないのである。

政府は市民組織の権力に保証を与えねばならない。ラテンアメリカで進歩派運動が勝利を収めていたあいだ、そんなことが言われていたのもそれほど昔の話ではない。というのも、そのようにするときだけ、中央政府は、突発的転覆も、組織化された転覆も免れているからだ。誰による転覆だろうか。答えてもよいだろう。我々がよく知る敵によるばかりではない。つまり、我々が対決している反動勢力ではない。この転覆を仕掛けているのは、いまますます勢いづく上位階層の者たち、ヨーロッパで金融資本を統べるトップの地位に上り詰めている者たちでもある。

もったいぶらずに言っておくと、これに怯える必要もないし、実際そうした勢力に勝利することだってできる。しかし、用心に越したことはなく、対決の底から現れる悪魔の誘惑に屈さぬようにせねばならない。我々の勢力がキャンプであり、共同体であり、潮流であり、運動であることに変わりない。言い換えれば、15Mのおかげで可能となり実践されはじめたものだ。時に受ける印象では、ポデモスの立役者たちにとり「権力」は余計な次元であるようだ。しかしそうではない。権力とは実現の能力の増大であり、また政治的関係性の内外での行動の展望である。とはいえ唯一無比の「権力」や「政治」を特権化して語れるわけではない。ただ無数の異なる度合いの対抗権力があるのだ。なのにポデモスの指導者ほとんど全員が、組織の内外で同じ標語を繰り返している。「まず権力奪取、次に綱領の実現」と。「政治の自律」は、もしも国家権力の制度や効果を過剰評価し、他方で政治の基礎である物質的生成とその合法性を無視するならば、有害な理論となりかねない。代表する側と代表される側を分断する代表性。あるいは代表する側の不可思議で不可欠な基盤を作る「一般意志」（名を「人民」とか「人民連合」と称する）。こんなものは、運動に関わることがらではない。肝心なのは政治的運動の流れを（再）創造することである。下からの開かれたガバナンス体制を作りなおすこと。構成的議論を絶やさず、さらにはそれを市民に続々と広げていくことで、運動と政府が互いにつながったままの状態を保つことである。「多数派である」がゆえの必然をすべて受け入れたとしても、そうした橋渡し、そうした協力態勢を構築することはできるはずだ。これこそ決定的なエンパワーメントである。

（訳：上尾真道）

Title: Por una democracia salvaje y constituyente
Author: Antonio Negri and Raúl Sánchez Cedillo
Caffe Reggio, 23 febrero 2015
(http://www.caffereggio.net/2015/02/23/por-una-democracia-salvaje-y-constituyente-de-antonio-negri-y-raul-sanchez-cedillo-en-publico/)

「匿名の政治」の出現とその運命
――スペイン(2)

アマドール・フェルナンデス＝サバテル

二〇一五年八月二六日　ナーポリ

15M――スペイン全土に広がった「表皮」

――アマドールさんには、15Mからポデモス出現を経て今日へと至るスペインでのこの四年間について、まず自由に話してもらいたいと思います。

ジャン＝フランソワ・リオタールの議論を引きながら考えてみたいと思います。リオタール自身が言わんとしていることにどこまで忠実かはぼくにはまるでわかりませんが、ぼくにとってはそう読めるといった次元で話をすすめます。『リビドー経済』という著作のなかでリオタールは「リビドー表皮」というものを語っている。様々な強度が偶然に支配された非決定的な仕方でその上を流れているような表面。しかしリオタールは同じ本の後半で、その「表皮」が「劇場的厚み」に転換されるという別のプロセスを語り出すことになる。「劇場的厚み」はもはや二次元的な表面ではなく、ひとつの三次元的空間で、役者／観客、内／外といった内的分離によって特徴づけられるものだとされます。『リビドー経済』という本の内容は「リビドー表皮」の「劇場的厚み」への転換という話だけに還元されるものではないのだろうけれど、しかし、この話は15Mからポデモスへという推移を考える上でとても示唆に富んだものであるようにぼくには思えます。

15Mが行ったのは一種の「表皮」を展開することだった。マドリードのプエルタ・デル・ソルでのそれをはじめとしたスペイン各都市での広場占拠は五週間続きましたが、その効果としてスペイン社会全体がひとつの非常に敏感な表面へと作り変えられた。この意味でぼくたちにとって重要だったのは15Mを「運動」「組織」としてではなく“clima”（気候、風土、雰囲気）として語るということでした。15Mは新たな「雰囲気」の出現、どんな特権的な地点にも収斂されない非常に流動的で開放的な情動的表皮の出現、プエルタ・デル・ソルでの総会にすら還元されない表面の出現であるとぼくたちには思えたのです。五週間続いた広場占拠の後、多種多様な政治化が開始されることになります。たとえば医療従事者や病院利用者たちは「白の潮流」[*1]を結成して公共医療の私企業化に抗する闘いを開始し、教員や親そして学生たちは「緑の潮流」[*2]を結成して教育予算削減に抗する闘いを開始する。銀行に住居の明け渡しを

＊1　Marea Blanca. 15Mをきっかけに生まれた社会運動「潮流 mareas」の一つで、公衆保健福祉に関わる領域で活動を展開する。

迫られた住民たちと新旧の活動家グループとの共闘である「住宅ローン被害者プラットフォーム」[*3]（PAH）もあります。すべてはあたかも伝導体の表面に電流が走るかのように展開したのです。スペイン社会全体が一枚の表皮のようなものとなり、その表面上のある点で起きていることと他の点で起きていることとが互いに接続し合うといったことが自由に繰り返されました。

当時ぼくたちがよく使っていた「雰囲気」というメタファーよりも「表皮」「肌」といったそれのほうが実際、事態をずっとよく捉えるものかもしれません。感覚が研ぎ澄まされるという現象が問題となっていたからであり、まさに敏感な肌が形成されるといった現象だったからです。感覚が研ぎ澄まされるというのは、すでに起きていた何事かが突如として新たな仕方で感覚されるということです。たとえば立ち退き（住宅ローンが支払えず住民が住居から強制的に追い出されること）は15M以前からすでに一日当たり四〇〇家族といった大きな規模で行われていました。しかし当時は、実際のところ、ほとんどの人にとって目に見えるもの、感じられるもの、それに対してアクションを起こすべきものとはなっていなかった。PAHの創設は二〇〇九年のことですが、彼らの活動は当初ほとんど知られていませんでした。しかし15Mによって「表皮」が拡大されることで、立ち退きは突如として「耐え難いもの」として知覚されることになる。それまでは「耐え難いもの」として感覚されていなかったものが突如として「耐え難いもの」として感覚されることになったのです。

プエルタ・デル・ソル占拠の五週間のうちに「表皮」がスペイン全土に広がった。力の集中があった点とそうでもない点とがあったというのも事実です。「立ち退き」「教育」「医療」といったテーマには力の集中が見られましたが、たとえば「労働」といったテーマについての政治的アクションはほとんど見られなかった。ソル占拠からの三年間、ぼくたちは外部／内部の区別がないこの平滑な空間のなかで生きていたわけですが、その後起きたのは、この平滑空間がひとつの劇場に転じられ、そこにパブロ・イグレシアス[*4]やイニゴ・エレホン[*5]といった幾人かの特定の政治的アクターが出現し、社会が彼らを外部から眺めるようになるという事態だったと言えます。社会全体における水平な闘争から代表性の舞台での「喧嘩」へと事態が移行したということです。特定の政治的アクターの出現によって、散種された他の諸点よりも強力なひとつの特権的な中心点が定められることになった。

資本／運動の不均衡

――アマドールさんは別のところで15Mの「停滞」「袋小路」という問題を論じてもいますが、この問題は「表皮」から「厚み」へという議論においてはどう位置づけられますか。

「表皮」というものを「運動状態にある社会」（sociedad en movimiento）として理解する必要があります。「運動状態にある社会」は、たとえば反戦運動、フェミニスト運動、エコロジー運動といった所謂「社会

＊2　サンチェス＝エストップ・インタヴュー注20参照。
＊3　サンチェス＝エストップ・インタヴュー注10参照。
＊4　サンチェス＝エストップ・インタヴュー注24参照。
＊5　サンチェス＝セディージョ・インタヴュー注35参照。

運動」（movimientos sociales）と同じものではない。「運動状態にある社会」とは社会全体が運動状態におかれるということです。重要なのは、この「運動状態にある社会」がマクロレヴェルでは今日に至るまでほとんど何も産み出していないという点です。緊縮策は継続されたままなのです。ＰＡＨの活動を考えてみましょう。彼らは住居の前に陣取って直接的に立ち退きを阻止しようとするだけでなく、住民との交渉の席につくよう銀行を促したり、公的諸機関や政治家に対策を呼びかけたり、社会に共感が生じるよう様々なキャンペーンを行ったり、立ち退かされた住民のために住居占拠を行ったりという具合に多岐にわたるレヴェルで活動を展開しています。ＰＡＨは他に類を見ないほど知性に満ちたグループですが、その彼らが二〇〇九年のグループ創設以来これまでに阻止し得た立ち退きは合計一〇〇〇件程度で、これは立ち退きが一日あたり四〇〇件あることに鑑みればその三日分にも充たない数だということになる。緊縮策によって産出されるものの規模と運動によって産出され得るものの規模とのあいだには、運動がいくらＰＡＨのように強力なものであっても、とてつもない不均衡、耐え難いギャップがあるわけです。

この数年ぼくがずっと感じてきたのは、運動が構築できるものと資本主義が破壊するものとのあいだのこの不均衡でした。この不均衡はまた時間のそれでもある。資本主義はつねに破壊の時間を伴っていますが、この四年間のスペインでは緊縮策によって資本主義のこの破壊的時間が急加速されました。様々な権利が反古にされ、住居の不安が産み出され、これまでスペインでは揺るぎないものとみなされてきた公共教育や公共医療がその崩壊の脅威にさらされ、労働の不安定化がいっそう進み、貧困が全般化しつつある。しかし他方で、15Ｍのスローガンのひとつはサパティスタ由来のもので「ゆっくり進もう、遠くまでいくのだから」(Vamos despacio porque vamos lejos)というものでした。全速力でその破壊的政策を進める資本主義の時間とゆっくりと進められるぼくたちの政治的構築の時間とのあいだのギャップ。資本主義が三日間で一〇〇〇の家族を立ち退かせる一方で、運動は三年かけて一〇〇〇の立ち退きを阻止する。これをいったいどう考えたらよいのか。これとは別にまた、スケールにおける不均衡も指摘できます。ギリシャの例などを通じて近年、突如として誰の目にも見えるものとなったのは、資本主義がその決定の中心をトロイカといったトランスナショナルな次元に有しているのに対して、ぼくたちのほうは極めてナショナルな次元にとどまり続けているという状況です。このような様々な不均衡があるにもかかわらず、ぼくたちはそれをどう考えればよいのかわからないままにとどまっています。

もうひとつ別の点を指摘しておきたい。15Mの運動は人々に日々の暮らしそのものの変革を強く求めるものでしたが、問題は、みんなが各自の生活を変え続けていけるのかどうか、そのための意志あるいは勇気をもち続けられるのかどうか、つねにいっそう強力なかたちで問いかけ変化を産み出し続けられるのかどうか、まるで定かではないという点にあります。人々はむしろ、すべてが変化してほしいが自分自身はできるだけ変わりたくないと思っているのではないか。そうしたことから運動の停滞が生じ、それがまた「劇場」の出現を許すのではないか。自分自身ではなく他の誰かに問題解決を引き受けてもらいたい……。主観性あるいは実存の変様に存する運動において求められる生活全体の変化は、多くの人にとって、いつまでも続けられるようなものではないでしょう。

——それは「疲労」の問題なのでしょうか。人々は運動に疲れてしまうということですか。

そうだと思う。二〇一三年に入った頃から実際、「疲労」ということが頻繁に話題にされるようになりました。運動が「袋小路」に陥ってしまっていることを説明するために「我々は疲れた」ということが言われるようになったのです。「我々は幾度となくデモや集会をしてきた。我々は自分の生活を政治的アクションに捧げてきた。我々はつねに動き続けていた。しかし、そうしたことはもう続けられない。これは持続可能な政治ではない。この政治をずっと生き続けることはできない」と。

ポデモス内部でも「疲労」は重要なテーマになっています。彼らの議論はおよそ次のようなものです。「社会は疲労しており、人々は自分の家に帰りたがっている。政治的責務から解放されて仕事に戻りたがっている。家族のもとに戻りたがっている。だからこそ我々は代表性のシステムの再建を考えなければならない」と。ポデモスでは実際、「民主的エリート主義」(elitismo democrático)ということがよく批判的に問題化されてきました。「民主的エリート主義」を語るとは「水平型政治」や「下からの運動」といった発想にエリート主義をみてとるということです。これらの発想は人々がみな活動家になることを欲しているということを前提としていますが、実際にはそうではないのではないか、人々が毎日政治のことを考えたり実践したりしたがっているはずなどないのではないか、人々は家族との時間も大切にしたがっているのではないかというわけです。ポデモスの一部のメンバーは次のように情勢を分析していました。たくさんの人々の政治参加があったのはたいへん素晴らしいことだが、これには限界あるいは停滞が必ず伴う。社会は疲労するからだ。したがって我々は社会に休息を与えるために政治的代表性を再導入しなければならない、と。要するに、人々が疲労しないためには「劇場」を再導入しイニゴ・エレホンやパブロ・イグレシアスが政治的責務を引き受けなければならないというわけです。

速度やスケールにおける不均衡という問題に加えて、いま述べたような変革の要請とそれによる疲労という問題があります。いかにすれば持続可能な政治は可能なのか、いかにすればそれとともに暮らしていけるような政治は可能なのかということがぼくたちにはまだわるきりわかっていないのです。組織化の観点からも同じことが指摘できるでしょう。15Mにおける組織化は基本的に「評議会」(asambleas)という形態をとりましたが、これは時間の経過とともにどんどんとその参加者数を減らしていきました。日々の暮らしと評議会とのあいだに大きな隔たりがあったからにほかなりません。政治をするには日々の暮らしを断念し活動家になるしかなかった。評議会のフォーマットは日常生活のそれと大きく異なります。評議会のフォーマットにおいては政治と生活とが分離され、生活を犠牲にし政治のプロになることが求められる。そのようなことを誰もが望んでいるわけではないのは明らかです。だからこそポデモスは「劇場」への回帰を語るのであり、彼らが提起している問いはけっして現実離れしたものではないのです。しかし、やはりぼくには、代表性構造へと回帰し、役者／観客の劇場的関係を再構築するという彼らの提案は受け入れられない。政治と生活とを何か別のかたちで結びつけるその方法を考えなければならないのです。

「表皮」から「劇場」へ

——「駒を進めよう」と題されたマニフェストを発表してポデモスが初めて登場してきたときアマドールさんはどんな印象をもちましたか。

ぼくが最初に抱いたのは一種の疑念だったと思います。もちろん自分のやってきたことが無視されているとも感じたけれど、しかしそれ以上に、ポデモスというプロジェクトそれ自体がそれほど先まで進み得るものではないだろうと思った。善悪の判断をしたというよりはその実効性に疑いを感じたということです。当時のぼくは「表皮」がスペイン社会全体に拡大していると信じていたし、また、その「表皮」が政党や代表性、リーダーの拒否に存するものであり、中心の顔を持たない代わりに無数の顔をもつような匿名性の政治であると信じていた。加えてその「表皮」は政治についての従来の語り方を拒否するものにも思えていた。だから、ラクラウの理論にほとんど教条的に従って戦略を語ってみせることが人々に受け入れられるわけがないと思ったのです。別様に言えば、選挙に勝つことを明確に目的として位置づけた上で、そのためにはリーダーをひとり立て、単純化した言葉で現実を語り、メディア戦略を展開しなければならないとするポデモスが、当時の「雰囲気」のなかで現実的なオプションとして人々によって選択されることなどあり得ないだろうと思ったということです。いまから振り返れば、社会全体の政治化という当時のぼくの考えは少しばかり無邪気に過ぎたのだと思う。ポデモスは実際には機能することになり、人々はみな「劇場」にすっぽりおさまり、舞台上でパブロ・イグレシアスやイニゴ・エレホンが演じるスペクタクルについて、批判するにせよ賛同するにせよ、客席にとどまってそこから議論するだけとなってしまいました。「表皮」を信じていたぼく自身にとってこれは一種の危機でもあった。

——二〇一五年に入ってからポデモスの人気の下降を示す様々な調査結果が出ています。ひょっとするとそれは、ユーログループとの交渉をうまく進められないシリザの様子を受けての数字かもしれない。この点についてアマドールさんはどう考えていますか。

支持率の推移やその原因という問題についてはぼく自身はそれほど詳しく考えてこなかったので、ぼくのまわりでよく言われていることをここではまず繰り返しておきます。よく聞く分析のひとつに、たとえば、ポデモスは「民衆の党」を名乗りながら、党内の人々にほとんど権力を与えていないというものがあります。ポデモスの登場とともにスペイン全土に九〇〇もの底辺組織「サークル」(círculos)が出現しましたが(15Mの地区評議会よりも多い)、時間の経過とともにそれらの力は曖昧なものとなっていきました。党構造の垂直化ゆえに、サークルは行動の面でも意思決定の面でもほとんど権力をもたないもの、党内において実質的な権力をほとんどもたないものとなっていったのです。これが多くの人を失望させた。ポデモスは当初、自分たちは従来の政党とは異なるもの、「カースト」には属さない政党だと言って登場してきたわけですが、結局のところ他の政党と何ら変わるところがないものだった……。

ポデモスが激しい攻撃に曝されたという点もよく指摘されています。ファン=カルロス・モネデロ[*6]の腐敗疑惑(ベネスエラ政府からの資金提供をめぐる疑惑)といった攻撃です。ポデモスはラクラウのいう「敵対的フロンティア」という戦略をとっている。つまり「やつら」と「我々」とをはっきり区別するということです。こうした区別は15Mにはそれほど強くはみられなかったものです。「九九%」と

*6 サンチェス=エストップ・インタヴュー注33参照。

「一%」という言い方は確かにありましたが、15Mの「表皮」はもっと包摂的なものだったと思う。これに対してポデモスは「やつら」と「我々」との区別をつねに明確に維持しながら、たとえば、やつらの旧態依然とした政治か我々の斬新な政治かといった二者択一を社会に迫る。ポデモスが行っていたそうした「線引き」のうちでも特に強調されていたもののひとつが「汚職」「腐敗」をめぐるものでした。やつらは腐敗しているが、我々は腐敗していない。しかしこれは現実を過度に単純化したものだと言わざるを得ません。ぼくたちはみな多かれ少なかれ腐敗しているのですから。この不用意な単純化をマスコミは利用して「あなた方もこれまでと同じようなクソだ」とポデモスを攻撃したのです。「純粋無垢」の理念に立脚して「我々は腐敗から逃れた例外的存在だ」と主張するような戦略では獰猛野蛮なマスコミに太刀打ちできるはずなどない。マスコミにとっては「あなた方も例外ではない」と指摘するだけで十分だった。ポデモスは議論の立て方を間違えたのだと思います。汚職や腐敗の問題は人格の問題ではなく構造の問題です。権力やカネへのアクセスの問題、権力によるカネの配分の問題であって、善人か悪人かといった問題ではない。ポデモス自身がその言説の組み立てを誤ったために、マスコミは、モネデロに対して「あなたも天使ではない」といわば当たり前のことを指摘するだけで、ポデモスの支持者たちのあいだに落胆を作り出すことに成功したのです。

第三の点はポデモスによる15Mの読解に関わります。15Mはランシエールのいう意味での「誰でも」(cualquiera)が参加できるひとつの主体化空間を開いた。「誰でも」とは、富者でも貧者でも、労働者でも失業者でも、キリスト教徒でも無神論者でもといった意味です。15Mの主体化プロセスはすべての差異を横断するかたちでひとつの包摂空間を開いたのであり、その空間には、状況を「耐え難いもの」

「不当なもの」と感じている者なら誰でも参加できた。重要なのはこれが左右の区別も超えるものだったという点です。もし15Mが左翼だけに呼びかけるものだったならば、はっきりと輪郭の定まった非常にコンパクトな運動、左翼的な参照体系、プログラム、言葉遣いといった枠組みのなかに小さく収まった運動になっていたに違いありません。15Mはそうした左翼的アイデンティティと訣別することによってこそ、誰もが自分もそこへの参加を招待されていると感じることのできるような包摂的な主体化プロセスを開いたのです。ぼく自身、幾度となく15Mを「招待の空間」として論じてきました。プエルタ・デル・ソルは実際、誰のことも排除しない「招待の空間」のこの上なく物質的な実現になっていた。問題は、ポデモスがこの「招待」という操作を選挙の世界にも応用しようとしているという点にあります。誰であってもソル占拠に参加できるということが、誰であってもポデモスに投票できるということに転じられる。誰であってもポデモスに投票することができる、なぜならポデモスが擁護するのは「民衆」「人民」あるいは「コモン・センス」なのだからというわけです。別様に言えば、ポデモスは右翼でも左翼でもないということです。しかし実際にはポデモスの中核メンバーはひとり残らず極左の出身であり、そのことは誰の目にも明らかです。彼らの話し方、振る舞い方、存在の仕方といったことを見れば、彼らが極左出身であることは誰にでもわかる。15Mにはあった正直さがポデモスにはないのです。15Mでは「我々は左翼でも右翼でもない」と言われ、実際、党派的アイデンティティによる分離の彼方で様々な具体的な問題の共有だけが試みられました。ポデモスにはこの正直さが欠けており、彼らが15Mと同じことをするにしてもそれはもはや「戦略」でしかない。そして、彼らにとってすべてが戦略上のものでしかないというその事実に今日では多くの人が気づいてしまっている。マーケティングでしかなく、何かを売りつけようとする際の戦略でしかないと。この点でもまた人々はポデモスに失望したのだろうとぼくは思います。

ここまでの話をまとめれば、要するに、ポデモスの支持率低下には複数のファクターがあるということです。党内民主主義をめぐるもの、腐敗をめぐるもの、言動の不一致（左翼でも右翼でもないと言いながら、実際には従来の左翼から多くのものを受け継いでしまっているということ）をめぐるもの。しかし「支持率調査」「世論調査」というものそれ自体を問う必要もあります。驚くべきは、ひとたび「表皮」が「劇場」に転じた瞬間からすべてが世論調査によって決定されることになってしまったという点です。ランシエールは世論調査についてそのポリス的機能というものを指摘していました。世論調査はそれ自体で世論を作り出し人々の振る舞いを先取りする。「表皮」から「劇場」への転換によって人々は世論調査が提供する話題ばかりを議論するようになってしまいました。世論調査の結果が思考の対象にされてしまうというこの状況にぼくは居心地の悪さを感じています。世論調査はマスコミの道具でしかなく、「世論」はマスコミによって作り出されたものでしかない。変革の政治が世論によって誘導されてしまっていいはずがない。それは政治がマスコミあるいは「スペクタクルの社会」に従属することでしかない。変革の政治は、むしろ正反対に、「世論」を破壊しなければならないのです。ポデモスの支持率が上がろうが下がろうが、そんなことはぼくにはまるで重要ではない。マスコミはすでに15Mについても同じようなことを言っていました。15Mが始まって二週間後にはそれがどれほどの賛同を得ているのかといった調査結果を発表していた。そうしたデータを必要としているのは選挙政治であって、15Mのそれのような政治ではない。支持率や世論形成に立脚することなしにはあり得ない政治がある一方で、そうしたものにいっさい依存しない別の政治があるのです。

疲労／消尽

――「疲労」の問題に少し戻りたいと思います。ジル・ドゥルーズは「疲労」と「消尽」とを区別しています。「消尽」とは可能性のそれのことであり、いかなる可能性ももはやないということ、可能性がゼロだということとです。アマドールさんが指摘してくれた様々な「不均衡」「ギャップ」は人々を疲労させるものでもあるに違いないけれど、他方で「消尽」として語ることのできるものでもあるのではないか。ギャップはその埋め難さによって人々に可能性の不在を突きつけるものでもあるのではないか。「表皮」から「劇場」への転換を促した運動の停滞あるいは袋小路は「疲労」ではなく、むしろ「消尽」という観点から説明されるべきものなのではないか。人々はもちろんどうにかしてギャップを埋めようと努力し、そこから疲労蓄積が生じることにもなるだろうけれど、しかし、ある瞬間に、そうしたギャップを可能性の消尽として知覚するということもあり得るのではないでしょうか。

疲労／消尽の区別は確かに考えを進めるのに役立ちそうな気がします。たとえば立ち退きの問題について言えば、ギャップは三年で一〇〇〇件の立ち退き阻止と三日で一〇〇〇件の立ち退き執行とのあいだにあった。このギャップを解消しようという場合の一般的な方法は、選挙に勝って法律を作りすべての立ち退きを止めるというものでしょう。政権をとって上から、、、ギャップを埋める。そうすれば人々はもう疲労することもない。政治活動への日々の参加が彼らを疲れさせてきたのだから。他の問題をめぐるギャップについても同じことが言えます。別のスケールに身をおき直し一段高いところからギャップを解消する。運動のスケールには限界があり、現状以上の拡大も望めず、権力の中枢に打撃を与えることもできない。だから別のスケールに移らなければならない。「表皮」から「劇場」への転換はそのような考えによっても説明できるかもしれません。

――ぼくが「消尽」の問題を持ち出したのは、二〇一五年に入ってからのポデモスの人気の低下をそれが説明するものでもあるように思えるからです。ポデモスの人気低下の理由には、アマドールさんが話してくれたもの以外に、この半年にギリシャで起きたことも挙げられるのではないかと思う。つまり、たとえ緊縮策に抵抗する勢力が政権をとったとしても、資本の法外な力の行使のもとでは何も変えることができないということをスペインの人々が目の当たりにしてしまったということです。たとえ「表皮」の「劇場」への転換を受け入れたとしてもそこで何かが可能になるわけではない、可能性は消尽しているとスペイン住民は悟ってしまったのではないか。ツィプラスは実際、つい先日の辞任表明の際に「できない」ということを正直に認めるテレビ演説を行いました。これはオバマをはじめとした大半の政治家が「できる」と繰り返してきたなかでとても希有なことだと思います。

そうした消尽の感覚からは深い落胆が生じる場合もあるだろうし、反対にまた、新たな政治的感受性が生じる場合もある。確かに今日のスペインでの運動が“Sí, se puede.”（Yes, we can.）というスローガンを軸として展開されてきたことは疑い得ません。そしてポデモスは（その名の語る通り）街頭で叫ばれていたこの“Sí, se puede.”を選挙政治の次元に翻訳したものにほかなりません。ポデモスは実際、あれができる、これができると次々に約束をし続けるということをその主たる戦術のひとつとしています。15M

には実現できなかったすべてのことをポデモスは実現できるという約束。一年ほど前にビフォ（フランコ・ベラルディ）にインタヴューする機会があったのですが、そのとき彼は活動家にはけっして受け入れられないであろう二つのことを語っていました。ひとつはインターネットなどの所謂ヴァーチュアル・ネットワークに対する激しい批判です。ビフォはこれまでもヴァーチュアル空間に一方で魅了されながら他方で批判するという姿勢をとってきました。しかしインタヴューではその批判はより決然としたものになっていました。身体を無力化し破壊するヴァーチュアル空間に抗い、情動的かつ物理的な身体の次元をネットワークとしてではなく近接性や領土性として回復しなければならないと。もうひとつはまさに「我々には不可能だ」というものです。活動家たちにはこれは諦念にしか聞こえないはずです。彼らからすれば「我々には不可能だ」などと言ってしまったらまさに何もできなくなってしまうではないかということになる。ぼくらの共通の友人であるディエゴ・ストゥルバルク[*7]は最近「不意志的なもの」（lo involuntario）というテーマに取り組んでいますが、これもビフォのいうような不可能性の問題に関わるものだと思う。ディエゴもぼくと同じように活動家グループ出身ですが、そうしたグループにおいて「意志」は言うまでもなく何よりも重要なものとしてあります。所謂「主意主義」（voluntarismo）です。ディエゴは活動家としてこれまで「意志」の力を信じて闘争を続けてきたわけだけれど、しかし、その「意志」がもはや機能しないということを突きつけられてしまった。しかし彼はそこで闘争をやめてしまったりはしないのです。

＊7　メッザードラ・インタヴュー注3参照。

ポデモスは議論をいつも絶対的な仕方で提示します。彼らはたとえば“Ahora o nunca”（いまか、さもなければ二度とない）という言い方をする。「15Mはチャンスの窓を開いた。この三〇年間で初めて従来のものとは異なる新たな政党が選挙で勝利するチャンスが到来した。だから、できることはすべてやり、何が何でもその窓からなかに入っていかなければならない。いまそうしなければ、同じように窓が開かれることはもう二度とない。いまチャンスをものにしなければ、我々は今後五〇年間ネオリベラリズムによる破壊に甘んじなければならなくなる」と。要するに「これか、さもなければ無か」「選挙でのポデモスの勝利か、さもなければネオリベラリズムによる破壊の五〇年間か」というわけです。プロパガンダ特有のこの絶対的なもの言いを少しは相対化できないのでしょうか。期待（ilusión）を抱かせる政治は失望あるいは落胆にしか至りません。今日のスペインでは実際、期待を抱いては落胆し、期待を抱いては落胆するということが繰り返され、人々はフラストレイションをつのらせています。ポデモスが国民党[*8]（PP）や社会労働者党[*9]（PSOE）を抜いて支持率トップになったと思ったら、その六ヶ月後にはもうトップの座から転げ落ちている。今日のスペインは期待を抱かせる政治のこの麻薬に完全に支配されてしまっているのです。しかし、期待や希望に立脚しない政治というものもあり得るはずです。現実主義的でありながらシニシズムに陥らない政治、プラグマティックな政治というものがあり得るはずなのです。

すべてを包摂する開かれた運動

——プエルタ・デル・ソル占拠からポデモス登場までのあいだ、とりわけ二〇一二年から一三年にかけての期間、スペインではどのような運動の展開が見られましたか。アマドールさん自身の観点からその期間の運動を振り返ってもらえませんか。

ソル占拠は二〇一一年五月一五日から同年六月一二日まで続きました。この五週間はエネルギーの集中した暴風雨のような期間でした。占拠の終わりにたいへん困難であると同時にたいへん興味深い議論がなされました。「何をなすべきか」ということについての議論です。占拠を続けるべきだという者もいたけれど、もっと参加しやすい政治を行うべきだという者もいた。広場占拠という運動形態は家族のない人、働いていない人、学生には好都合だが、そうでない人には参加することがなかなか難しい。結果として、運動をそれぞれの地区へと移すことが決定されました。つまり、各都市のそれぞれの地区に評議会を創設し15Mの脱中心化が図られた。そのようにして創設された地区評議会の多くは「15M評議会」と名づけられました。評議会には近隣住民による地区単位のもののほかにテーマ別のものもありました。

ここで一点、指摘しておきたいのは、広場占拠から地区評議会へということの動きがスペイン全土で同じように進んだという点です。これは改めて考えてみると驚くべきことだと思う。マドリードでソル占拠が始まったその一週間後、ぼくはラジオ番組に呼ばれたのですが、この番組には中継も含めてスペイ

＊8　サンチェス＝エストップ・インタヴュー注15参照。
＊9　同前。

ン中の三〇ヶ所の広場占拠からの人々が出演しました。出演者はそれぞれ自分たちの広場占拠について語ったわけですが、とりわけ興味深かったのはどの人の話もほとんど同じだったという点です。感じている情動も同じなら、問われている問題も同じ、語られている言葉も同じだった。この同時性が二〇一一年五月から三年間続いたと言ってもいいでしょう。言うまでもなくスペインは地域ごとに異なった特徴をもち、どこでも均質なわけではまるでないのですが、それだけにいっそう運動のこの伝染、同時的拡散は驚くべき現象でした。サイバネティック風の読解をする友人たちは、インターネットによるコミュニケイションがウィルスあるいはバグを発生させ、それが拡散することでスペイン全土の無数の地点で同一の現象が産み出されたといったことを唱えていました。ぼく自身はインターネットを過大評価するこの説をそれほど信じていないけれど、しかし事態の本質を捉えた説明にはなっていると思います。

スペイン全土でほぼ同時に運動は地区単位のものへと移行しました。地区評議会が動き始めるわけですが、それと並行して夏の間、大きなデモも幾つか行われました。ローマ法王のマドリード訪問のときにも、もちろんプエルタ・デル・ソルの封鎖のときにも大きなデモがあった。地区評議会では作り出せないような大きな効果、広場占拠で経験したような規模の効果を人々はつねに求めていたんだと思います。夏が過ぎたあたりから、一〇月一五日に予定されていた世界同時アクションのための準備が始まりましたが、それと同時期に「緑の潮流」[*10]が出現しました。「緑の潮流」の他にも後に様々な色名を冠した「潮流」が出現することになりますが、この「潮流」という運動は公的セクターの労働組合のイニシアティヴによるもので、たとえば「緑の潮流」は公共教育、「白の潮流」は医療、「オレンジの潮流」[*11]は官公庁における運動でした。まず最初に出現したのが「緑の潮流」で、これは緊縮策によって教育予算の削減が進められ公共教育が不安定化し続けている状況に応じたものでした。「緑の潮流」の興味深い点は、それが労組によって組織化された教員たちだけの運動にはとどまらず、学生や親たちを巻き込むものになったというところにあります。運動のこうした構成は15Mのモデルを改めて反復するものだったようにぼくには思えます。「緑の潮流」もまたひとつの「招待の空間」として出現し、イデオロギーを超えてすべての教員が参加できるものであると同時に、学生や親を招き入れるものでもあったわけです。「緑の潮流」を起点としてデモのみならず、学校占拠や街頭学級といった様々な興味深い試みもなされました。

二〇一一年一一月には総選挙がありPPが絶対多数を獲得しました。PSOEが第二党に下ったのは15Mの効果だったと言えるだろうけれど、しかし、社会が運動状態にあるなかでPPが選挙で圧勝するというのはやはり奇妙な現象だったとも言わざるを得ません。15Mについてのドキュメンタリーが作られて上映されたり、様々な本が刊行されたり、労働者協同組合が形成されたりと多岐にわたる試みが見られたのもこの時期のことです。広場占拠を経験して家や地区に戻った人々が広場占拠で高められた力をそれぞれの仕方で具体的な試みを通じて発揮したということでしょう。

公務員たちによる「オレンジの潮流」が出現したのは総選挙後のことだったように思います。官公庁

＊10 サンチェス＝エストップ・インタヴュー注20参照。

＊11 Marea Naranja. 15Mをきっかけに生まれた社会運動「潮流 mareas」の一つで、公務員などが参加。公共サーヴィスを守ることを旗印とする。

消防士たちによるデモ（2012年 7 月19日、マドリード）
photo by Adolfo Lujan (flickr)

での人件費削減に抵抗する運動で、彼らは大規模なデモを幾度か行い、また、ゼネストも行いました。「オレンジの潮流」には警官も参加していました。多くの警官が当時たいへん居心地の悪い思いをしていたのです。警官たちは、本心ではシンパシーを抱いているにもかかわらずそれでもなお人々によるデモに敵対する責務を果たさなければならず、また、賃金を減らされ彼ら自身の生活が不安定化してもいた。マドリードでのデモでは15Mの人々が警官たちと一緒に隊列を組むというたいへん奇妙な現象が見られることにもなりましたが、しかしこれはまさに運動の伝染力、拡散性がどれほどの高みに達しているかを示すものだったと言えます。警察ではパトカーのサボタージュ、デモや住居接収の際の出動拒否といった不服従も行われました。消防士たちも運動に加わり、あるデモでは彼らが、治安出動した警官隊に対して放水して抵抗するという面白い出来事もありました。

二〇一二年九月二五日には国会包囲アクションが行われます。[*12] ものすごい数の人々が集まって国会を包囲しました。このアクションが何を目的としていたのかぼくには正直判然としない部分もあったけれど、それでもなお、運動状態にある社会を力強く象徴する現象ではあったと思います。この国会包囲と同時期に出現したのが医療従事者たちによる「白の潮流」でした。医療予算削減とともに一五の公営病院の私企業化が決定されたのですが、これに対して医療従事者たちが反対運動を起こしたのです。「白の潮流」も「緑の潮流」と同様に15Mをモデルとしたもので、極めて包摂的な空間を創出しました。医者や看護師、病院職員たちにとどまらず病院利用者たちもまた運動に参加したのです。通常、医者たちがストライキをすると患者たちは事実上その「被害者」となってしまう。しかし「白の潮流」では医療従事者も病院利用者も一緒に参加できるような空間が産み出されました。15Mが解体したもののひとつにコーポラティズムに基づく闘争があります。闘争は特定の人々のためのものではなくすべての人にとってのものになったのです。医療も教育もあくまでもすべての人に関わる普遍的な問題として扱われるようになった。社会を断片化していた様々な内的境界が取り払われ、互いに異なる人々がひとつの共通の問題を軸にして混ざり合うということが起きたのです。

ランシエールの図式が有用であるように少なくともぼくには思われたのはまさにこの意味においての

＊12　サンチェス＝エストップ・インタヴュー一六一－一三頁参照。

ことでした。差異の配分に存する「ポリス的秩序」が、ありとあらゆる類いの分割線を越えて展開する運動によって解体されたままにとどまる。まさにそうした局面においてこそランシエールの図式は有用になるということです。他の形態の運動を前にしているような局面であればランシエールよりもむしろネグリのほうが有用だということもあるでしょう。実際にその時点で展開されている運動のその形態に応じて援用すべき思想家は異なってくるとぼくは思っています。そして15Mの場合にはランシエールだった。もちろんランシエールですべての運動を説明できるとはぼくも思ってはいません。スペインでの運動は左翼／右翼、専門家／素人、労働者／消費者といった差異化に基づくポリス的秩序を乗り越えることに成功した。いたるところで運動は政治的アクションの独占（誰に発言権があるのか、誰に決定権があるのか）を問いに付したのです。

二〇一三年はPAHの存在感が特に大きかった年だったと言えます。15Mのときにはまだ小規模で、マドリードでは立ち退きをひとつも阻止できていなかった。しかし15Mの「表皮」が広がるにつれて多くの人がPAHの活動を支持するようになり、スペイン全土のすべての市町村にひとつずつ支部が創設されるまでにPAH自体の規模も拡大することになりました。PAHは今日もなお精力的にその活動を続けています。「表皮」が「劇場」に転換した今日にあって、その「劇場」の陰で存続する「表皮」の主たる部分をなすのがPAHだと言ってもいいでしょう。PAHは直接行動を精力的に展開するのと同時に被害者どうしの助け合いを組織し、また、銀行や政治家との交渉も進めるといったように闘争をマルチレヴェルで展開しました。二〇一三年にはスペイン中で誰もが立ち退きを話題にするようになり、PAHは幾つかの立ち退きの阻止に成功するようになる。PAHのリーダーで今日ではバルセロナ市の市長となったアダ・クラウの名が広く知られるようになるのもこの時期のことです。新たな闘争としては道路清掃人たちの運動もあったし、また、二〇一四年一月にはブルゴス市のガモナル地区で市当局の発表した都市整備計画に反対する大きな運動[*13]もありました。重要なのは、かつてであればそうした闘争は当事者だけのものにとどまることが大半でしたが、15M以後は共感の「雰囲気」あるいは「表皮」にそうした闘争が直ちに書き込まれその力能が可視化されるがゆえに多くの人々から広い支持を得るようになったという点です。しかしまた、同じ二〇一四年一月にはポデモスが登場することにもなる。ポデモスのこのタイミングでの登場は、すでに話した通り、ぼくにとっては三年間の闘争を通じた疲労の蓄積と袋小路の感覚によって説明され得るものです。

15Mから三年間続いたこうした運動の展開はすべて15Mによって創出されたコードの実現だったとぼくは考えています。すなわち、あらゆる分割線を越えて差異やアイデンティティを二次的なものとし、具体的な問題の共有を第一のものとする包摂のコード。街頭に出るというアクションもあくまでも共有の精神において生きられる。他方、「非暴力」もまた15Mを特徴づける重要な要素です。15Mは非暴力をその絶対的前提とする運動でしたが、これはスペインでは初めてのものです。ブラックブロックやアナキストといった暴力的な傾向のあるグループですらもが15Mでは非暴力不服従というコードに従った。様々な「潮流」やPAH、道路清掃人運動や各地区での闘争、労働者協同組合といったように多岐にわ

＊13　ブルゴス市が巨額を投じて中心地区ガモナルでの道路整備を行う決定をしたことに反対して、二〇一四年一月一〇日以来、同地区で多くのデモや集会が行われ、さらに暴動にまで発展した。

都市整備計画への反対行動（2014年1月13日、ブルゴス）
photo：ABC.es

たる運動が展開されましたが、そうした運動はその多様性にもかかわらずいずれもが同じ特徴を共有し、また、15Mを共通の起源としていました。自分たちはひとつの同じ世界を共有しているという考えにすべての運動が立脚していたと言ってもいいかもしれない。たとえば二〇〇〇年代初頭までの闘争サイクルを象徴する社会センターやスクワットといった試みにおいてはまだ、世界に抗してひとつの強いアイデンティティを確立するという側面がはっきりと残っていました。しかし今日では「我々はひとつの同じ世界のなかで共存しており、その世界には我々みなで取り組むべき問題がある。政治が始まるのは我々の共存するこの世界についてみんなで共有できる問いを立てることによってであり、世界に対する感受性をそのように共有する限りにおいて我々は、たとえイデオロギー上の相違があろうとも、各自の思う仕方でアクションを試みることができる」といった発想になりました。特定のアイデンティティに基づいた閉じた運動から、すべてを包摂する開かれた運動へ。要するに、新たな普遍性が発見されたということであり、「それはあなた方の運動で我々には関係がない」という発想が過去のものとされたのです。

二〇〇四年──「匿名の政治」の出現

──運動形態のその移行は15Mを転換点としてなされたのでしょうか。それとも15M以前にすでに起きていたのでしょうか。

15M以前に移行はすでに始まっていたと思います。15Mは二〇〇三年のイラク戦争反対運動を出自とするひとつの流れの可視化だった。一九八〇年代のスペインにおいて中心をなしていた運動はとても政治化されたものでした。スクワット運動、兵役拒否運動、学生運動、フェミニスト運動、エコロジー運動など多様な運動があり、そのいずれもが確固たる政治信条をもった人々によって行われていました。一九九〇年代に入ると反グローバライゼイション運動が出現しますが、これは八〇年代に登場したすべての社会運動が合流して形成されたものです。この意味で、九〇年代の運動は八〇年代の運動の延長線上にあった。「飛躍」は、一九九九年シアトル、二〇〇〇年プラハ、〇一年ジェノヴァといった反グローバライゼイション運動と〇三年のイラク戦争反対運動とのあいだにあるとぼくは思っています。スペインの文脈においてこの「飛躍」を考える上でとりわけ重要なのは〇四年の列車爆破事件をめぐって起きた運動です。[14] 列車爆破事件によって戦争は遠いイラクでの出来事であることをやめマドリードにまで達した。三つの爆弾が二〇〇名近い死者を出したこの事件によって、運動はまさに「誰でも」(ランシエールはこれを「来たばかりの人々」とも呼んでいる)が参加するものへと一気に転じたのです(カ、、、タ、、ス、、ト、、ロ、、フ、、や死が何を活性化させるのかという重要な問いを立てることもできる)。〇四年三月一一日の列車爆破事件の後、社会運動グループが集まって「何が起きたのか」そして「何をなすべきか」を話し合うという会議がマドリードで開かれました。ぼく自身も参加したけれど、会議はほんとうに酷いものだった。当時のぼくたちが民衆に対して抱いていた不信感は並ならぬもので、〇一年九月一一日の後に米国で起きたのと同じような社会のファシズム化がスペインでも起きるだろうというのがその会議でのぼくたちの情勢分析でした。社会のそうしたファシズム化あるいは極右化のなかで犠牲となるのは自分たち左翼、反体制派の人間だろうとぼくたちは社会に対して恐怖を抱きました。しかしその会議の二日後、社会運動によるいかなる介入もなしに、匿名的かつ自発的な呼びかけによってスペイン全土から大勢の人々がPP本部前に集まり、アスナールPP政権による情報操作の試み(列車爆破事件をETAによる犯行に仕立て上げようとした)に対し異議申し立てがなされたのです。これはぼく自身も含む社会運動活動家にはほんとうに衝撃的な出来事でした。ファシズム化するとぼくたちの思っていた大衆が、それとは正反対に、斬新極まりない仕方で立ち上がり、最終的にはその後の総選挙の結果を揺るがすまでの力となったのです。ぼく自身、これによって活動家として壁にぶつかることになり、その危機は四年間続き、その間にそれまでに参加してきたすべての運動から身を引き、それまでの友人とも距離をおくことになりました(たとえばぼくはそれまでラウル・サンチェス゠セディーリョととても仲良くしていたのですが彼とも疎遠になってしまいました）。〇四年以後、ぼくはもはやかつての友人たちと一緒に政治や運動を考えることができなくなってしまったのです。強い政治性に立脚した運動から「誰でも」による運動への転換、ティクーン[*15]であれば「ブルーム」と呼ぶであろう人々による運動、サンティアゴ・ロペス＝ペティト[*16]であれば「匿名の名前」と呼ぶであろう者たちによる運動、従来のいかなる社会運動にも還元し得ない新たな運動の出現——こうしたことを考えるためにぼくには新たな友人が必要でした。いずれにせよ、ぼくにとって〇四年は活動家主体を主役としたものとは異なる新たな政治がとても強力なかたちで初めて出現した年でした。

この「匿名の政治」は〇六年に居住権運動「住居のVサイン」[*17]として再び活性化します。一二年間続い

＊14　サンチェス＝エストップ・インタヴュー一五六－九頁参照。

＊15　Tiqqun. 一九九九年から二〇〇一年まで発行されたフランスの哲学雑誌。および収録テクストなどを編纂した書籍の著者名。主な著書に *Théorie du Bloom*, La Fabrique, 2004（未邦訳『ブルームの理論』〔ブルームはジョイス『ユリシーズ』の主人公に由来〕）、*Premiers matériaux pour une théorie de la Jeune Fille*, Mille et Une Nuits, 2001（未邦訳『少女理論のための一次資料』）など。邦訳書に『反－装置論』（以文社、二〇一二年）。

＊16　Santiago López Petit. 一九五〇年生まれ。スペインの科学者、哲学者。六〇年代に労働者としてアウトノミア運動に参加。運動の挫折の後に哲学に転向し、フーコー、ドゥルーズ、ネグリなどの影響を受けた批判哲学を展開する。

＊17　V de Vivienda. 二〇〇六年から、都市部の住居費の高騰などに対し、居住権の尊厳を訴えてデモや集会を行った市民運動。スペインにおける15M運動の先駆けとも言われる。

たこの運動には従来の活動家も参加していましたが、しかしそれはむしろ活動家と「来たばかりの人々」とのあいだの境界を突き崩すものとしてありました。〇九年にはインターネットでのダウンロードを規制する政府法案に反対する運動が起きますが、これもまた匿名性の政治化とみなし得るものです。そしてその二年後に15Mがあるわけです。それまで活動家たちが重視してこなかった「匿名の政治」のこの流れ、来るべき政治化の形態だとはほとんど誰も思っていなかったこの流れが15Mによって突如として圧倒的な仕方で可視化され多くの人を驚かせることになったのです。ぼく自身も驚いたけれど、しかし、15Mの多くの要素はその八年前から実のところ存在していたものだった。バディウ派の友人たちは「出来事は前もって知り得ないものだ。出来事とはつねにサプライズで、さもなければそれは出来事ではない」と考えますが、しかしぼくは、サプライズとして到来するそうした出来事であっても、身体的な知や感受性の形成、身体的な待機の高まりといった観点からよりよく理解することができるのではないかと思っています。

マルチ能力によるマルチレヴェルでの政治

――ポデモスが登場して以降「匿名の政治」はどうなっていますか。

ポデモスの登場以降、街頭では事実上何も起きていません。しかし「匿名の政治」の可能性は開かれたまま残されていると思います。パブロ・イグレシアスやイニゴ・エレホンが今日のスペインにあって「光」をなしているとすれば、PAHをはじめとした多くの試みはその「陰」で継続されている。「潮流」は中途半端なかたちで終わってしまいましたが、たとえば医療については「私は皆保険に賛成だ」[18]というグループが精力的に活動を続けています。滞在許可証を持たない移民には公的医療サーヴィスへの権利を認めないという内容の法律が二〇一二年に制定されましたが、「私は皆保険に賛成だ」はこの法律に対する市民的不服従の組織化を目的に医療従事者や利用者、活動家などが集まって作ったグループです。ＰＡＨほどは知られていないし英雄視もされてもいませんが、ＰＡＨとよく似た運動で、集団的知性や集団的構築といった15Mの感受性が受け継がれています。

15Mによって創設された「リビドー表皮」は変身を重ねながら四年のあいだ生き続けてきましたが、それが「劇場的厚み」に転じられた時点で「誰でもの政治」としての15Mはやはり終わってしまったと言わざるを得ません。人々はまた政治の専門家たちの振る舞いを客席から見守るようになってしまい、人々にとっての「政治」はイグレシアスやエレホンの演じるスペクタクルについて語ることへと逆戻りしてしまいました。「誰でも」のものとなったはずの政治は今日再び私物化されてしまった。一二月の総選挙が終わった後にひょっとすると再び何か起こるかもしれません。ひょっとすると「劇場」が解体されエネルギーが他の場へと新たに漏れ出していくかもしれない。あるいは反対に「我々には不可能だ」という感覚が広がり、ベケットのような「消尽」の道を辿るというよりも、失望し落胆した人々が家に閉じこもるということになってしまうかもしれません。

＊18　Yo Sí Sanidad Universal. 移民などの人々を保健サーヴィスを受ける権利から排除することを定める二〇一二年六月の法律に抗議し、市民的不服従を訴える利用者、医療従事者などからなる運動。

ポデモスが登場してきたときにぼくは幾人かの友人と「マルチ能力によるマルチレヴェルでの政治」という議論をしそれについての文章を発表したりもしました。政治家を支え、政治家に政権をとってもらい、新たな法律を作ってもらうという単線的な道ではなく、多岐にわたる能力が多岐にわたる場所において多岐にわたるレヴェルで展開されるという文脈のなかに選挙政治的要素もその一部として位置づけるということです。つまり、あくまでもまずひとつの「リビドー表皮」上に多種多様なアクターによる政治の展開があり、そこにさらなるアクターとしてポデモスやアダ・クラウ、マヌエラ・カルメナといった要素が付け加わる。これはしたがって選挙政治を拒否するものではないけれど、しかし「劇場」ではない。運動と制度とを対置しそのどちらかを選ぶというのではなく、政治をその複雑性あるいは不均質性において捉え、多岐にわたるアクターたちのそれぞれの平面の接続を考えるということです。しかし、今日のスペインにおいて実際に起きているのは残念ながらそうしたことではありません。

文面的政治と文学的政治
——政治的フィクションと15Mについて

アマドール・フェルナンデス＝サバテル

二〇一二年一一月三〇日

政治的フィクション

　ここにいる我々、タハリール広場、ソル広場、シンダグマ広場、ズコッティ公園にいるこの我々は何者であろうか。何という名の者たちであろうか。「怒れる者たち」、「九九％」、「タハリールの人々」……広場に姿を現したさまざまな我々につくそうした名前、これらの名前が重要なのだろうか。惰性に任せ、ついこう考えたくなる。いや、「それらはただの言葉に過ぎない」と。現実と異なる一種の実体、実体のない実体だと。くわえてそれらは奇妙な言葉である。ほとんど意味は空っぽで、明確な規定も境界もない。それとはっきり指し示される対象もない。誰だってそう名乗ることができる……つまり、怪しい言葉である。それぞれの運動の「後ろに誰がいるか」と知りたがる政治家たちすべてにとって怪しい。真面目な政治的・社会学的伝統すべてにとって（「形而上的」で「詩的」であるがゆえに）怪しい。

「どうして彼らが九九％であるものか。ありえない」とつぶやく常識にとって怪しい。そんな怪しい言葉である。

明確な指示対象のない、不確定、不可能な浮遊する名前。こうした名前は、たしかに政治伝統の中にきちんと定まった居場所を持たない。しかし実をいうとその歴史は長い。このような名前を、ポストモダンふうの言葉遊びと結びつける人もいるだろうが、しかし、もっと長いスパンで振り返ってみるならば、その登場は何世紀も前に遡る。事実、よく言われるとおり、それらの名前は解放の政治そのものに内在している。つまり、政治活動と同じくらい古いが、同時に常に新しい姿で登場するのである。解放の実践があるところ、すなわち共生の様式をめぐる根本的な不和と問い直しがあるところ、常にそうした名前が現れる。ポリスや真面目な思想家や常識から、いつも同じ怪しみの目を向けられながら。

言葉は物質的な力である。我々を作ると同時にほどく。怒れる者たち、九九％、タハリールの人々……彼らは広場の構成要因であると同時に、そこを共同の場として開放するための決定要因でもあった。彼らは、日ごろ我々を分断しているアイデンティティを取り払ったのだ。万人のためであり誰のためでもない、そんな空間を開くためには、現実が強いるままの我々であることをやめる必要がある。そこに匿名性の力がある。ただし逆説的にも、匿名とは名前を拒絶することではなく、ひとつの名前の共有を引き受けることである。分断する名前に立ち向かうための名前、すなわち「誰でも」という名前だ。

ジャック・ランシエールの著作は、言葉を真剣に受け取るよう我々を誘う絶好のガイドである。つまり言葉の作用の実効性を、そして詩的動物としての我々自身の本性を真面目に捉えるよう促す。彼にとって政治活動と文学活動はある一点で一致する。どちらもフィクション、隠喩、歴史の力に訴えるのだ。解放の政治は文学的政治、あるいはフィクション－政治である。権力が勘定に入れていない集団的な名前や人格を発明し、そうして（具体的な不当行為や不正をきっかけに）権力に挑戦するのだ。このような名前は、特定の誰かのものではない。語らぬ人、声の届かぬ人、声なき人、決定に関われぬ人、共通世界から排除された人、そうした人々すべてに当てはまる名前である。

以下ではまず、ランシエールの言葉に私自身の言葉を交えながら、彼の政治的フィクション理論を提示しよう。それに続いて、15M運動とともに出現した「誰でも」という名前を取り上げ、その力能と問題を考えることとしたい。

政治的フィクション：三つの操作

ランシエールによると、政治的フィクションは同時に三つの操作を行う。集団的な名前ないし人格を創ること。新たな現実を生産すること。既存の現実を断つこと、である。

集団的名前ないし人格は、前もってあった主体を表現したり反映したりしたものではない。それまでなかった主体化の空間、言語や知覚や行動の変容の空間を創りだすのである。言うなれば、この集団的人格とは、社会の一部に、現実のグループとしてすでに含まれていたものではない。何らかの特徴を備えた客体として取り出せるような個人の集合ではなく、またそのようなものとして潜在していたというのですらない。集団的人格が存在しはじめるのは、それが自らを存在者として表明、宣言すること、つまり自己命名することによってである。したがって（物や主体、実体という）明解な現実というよりも、その現れ方はむしろ幻影のようだ。おぼろげで、とぎれとぎれ。どこにも落ち着かず、体も持たず。やることも、いるところも定まらず。騒ぎの種となり、法にも則っていない。

この集団的な名前・人格により現実が断たれる。ここでの現実とは、見えるもの、感じられるもの、できること、考えられることを決めつけている地図であり、あるいは可能と不可能、可視と不可視、意味と雑音、現実と非現実、適法と不法、堪えうるものと堪え難いものを決めている枠組みである。また現実とは、分類・命名・アイデンティティからなる秩序であり、これが事物を今のようにあらしめている。この秩序は、場所や権力や役目をヒエラルキーにそって分配する。また社会全体をカテゴリーに区分した上で、さらにグループとサブグループへと分割する。さらに各人に文書を付随させ、あれこれの属性や所有（肩書、出身、身分、ランク、財産など）に基づき能力を決めつけ、そこに書き込み、ファイリングするのである。

（場所のヒエラルキー的分配としての）こうした現実も、フィクションばりの「虚構」のはずだが、現実として認められている。そこに現にあり、また、あることのできる唯一のものを装っている。常に自らを、想定上こうあるべきとされる事物を盾に、正当化しようと試みている。そうして他方では、空虚な点、あるいは争点を、つまり諸部分の配分に収まりきらない残余（浮遊する要素、割り当てられない要素）を憎むのである。

政治的フィクションとしての集団的人格は新たな現実を生み出す。可能なものの地図をそれが再定義するからである。現実について見えるもの、できること、感じられること、考えられることを修正するだけではない。誰にそれができるのかまでも変えてしまう。場所と役割のヒエラルキー的分配に対し、誰しもがもつ能力と知性の平等の名のもとに異議申し立てする。そこに未知の景色が示される。見えなかったものが見えるようになり、散らばっていたものが関係づけられる。そうして他の声、他のテーマ、他の言語、他の言表、他の尺度、他の推論、他の合法性、他の事実が生じてくる。その未知の景色はそこで万人誰しもに差し出される。贈与として、贈り物として、新たな生き方の可能性として。

政治的フィクションは断ちつつ創りだす。創りだしながら断つ。同時に二つをなす。分類をほどく権力であり、創造の権力である。共を作ることで共をほどき、また共をほどくことで、共を作りなおすのである。

ランシエールの著作にはそこかしこに、その例が散りばめられている。政治的フィクションの概念をつまびらかにする歴史の例だ。短く四つほど確認しよう。フランス革命の市民−人間。プロレタリアート。六八年五月のスローガン「我々は皆ドイツ系ユダヤ人だ」。一九八九年の東ドイツのデモでのスローガン「我々は民衆だ」である。

市民−人間

ジョセフ・ド・メーストル伯爵こそは、間違いなくフランス革命の最も輝かしき敵のひとりであった。絶対君主制とアンシャン・レジームを擁護する教皇至上主義者であるが、啓蒙時代の転覆というもののフィクション的本性をよほどうまく摑んでいた。彼はこう述べていた。「これまでの人生で、フランス人、イタリア人、ロシア人を見てきた。モンテスキューのおかげで、ペルシャ人のことまで知った。しかし、人間には決して出会わなかった。人間がいるとしても、私はまったく見たこともない」。

ド・メーストルによれば、市民−人間、つまりフランス革命の前提にして主役であるこの存在など、そもそもいやしない。錯覚であり、不可能であり、抽象であり、幻であり、御伽噺であり、嘘っぱちである。目で見ることも手で触れることもできない。伯爵にとり、フランス人、イタリア人、ロシア人は存在する。アンシャン・レジームのもとで生まれながらの地位（王族、貴族、農民）に従い、場所と役割を分配されているからだ。それぞれの地位はすべて「自然法則」に適っている。ところがこの法則については「存在するから存在するんだと言う以上のことはできない」。ともかくそれぞれは自分の持ち場にとどまり、そこに順応しなければならない。場に応じて容認されるものを見て、感じ、なし、考えねばならない。それはアイデンティティの再生産である。

ド・メーストルにいないとしか見えなかったのは、以前には存在していなかった空間が革命というフィクションにより発明されたからである。また、そのことによって、現実を定義する分類秩序が断たれ、必然的なものの必然性が問いに付され、現状のままにあれという主体への命令が保留となったからである。新たな精神空間は、可能と不可能を、可視と不可視を、堪えうるものと堪え難きものを再定義する。持ち前の場所（生まれや現状）の自然性の枠から、存在と事物を外してやる。人が自らを何者であるかを示すのは、もはや生まれつきの場所や社会的地位ではない。人は理性を備えた何者かであり、その点で他の人間存在たちと平等なのだ。フィクションはこうして新たな「我々」を描き、創りだす。それは誰しもが自らについて語りだすような主体性の空間である。

フランス革命の革命家たちは「かのようにやる」決意をする。あたかも自分たちは、アンシャン・レジームの臣民ではないかのようにやる。現実が強いてくるような存在のあり方とは違うかのようにやる。むしろ考えて決めることができる、憲法を起草することもできる、自分を自分で統治することもできる、そんな市民であるかのようにやる。かくして彼らは、別の枠組みを使って自分たちを再定義するのだ。万人に平等な思考の能力が、新たな尊厳の基盤となる。「抽象的個人」とド・メーストルは抗議した。だが、市民‐人間は、アンシャン・レジーム下の決定に基づいて下賜される資質や財産、尊敬といった基準によって調整されるのでも、左右されるのでもない。「属性なき」人間、つまり統治に必要な所有物も肩書も名誉も富もない人間である。「根無し」の人間、つまりもはや生まれや社会的地位という「地に植わった」人間ではなく、平等のフィクションによってそこから引き抜かれた人間である。「熟議をやっている集団に、社会を任せるなど狂気の沙汰だ。熟議から憲法が出てくることなどありえないのだから」。ド・メーストルによれば憲法はただ、目の前にあるものを拾い上げ、書き写すだけである。つまり「存在するから存在するんだと言う以上のことはできない」ような法律なのだ。新たな革命憲法は不毛だろうと、この伯爵は論ずる。なぜなら、それは人工的で「自然に反する」からだ。権利を幻影に結びつけ、社会全体をないものに基礎づければ、とびきり最悪の失敗へ陥るだろう。それは所与へのありえない反逆である。「悪魔的行為」としての革命である。ところが、最近二世紀の歴史——その間、市民‐人間という政治的フィクションの効果がずっと働いてきた——がはっきりと示すように、政治的フィクションは現実を生み出す。自然にして永遠だと想定された秩序をかき乱して、世界を逆さまに変えてしまう効果を生み出すのである。御伽噺は真剣なことなのだ。

プロレタリアート

ランシエールは、彼の言う政治的フィクションとしてのプロレタリアの要点をまとめるために二つの歴史をひもとく。最初は一七九二年、ロンドンのある食堂で、理念をともにする九名の労働者たちが集会を持ったことである。彼らは、理性のあるすべての成人は、議員を選ぶ能力を持つ（またその限りで権利を持たなければならない）と考えていた。そのための闘争として、この九名の労働者は「ロンドン通信協会」を作る。その第一規則には以下のようにある。「我ら会員の数に制限はない」。労働運動史家E・P・トムスンは、この同じ場面を、イギリス労働者階級の形成の始まりとなった出来事と見なしている。[*1]

二つめの歴史は、一八三二年の反乱に対する裁判の際、判事が、著名なフランス人革命家オーギュスト・ブランキに、彼の職業について尋ねる場面である。「プロレタリアだ」とブランキは答えた。判事は異議を唱えた。「しかしそれは職業ではない」。ブランキは、確かにプロレタリア労働者と言われているものではなかったが、すぐさまこう答えた。「いいえ、これぞ、労働によって生活しながらも、政治的権利を剝奪されている三〇〇〇万フランス人の職業であります」。

労働運動の歴史家でもあるランシエールが説明するように、「プロレタリア」とは古代ローマに由来する用語であり、単純な再生産に身を捧げる群衆を指して使われたものである。元の文脈から引き離されこの時代へとやってきたこの古語が、ここで名づけているのは、いきなり声を取り戻した「文化」だとか集団的エートスなどではない。（ブランキを含め）誰しもが入ることのできる主体化の空間である。既定の社会集団だとか、特定のセクター、全体の一部などではない。むしろ可能なものの地図を攪乱する「分け前なきものたちの分け前」である。もともとあったのではなく、現実が断たれ、葛藤が生じることで作り出される空間である。実体ではなく出来事なのだ。

プロレタリアとは、人類全体のありうべき解放の名前である。「もはや階級ならざる階級」とマルクスは言った。「あらゆる階級の解消」であると。それは「特定の社会階級ではない」と毛沢東は説明した。「〈革命〉の友にすぎない」と。誰もが誰しもと平等であることが示される空虚な名前である。万人が当てはまるひとつの無なのだ。

プロレタリアの政治的フィクションは、感性の資本主義的分割に書き込まれたヒエラルキー的不平等を断つ。その不平等は、組み立てラインの発明者テーラーの次の言に完璧に要約されているだろう。「労働者たちはオランウータンとロボットの合いの子である」。つまり、手仕事をするものは頭で考えられない。生産者たちは自動機械であり動物だ。彼らに組織的に仕事をさせるには、支配階級が必要だ、というわけだ。一九世紀のプロレタリアは「かのようにやる」決意をする。あたかも現実が強いるようなオランウータンとロボットの合いの子ではないかのようにやる。知性においても、才能においても皆と平等であり、読み、考え、書き、自分で仕事を組織できる人々であるかのようにやる。

かくしてプロレタリアのフィクションは、割り当てられた場所の外へ身体をずらさせる。そこで、かつて不可能であり、また禁じられてもいた事柄を行う能力が与えられる。それは与えられた場所の運命をも変えてしまう。例えば、工房は、組織化、議論、政治活動の空間として新たな意義を持つ。服従的で無言で疎外的な労働のためだけのものではなくなるのだ。またそうして、隠れがちであったものが見えるようになり、ただ肉体的苦悩として知覚されていたものが、理路として聞かれるようになる。そう

＊1　訳注——エドワード・P・トムスン『イングランド労働者階級の形成』市橋秀夫・芳賀健一訳、青弓社、二〇〇三年、二一三－二一四頁。

してこれっきり、現実の地図は変容する。労働はもはや雇用主と労働者のあいだでの私的な話題ではなくなり、社会が何を正義とするのかを判断する公的で集団的な争点となるのである。

「我々はみなドイツ系ユダヤ人だ」

六八年五月の半ばのことである。フランス政府は、この運動のリーダーのひとり、ダニエル・コーン゠ベンディット、フランス生まれのドイツ・パスポート保持者でユダヤ人の両親を持つ彼を、ドイツからパリへと戻らせまいとする。政治家と保守系出版社が彼を攻撃する。彼は危険分子であり、さらには「ドイツ系ユダヤ人である」と。それをうけ、連帯デモが組織され、次のスローガンが唱和された。「我々はみなドイツ系ユダヤ人だ」。これぞランシエールが「不可能な言表」あるいは「不可能な同一化」と名づけるものである。街頭でこれを叫ぶ人たちが、ドイツ系ユダヤ人でないことは明白である。しかし、彼らは敵によるスティグマ的なステレオタイプを、集団的な名前として新たに意味づけしつつ、引き受けるのだ。社会集団や現実的アイデンティティが混同されているわけではない。ではどのような現実が、この不可能な言表により断たれたのだろうか。権力が排除するものに同一化することで、権力への同一化が解消されているのである。そうではありえない人々に同一化することで、現在ある自分、この場合は「良いフランス人」への同一化を解消するのである。それによって、別の主体化の空間にある新たな可能性へと再同一化する。その空間では、誰しもが、いちいち許可を請わずとも、またアイデンティティのフィルター越しにでなくとも、自ら語ることができるのだ。

「我々は民衆だ」

これは一九八九年のソヴィエト独裁制に対する東ドイツ人たちの反逆のスローガンである。ライプツィヒでの「月曜デモ」で合唱され始めた後、すぐに東ドイツ全土に広がった。この叫びは何を言おうとするものだろうか。少なくとも二つのことだ。一方で、「我々はソヴィエト国家によって言われているもの（CIAのエージェントあるいはフーリガン）ではない。どこにでもいる人々であり、お望みなら、あなた自身だ」。他方で、「民衆はあなたがそう言っているものではない、つまり国家によって代表されるしかない受け身で無言な対象ではなく、何か別のものなのだ」。国家のトップからの返事はこうだ。「ご覧、君たちは民衆ではない、ただの（怪しい）少数派だ。たかだか街頭に出た数千の人々が、どうしてこれを行わない数百万の人々を代表する権利を主張できるのか」。この集団的な名前（古典中の古典たる「民衆」）が行う操作は、まずは距離を開くことである。この表象そのものが持つ「分断する名前」（分類、スティグマ、犯罪化のための名前）から距離を取るのである。そのうえで、別の可能性、別の合法性、別の声、別の理性をわがものとする。幻の民衆、すなわち国勢調査や統計には現れないが、同時に壁を打ち倒し、現実を変容させる民衆のための空間を創るのである。

二重化

ランシエールによれば、フィクション－政治（あるいは政治的フィクション）の効果とは二重化である。ひとつが二つに分割されるのだ。フィクションを通じて、我々は自分を脱身体化（身体を放棄）しつつ、（さまざまな可能性が待つ新たな領野へと）再身体化する。あたかも我々が今あるようなものとは違うものである「かのようにやる」。またそのようにして、現実効果を発生させる。フィクションは、それを我々が信じ、その帰結のうちで自らを組織するようになるときから、物質的力となる。

集団的人格を演じるそれぞれの身体は、こうした二重化を内的に経験している。葛藤が各人を横断し、分割する。そこで我々は同時に二つの生を生きる。人はイタリア人であったり、イギリス人であったり、ロシア人であったりしながら、しかし同時に、考える能力を持ち、憲法を起草する能力を持つ人間存在である。疎外的で無言な労働に従属する身体でありながら、同時に、読み書き能力のあるプロレタリアである。フランス人でありながら、同時にフランスに入れない人々と連帯する「ドイツ系ユダヤ人」である。二重の存在は、単に「分相応」には振る舞わない。つまり自分の居場所に応じて行動や思考を展開するのではない。二重の存在は、未知の景色、ありえない連結、他の能力に開かれている。ランシエールにならって、これを両棲存在と言おう。階級や知の境界をぼやかしながら、異なるアイデンティティの「あいだ」に生きる存在である。

フィクションを通じて、我々は、そこにいなくてはならない所属の場としての共同体から引き抜かれ、偶然と運まかせの共同体に書き込まれる。というのも後者は、あれこれの所有物や属性を共有するものたちの共同体ではなく、誰しもが特異的であるような共同体だからだ。どんな人が現れるか、先読みはできない。ただ、呼びかけられたと感じる人の集まりである。つまり感性の共同体——共通のアイデンティティによってではなく、共有された感性によって定義される共同体だ。場の外にある共同体——そしてまさしくそうだからこそ、どのような場所にも具現することのできる共同体である。永続的な拠点を持つ堅固な政治主体であるよりは、ある時、ある場所に現れる亡霊なのである。

フィクションはとびきりの人間化の力能である。人間存在が単に生物学的かつ社会的に規定された「必然的産物」に過ぎないのではなく、自らを新たな身体に作りなおす能力を持つのならば、フィクションこそがその力能を実現し、真なるものとして示すのだ。フィクションは自動性を断つ。それにより我々は、遺伝子や氏姓、出生地、社会的条件のうちに書き込まれた自らの運命に対する服従を脱するのである。

文面的政治と文学的政治

「そんなことできっこない」。こう宣言する声は尽きないものである。フランスの革命家たちは「我々は人間だ」と述べたが、ド・メーストルの答えは「そんなものはいない。ばかなことを」というものだった。ブランキは「私の職業はプロレタリアだ」と述べたが、判事は異議を唱え、「それは職業ではない」と告げた。ドイツ人は「我々は民衆だ」と口をそろえたが、ソヴィエト国家は「そんなことはない、君たちは少数派だ、それが見えないのか」と応答した。しかし、どの場合にも、見えていない、ということは、別のものが見えている、つまり二重に見えている、ということだ。

この不和は単に、いくつかの前例から考えられるように、革命家と反革命家のあいだにあるのではない。これはそもそも批判的思考と解放実践の内側にある。解放もまた、アイデンティティ（階級、国籍、文化、民族、性的アイデンティティ）の肯定として今日に至るまで考えられてきているからだ。これを「文面的政治」と呼ぶことができるだろう。文面的政治はこう言う、「我々は、ご覧のとおりの我々である。意識を持つものであり、我々は、自分たちのもの、我々本来のものの回復を要求する」と。教育学的政治であり、（我々に）欠けている知を、現にある我々をめぐって組織された無知に対置する。表現の自由の政治であり、アイデンティティの発展を、これを抑え込む抑圧に対置する。

しかし、解放を別の仕方で考えることもできよう。我々は、ご覧のとおりの我々であり、かつ、ない。文学的政治は状況や文化、生き方を「表現」するのではない。現実の二つの現れを分離する。「我々が何者であるか」から「我々に何ができるか」を切り離すのである。我々はフィクションを通じて、自らのアイデンティティや起源、条件のせいで禁じられていた活動や、不可能となっていた活動を行う能力を手にする。（あれこれのアイデンティティに照らして必要とされる）パイの取り分を増やそうと要求することなどない。このパイの本性そのものを問い質すような問いを提起するのだ。自分のものを肯定するのではなく、非本来的なものほど肯定する。共有されたもの、横断的なもの、万人のものであると同時に誰のものでもないものを。フィクション－政治は、世界を別ものにするような二重化である。この「世界間戦争」が唯一の世界、共通世界を絶えず作りなおすのだ。

以上の点から、アルチュセールのマルクス主義やブルデューの批判社会学にランシエールが仕掛けた論争を理解できるだろう。ランシエールにとっての政治とは、我々には欠けているが科学は持っているような知を獲得することではない。また自分のアイデンティティにぴったりの本来的で具体的な意識と出会うことでもない。むしろ、主体化の過程を通じて与えられた文化やアイデンティティに対する同一化を解消することである。言葉や見かけは、ここでは現実の（よく言えば）「反映」でも、（悪く言えば）「仮面」でもない。我々を作る決定作用の彼岸へ、つまり運命の彼岸へと、我々を連れていくような物質的な力である。解放的な知とは、現実を適切に発見する知ではなく、むしろ、共通の経験を再発見する知である。政治的な名前は、具体的な社会集団の利害の表現ではなく、役割の社会的分割の問い直しの名前なのであり、そこでは我々みなが呼びかけられるのである。

フィクションとしての15M

さて、ここから、15M運動とともに生じたいくつかの言表を、包摂的で政治的なフィクションとして検討していきたい。本稿の流れからすると、これからランシエール理論の具体的事象への一種の「応用」が論じられていくように思われるかもしれないが、しかしほとんど正反対である。一人称で生きられたこの事例こそが、この哲学者の省察を内在的に理解させてくれる契機となったのだ。実際、思想が出来事として生じるときにはいつものことだが、ここで問題となるのはひとつの出会いである。読書、生の経験、自発的発明のあいだで、どれがどれに着想を与えたのかもわからないような仕方で出会いが起こるのだ。

15Mが占拠した広場は、初めの日から常に開かれた空間として提示された。きっぱり分けるのでも、溝を作るのでもない。そこで出会い、考えながら、一緒に組織を作っていこうと、誰でも招き入れた。質問しにやってきて、答えを探してもらおうとした（誰も答えなどもっていないと認めているからこそである）。招くことは簡単な操作ではない。赤の他人を信頼したり、受け入れるすべを知っていたり、何か差し出すものを持っていたり、相手の持ち出すものをうけて自分を変えることができたり、相手が空間を再領有して好きに再配置することを許可したりといったことが必要である。まだ我々のところにいない他者のことを気にかけているあいだ、キャンプにはかなりの創造的緊張が張り詰めていた。"respeto"

（尊敬を）という標語を人々はよく口にしていた。それは、自分と違う人々、赤の他人との共生を工夫していく必要、そしてそのための挑戦を名づけていた。分断するもの（〔党派を表す〕略号、暴力、言語、排除の振舞い）ではなく、つなぐものが常に前面に置かれていた。今日、他者が邪魔者や脅威として繰り返し姿を現す時代にあって、これは最も難しいことであろう。

権力について一緒に考え挑戦するよう他者を招くためには、現にあるような何者かであり続けることを我々はやめねばならない。現実に押しつけられたあり方に従う「かぎり」、ただ衝突や、道具的で不平等な関係がもたらされるのみであり、出会いや水平的構成は生まれないからだ。政治的フィクションが作る共通の地平において、我々は現にあるようにあることをやめ、他のもの「として」互いに出会うことができるようになる。我々はそこではオープンで包摂的なものとなる。怒れる者たち、ひとびと（personas）、九九％、ソル広場、15Mは、集団的な名前ないし人格であり、局地的政治シナリオをチェス盤（社会労働者党〔PSOE〕／国民党〔PP〕、左派／右派、二つのスペイン）として組織する分類秩序は、そうした名前や人格を通じて攪乱された。かくして我々は、危機の政治的・経済的詐欺の被害者たる九九％の人々として、自分で自分を召喚できるようになったのだ。

怒れる者たち

これは当初、固有名というよりはむしろメディアが貼ったレッテルであった。広場ではそれほど言われていなかったように思う。だが、後になって、自分を15Mとみなすようになった人たちがこの語を再領有すると、事態が変わる（権力と人々一般とのあいだにはいつもギブ・アンド・テイクがあり、そこでイメージや言葉が新たな意義を持つようになることがあるが、その一例であろう）。

　このフィクションによりどのような現実が断たれるのか。怒れる者たちは、労働との関連から定義されるのではない。怒れる者たちは労働者ではない。不安定労働者でも、失業者でもない。国という枠組みとの関連から定義されるのでもない。怒れる者たちは「市民」でもなく、「民衆」でもない。ここでは同一化の解除が、伝統的代表制の形態、労働者なら労働組合、民衆や市民であれば政党といった形態に対し働いている。

　怒れる者たちは、より開かれた「我々」を用意する。活動と態度により定義される「我々」である。誰しもが怒りを感じることはあり、事態を堪え難いと知覚することがあるだろう。誰しもが政治家や銀行家に操られる商品であることを拒絶することがあるだろう。怒りは社会学的、イデオロギー的な（「この」ないし「あの」）アイデンティティを参照しない。潜在的には誰でも手が届くような主体的決定を参照するのだ。

　怒れる者たちという名前に対する批判もある。15M運動が拒絶や叫びの域を出ないというなら、この名前は、ただのあさはかで非建設的な抗議に過ぎないという印象を与えるというのだ（有名知識人や評論家には、遠巻きからそのような解釈をする人もいた）。だが広場占拠の数日後には、我々が闇雲な怒りを叫んでいるだけだとは到底言えなかった。この叫びは同時に、共にいることの美しさと力能からくるものであったし、地に足のついた見事な実践思想の展開でもあり、共同のものを共同に引き受けるための形式の再発明でもあった。そのうえで次のような問いが提起される。そうした言葉が、既存の意味を担ってしまうのはやむをえないのだろうか。それとも、別の実践、別の文脈に結びつけることによって、さらには、そこに別の意味（例えば「怒れる者たち（*indignados*）」という言葉が内包する「尊厳（*dignidad*）」）を展開させることによって、それらの言葉に別のことを言わせることができるのだろうか。

ひとびと（personas）

キャンプのはじめ、複数のグループや委員会のあいだで議論が起こった。我々は、「ひとびと（personas）」と名乗るべきだろうか。それとも市民と名乗るべきだろうか。多くの人が、「ひとびと」という言葉のほうが開かれた状況にあって適切で効果的だと考えていた。実際、ソル広場から発せられた最初のテクストにはこうある。「ここにいる我々は、集団でもなく、組織でもない。自由にここに集まったひとびと（personas）だ……」。

オンダ・プレカリア[*2]の友人たちが述べるように、「ひとびと」という言葉は「（政党の）略号やイデオロギーばかりではなく、同時に、固定的アイデンティティ（労働者や市民……）も捨て去るものであり、おかげで多数の人々を呼びとめることができた。もう一度互いに目を見つめあい、他者を信じることができるようになった。この他者も、ここソル広場に集まって私や向こうの彼と肘をつきあわせながら、ひとが商品として扱われないように政治家や銀行家に立ち向かっているのだから。自分たちを『ひとびと』と呼ぶことで、我々はタブララサ（白紙状態）を設け、そこで互いを平等なものとして認めたのだった。『どこから来たかは問題じゃない、身分証明も必要じゃない、君も僕と同じだって知っているよ』と言っているようなものであった」。

政治的な色も重さもない「ひとびと」は、それ自体に、未知の力能を秘めており、信頼に足る言葉として通用するようになる。政治家のせいで信用を失った政治の外へ旅立つための別の始まりの点、別の出発点の欲望を指し示すのである。

「ひとびと（personas）」は同時に、「個人的なもの（personal）」への信頼を救う。現代的な生活では我々の尊厳にふさわしい次元は少なくなったが、そのひとつこそこの信頼だ。それは親密性の魅力である。親密性においては、たしかに無数の計算や戦略が働いてもいるが、それでも我々は、他者が我々に対し真摯で衒いなく姿を見せるのを感じ取る。どう判断されるだろうとか、裏の意図があるのではと臆することなしに、シンプルで素直に姿を現すのだ。SNSを動かしているのも、この親密性であろう。一人ひとりが、それぞれひととしてつながるのだ。SNSにおいてはさらに、親密性は直接的な情動領域から出て、公的なものとなる。公私の境界、仲間と赤の他人の境界はそこではぼやける。

こうして一人ひとりがつながることは、すでに過去にも政治的に実現してきた。例えば、二〇〇四年五月一一日に起こったテロ攻撃の二日後にPPの拠点の前での抗議が呼びかけられたことがあった。このときの匿名アピールを我々が信頼したのは、まさしくそこにいかなる政治組織の署名もなく、多くの仲間たちから我々に届けられたものだったからだ。それは、アイデンティティやイデオロギーに訴えるのではなく、感性的情愛を揺さぶるものだった。また現在進行形の事態を一人称で捉えるものであった。だからこそ、匿名で個人的なこのアピールは、抗議を盛り上げることができたのだ。

15Mでは「親密性」が公的なものとなるだけではない。それは路上や身体の上で具体化される。数週

＊2　訳注――社会運動の情報を発信するスペインのインターネットラジオ。

間のキャンプのあいだ、驚くくらい、個人は公的な場面に晒された。ふつうは恥や外聞が邪魔して、赤の他人と最も親密な事柄を共有しようとはしないだろう。しかし、そんな恥や外聞などどこかへ行ってしまったかのように、深い悩みや自分の性向がそこでは共有されていた。集会では個人的な発言ほど（静かに、拍手で）喝采を浴びた。例えば、自分自身の言葉を見つけるために口ごもったり、考えあぐねたりするような発言である。いつもの繰り返しであったり、どこかで聞いたようなものだったり、その場から何の影響も受けていなかったりする演説には、すぐさま拒絶の身振りが示された。

これまで政治活動は公私の二軸で考えられてきたが、今日おそらく、これを親密と共同という点から再考することができるだろう。親密とは私的なものどころか、その正反対である。最も本来的であると同時に最も非本来的なもの。すなわち、あなたのものと私のもののあいだを横断するもの。皆のものであり、かつ誰のものでもないものである。驚くことに、集会のなかで突然誰かが、まさしく私が考えていることを言い始めることがある。私の頭に浮かんでいることが公に表明されることがある。哲学者のサンティアゴ・ロペス＝ペティトは、これを「共同的内面性」とし、新たに生じつつある匿名的な政治形態の動力だと論じている。私が一人きりで頭の中でつぶやいていること、つまり私の真理が、思いもよらず、（私のまったく見知らぬ）多くの他者に共有された集団的真理として鳴り響き、駆けめぐる。この共同的真理が、我々の新たな基礎となるのである。

最後に、「ひと」という言葉が思い出させるのは、オデュッセウス物語の巨人ポリュペモスである[*3]。しかるべきとき、ポリュペムスがオデュッセウスにその名を問うと、オデュッセウスはこう応える。「私の名は、誰でもないだ。誰でもない、そう母も父も仲間らみなも、私を呼ぶ」。彼はこの策のおかげで、ポリュペムスの単眼を傷つけた後、仲間ともどもうまく逃げおおせたのだ。ポリュペムスがほかの巨人らに助けを求めても、攻撃したのは「誰でもない」のだから、みなポリュペムスのことを気にかけないのである。

権力とは常に、ステレオタイプ機械である。命名し、ファイリングし、分断し、スティグマを押しつけ、犯罪者扱いする。15Mの場合「反体制」や「ペロフラウタ」[*4]といったステレオタイプが押しつけられ、「普通の人」と「抗議者」が区別された。怪しいやつらというわけだ。それは共同の破壊である。しかし15Mは、このステレオタイプを出し抜く仕方をあまた作り出してきた。ときにユーモアによって恐怖のイメージを馬鹿にし、そんなものは何でもないと示したり、ときに、いま広場で何が起きているのか、その現実を自分の目で見てほしいと誰でも招きいれたり。こうして何度も、自分たちを、誰しものための空間として提示していったのである。

メディア＝政治の巨人族が15Mに「お前の名は何だ」と尋ねるなら、「我々はひとびとだ」と答えることが、別の逃げ道となるだろう。「ひとびと」とは空虚な名前であり、そこには誰しもが当てはまる。我々すべてを含みこむ、ひとつの無である。おもしろいことに、“persona”という言葉は「仮面」に由来する。古代の俳優たちが、演じる役に命を吹き込むためにかぶった仮面のことだ。政治的フィクショ

＊3　訳注──「ひと」と訳したスペイン語personaは、他のラテン系言語の同型語（例えばフランス語のpersonneなど）で、否定の表現としての「誰でもない」を意味する場合がある。

＊4　訳注──直訳は犬笛。犬を連れ、笛ふきで日銭を稼ぐ野宿者などの姿を揶揄した表現。

ンとは集団的な名前であり、仮面である。それを使って我々は権力の目から姿をくらまし、それ以外のところではむしろ姿を現すのである。

我々は九九%である

ソル広場のキャンプでは「我々は皆だ」という幟がひらめいた。とてもよく似た言表が、その後、合衆国のオキュパイ運動の中心的なかけ声となった。「我々は九九%だ」である。その影響が、グローバルな広場占拠運動にひろく伝わり、スペインでも九九%のかけ声が使われ始めている。「我々は九九%だ」とは、明らかにランシエールが述べる「不可能な言表」のひとつであろう。逆説的で不可能な主張(文面どおりの客観的な見方からすれば「嘘」)だが、路上の少数者はこれを頼りに自分が多数派であり、皆であると述べるのである。

この言表は「我々は民衆だ」に向けられるのと同じ批判を、まさに同じ理由から受ける。「あなたたちは九九%ではない。とても具体的(かつ怪しい)少数派だ」と。議論の支えとして、常に、デモ参加者の数と、選挙での票数とが比較され、こう述べられる。「これが実際のあなた方だ。この候補者に投票している人々と同じか、少ないくらいだ」。ここでまたもや、二つの政治がぶつかっている。文面的政治と文学的政治である。文面的政治がここで現実を考えるにあたって依拠する枠組みは、全体と部分、部分と政党、多数派と少数派、算術的比率と幾何学的比率といったものだ。選挙結果のグラフに完璧に表現されるものばかりである。一人が一票と同じにみなされたり、さまざまな色で部分や政党が表されたり。

しかしランシエールが論じるとおり、説明がつかないまさにそのときに何かが起こっている。文学的政治が現実を二重化するのだ。全体と諸部分という枠組みは、そこに余りの部分、分け前なきものたちの分け前が追加されることで攪乱される。皆に代わって話すための空間ではなく、皆に向けて話すための空間だ。特定の人々に呼びかけるのではなく、互いにとても異なる人々を巻き込む横断的な問いと問題から出発するのだ。例えば、これは15Mが政治化する点のひとつであったのだが、強制立ち退き[*5]は、宗教者も、非宗教者も、右も左も、王党派も共和派も巻き込んだ。

富を独占する一%と、持たざる九九%に対する政治的決定とのあいだの対立を強調する読みもあるだろう。しかし標語の力は、量や説明的記述に関わるというより、文学であり表現だと思われる。我々は九九%だ、というのは、「我々の行動や発言は区別なく万人へと向けられている」という意味であり、そこにはオープンであろうとする意志がある。まだ我々のところにいない人々についての問いや心配もある。アイデンティティの自己言及的快適さも問題とされている。赤の他人同士が平等な知性を持つことが信じられている。誰しも、共通の争点を引き受ける能力があるのだと信じられている。こうして言葉は実践的効果を持つのである。

ズッコティ公園占拠のはじめの数日間、オキュパイ・ウォールストリートは、ほとんど社会運動家や政治活動家だけが居座る空間だった。その後に九九%の標語が広がり始めた。きっかけは、状況を打開しようとした何人かが打ち出したものであった。多くの異なる人々が、このスローガンに呼びかけられ

＊5　訳注――サンチェス＝エストップ・インタヴュー注10、およびフェルナンデス＝サバテル・インタヴューを参照。

たと感じ、ズッコティに近づいた。自己言及的で排他的な政治言語や政治行動は、こうしてやってきた赤の他人たちを迎え入れるために、自己修正を余儀なくされた。こうして我々は九九％だというスローガンは物質的に状況を変革したのである。

ソル広場

二〇一一年八月の初め、当局によりソル広場キャンプの残りの撤去が決定された。カルロス三世騎馬像の下に15Mが設置した板（「我々は眠っていたが、もう目覚めた（dormiamos, despertamos）」と書いてあった）が取り払われた。そのとき何千という人々がすぐさま抗議デモに進んで参加し、この前代未聞のポリス的展開を妨げたのだ。ソル広場は15Mに関わったマドリード市民にとり非常に重要な空間である。キャンプ以降も数ヶ月にわたって、さまざまな種類の会議、集まり、団結がずっと実施され続けている。しかし同時にソル広場は、象徴的空間、隠喩に満ちた隠喩空間でもある。たとえばゼロ・キロメートルの標示。つまりハンナ・アレントが政治本来のものを定義した「新たな始まり」である。あるいは「ソルになれ（ensolate）」、「ソルへの生成（ensolation）」などなどの標語。これらの標語は、精神にエネルギーを与えて、キャンプ内の気持ちを盛り上げる。[*6] 無力から力能へ、競争から協働へ、シニシズムから信頼へと移る気持ちを盛り上げるのだ。「目覚め」のイメージは、意識の覚醒としてだけではなく、個人主義の悪夢からの目覚めでもある。麻酔にひたり鎧で身を固めた身体から、我々が共同で持つものへと目覚めることだ。

ソル広場の政治的フィクションが呼び出すのは、すでに実現した可能性である。三週間にわたり広場に立てられていた小さな世界、小さな都市、（ある集まりで誰かが言ったみたいに）「青空民主主義のアトリエ」であり、共通の争点に共同で参加するさまざまな仕方が実験されていた。抗議と告発のためだけの空間ではない。集団的生の組織化の空間でもあった。誰でも住むことができ、参加できる空間であった（「我々皆があてはまる、私たちは皆を必要としている」と、ソル広場キャンプを撮影したビデオで述べられているが、この感覚がとても共有されていた）。主役になる経験。できるという経験。知の制度化されたヒエラルキーと政治決定の私的独占に抗して集団で声をあげる経験。自由の経験——ただし与えられた選択肢のなかから選ぶ可能性としての自由ではなく、ゲームのルールを集団的に再発明する可能性としての自由の経験。わずかなものから多くを作り出す経験——消費や金銭ではなく、人間関係や別種の時間経験と結びつくような、これまでとは異なる富や贅沢について考える経験。共同の経験であり、また普通の生活を支配する「自己責任論」に立ち向かうための味方として他者を再発見することである……すでに実現された可能性なのだ。ただしソル広場というフィクションは、これを思い出のうちにとどめているだけではない。これを実現し、再開し、発展させるよういまも我々に呼びかけている。

15M

最後にずばり15Mという名前が集団的人格として考えられるという点について、説明しよう。

＊6 訳注——ソルはスペイン語で太陽の意。ここでは太陽のエネルギーのイメージが重ねられているだろう。

日付が示すのはアイデンティティというより切断や閾である。反復の同質的時間を断つ不可逆の一点である。日付を運動の名前に採用することは、そうして開かれる「我々」がアイデンティティよりも出来事の次元にあるという認識を示している。つまりサンティアゴ・ロペス＝ペティトの言うように、「それ以前にはなかったし、また潜在していたわけでもない。我々が広場を占拠したまさにその瞬間に生じたのだ。そのため、この『我々』は開かれている。この運動に参加しその一部をなそうとする人すべてに開かれている」。15Mは、その日に始まったことに呼びかけられ触発されたと感じる人すべてを受け入れる名前なのである。

だが同時に、この日付を集団的名前として採用することのリスクを言う人もいる。イメージが固まり結晶化して、この名前にこびりついてしまい、そのためにこの名前がいつまでも起源につながれてしまうリスクである。まるでこの出来事がかつてのままにとどまり、新たに実現されることも、応用されることも許さないかのごとくに。これでは運動は、15Mだと認められる行動や発言の繰り返しだけが15Mであると、同一化の留め金につながれたままとなるだろう。ある意味そこで15Mは、運動としての、過程としての、モデルなき（自分をモデルにすらしない）実験としての自分を否定してしまうのである。

我々は開かれている。広場には内と外の明確な境界は決して定められなかった。むしろ常に交流が滞らないよう励まし合われていた。とはいえ15Mは中立的な空間だったのではない。誰しもの空間は、フラットな空間ではない。15Mは行動し発言する。ゆえにその行動と発言により定義される。つまりアイデンティティによってではなく、実践により定義される。しかしその行動と発言には、「こいつら」や「あいつら」など前もって決められた対話相手（左翼や社会運動など）がいるのではない。（潜在的には）

誰でも、なのだ。誰しもに呼びかけ、それをずっと生き生きと続けていく能力は、終わることなき物質的で具体的な試練である。言語や感性の試練であると同時に、時間や、政治活動の組織形態に関わる試練である。

広場を放棄してから、15Mは一種のスーパーヒーローになった。不正が行われているところに思いがけず現れた集団的なスーパーヒーローだ。そうした伝説が出てきたのも、広場に来ていた多くの人が、強制立ち退きや、警察による人種差別的な居住区狩りの抵抗のために動いたからだろう。だが、それらは15Mの介入だったろうか。そのように言うことはできない。こうして現れ、消えていったものは新たな社会的雰囲気(clima)であった。この雰囲気は、その実現にあたって、以前からの構造を利用し、横切り、何倍にも豊かにした。15Mが雰囲気であるとはどういうことか。いくつもの集会や委員会によって組織された運動や構造に限られない、ということだ。15Mとは別種の精神状態であり、現実に対する別種の集団的な態勢でもあった。広場でのエンパワーメントの経験に特徴づけられるこの態勢は、社会全体へと広がっている。

15Mという名前はそうした緊張のもとで議論される。雰囲気である以上、それは誰しもの名前である。拡散的で、別のところで領有されうる開かれた名前である。組織体としては、特定の現実を指す名前である。略号だが、内外で他の組織の略号と共存したり、競合したりする略号である。

フィクションとアイデンティティ

「我々とは所属される場ではなく、これを構成するために入っていくべき空間である」と述べたのは哲学者ディエゴ・タティアンである。政治的アイデンティティと社会学的アイデンティティは一致しない。それどころか、政治的アイデンティティは、社会学的アイデンティティとの断絶を想定する。現実が我々に強いてくるものであることをやめること。通常我々が所属している場所を放棄すること。自らを二重化すること。政治的アイデンティティとは発明される空間のことだ。かれこれの属性ではなく、問いや原理、探究を共有する誰しものあいだの空間だ。社会学的ファイリングによりあてがわれた場所ではなく、ひとつの感性である。政治的アイデンティティは、同一化に基づくアイデンティティではない。開かれており、終わりがなく、常に構成され続けるアイデンティティである。それこそが本稿でフィクションと呼んできたものだ。政治的活動はこの「御伽噺」をくぐりぬける。この「ぎこちない言葉」、この「不可能性」をくぐりぬける。社会や思想を取り締まるポリスたちにはそれが苛立たしいのだ。

しかし政治的フィクションはいつも、消え去るぎりぎりのところにある。同一化に基づく結晶化が起こるためだ。そのときこの幻影は、ひとつの場、構造、帯、実行者-主体に閉じ込められてしまう。代表可能な身体へと重苦しく物質化される。分け前なきものたちの分け前は、社会のうちの特定可能な切片となり、もはや誰しもに呼びかけることはなくなる。外に対しては堅く敵愾心に燃え、内に向けては同質的なこの境界線上の場は、異常者を排除し、万人の平等な知性という観念をさげすむ。

かくして、市民-人間は、女性や黒人、プロレタリア労働者について、あまり市民-人間とはいえないから排除しようと考える。プロレタリア階級は、純粋さを守るために、粛清にふさわしい怪しい要素、古い職工やプチブル、ルンペンを特定する。九九%のなかから「パーセンテージ」を下げようと声が上がる。「誰でも入れることになってしまう」より「最もよき活動家だけがいる」ほうが好ましいからだ。

ソル広場では、二〇一一年夏のローマ法王によるマドリード訪問の際、広場をうろつく巡礼者に向けて「ここは我々の広場だ」と怒鳴る声がする。誰しもの空間がこうしてまたもや、本来性の空間、所有者の所有物へと変わってしまう。

アイデンティティとフィクション、実質と出来事、文面的政治と文学的政治。この釣り合いをどちらかへ決定的に傾けるような公式はない。我々の運命を釘づけにする場とそれを正当化する理性とに対抗して、誰しもが持つ、新たな身体を身につける能力への信頼を構成し、また再構成することができるのみである。何度でも、何度でも。

本稿は二〇一二年七月に執筆された。

（訳：上尾真道）

参考文献

Jacques Rancière, *La lección de Althusser* (Galerna, 1975)（市田良彦ほか訳『アルチュセールの教え』航思社、二〇一三年）
——*Los nombres de la historia* (Nueva Visión, 1992)
——*El desacuerdo* (Nueva Visión, 1996)（松葉祥一ほか訳『不和あるいは了解なき了解』インスクリプト、二〇〇五年）
——*Política, policía, democracia. Santiago de Chile* (Arces-Lom, 2006)
——*Et tant pis pour les gens fatigués* (Editions Amsterdam, 2009)
——*Momentos políticos* (Clave intelectual, 2011)
Josepb de Maistre, Consideraciones sobre Francia (Tecnos, 1990)
Charlotte Nordmann, *Bourdieu/Rancière, la política entre sociología y filosofía* (Nueva Visión, 2010)

Amador Fernández-Savater, "Una revolución de personas" (http://blogs.publico.es/fueradelugar/920/una-revolucion-de-personas), "La República del 99%" (http://blogs.publico.es/fueradelugar/2220/la-republica-del-99) y otros textos sobre el 15-M en Público (http://blogs.publico.es/fueradelugar/tag/15-m) y eldiario.es (http://www.eldiario.es/autores/amador_fernandez_savater/)

Santiago López Petit, "Desbordar las plazas. Una estrategia de objetivos" (http://espai-en-blanc.blogspot.com.es/2011/06/desbordar-las-plazas-una-estrategia-de.html)

Ángel Luis Lara, "Occupy Wall Street o la bendita metamorfosis" (http://blogs.publico.es/fueradelugar/1028/occupywallstreet-o-la-bendita-metamorfosis) y otros textos sobre los movimientos de las plazas (http://blogs.publico.es/fueradelugar/category/angel-luis-lara)

Onda Precaria, "Abecedario sonoro IV. "Somos personas que hemos venido libre y voluntariamente..." (http://ondaprecaria.com/2011/09/18/abecedario-sonoro-iv-somos-personas-que-hemos-venido-libre-y-voluntariamente/)

Revista de Espai en Blanc nº 5-6: *La fuerza del anonimato* (Bellaterra, 2009)

Máscaras, ficciones, nombres colectivos... reportaje sobre activismo y ficción, por Leónidas Martín Saura y Núria Campabadal (http://acuarelalibros.blogspot.com.es/2012/01/mascaras-ficciones-nombres-colectivos.html)

La imagen del 99%, mayday en Nueva York (2012), por Leónidas Martín Saura (http://leodecerca.net/el-mayday-del-99-en-nueva-york-fotos/)

とりわけ15Mの友人たち、特にパトリシア、カロリナ、アルバロ、ルイス、レオ、ギレルモ、ファン、ルイサ。感謝！

Title: Política literal y política literaria (sobre ficciones políticas y 15-M)
Author: Amador Fernández-Savater
eldiario.es, 30 noviembre 2012
(http://www.eldiario.es/interferencias/ficcion-politica-15-M_6_71452864.html)

「バルサロナ・アン・クムー」とは何か
――スペイン(3)

パンチョ・ラマス

二〇一五年九月一三日　ローマ

政治実践の「エコロジー」

――パンチョさんは現在、バルサロナ・アン・クムー[*1]の活動に参加しています。スペインではここ四年、運動が活発に展開されてきましたが、バルサロナ・アン・クムーはこのコンテクストのなかにどのように位置づけられるのでしょうか。

何よりも重要なのは、まず、バルサロナ・アン・クムーはその「コンテクスト」なしにはけっして存在し得なかったという点です。その「コンテクスト」なしには連立も形成され得なかっただろうし、選挙に参加することもあり得なかっただろうし、その選挙で勝利することもなかった。バルサロナ・アン・

クムーが何ものかとして存在できたのは、それをひとつの「コンテクスト」が取り巻いていたからです。

ぼくにとって重要な考え方のひとつに政治実践の「エコロジー」というものがあります。スペインにおいてもヨーロッパにおいても今日、政治実践にとって必要なのは政治的組織化をひとつの「エコロジー」として考えること、ネットワークの論理で考えるということです。社会運動や制度、選挙プロセスやメディア介入といったものがすべて互いに絡み合って存在しているということ、様々なアクター、装置、手段がひとつの複雑な共存状態にあるということ。そのメカニズム全体を変化させなければ、今日、生活困窮者の自由、弱者の自由、アンダークラスの自由はあり得ない。社会運動も制度も、もちろん普通の意味での「労働」もすべてが生産を行い、社会はその全体においてひとつの生産回路をなしている。どんな変革の可能性もそうした社会的生産回路全体を民主的に編成し直すことができるかどうかにかかっています。重農主義者《フィジオクラット》たちは「タブロー・エコノミック」（経済表）というものを語り、大地はいかにして再び大地に戻り得るのかと問いました。今日では、社会的生産回路としての「エコロジー」のその複雑性を踏まえた上でこれと同じ問いを立て直す必要があります。そこにはフランコ・ベラルディの言うような「インフォスフェーラ」（情報圏）の問題も、ケアの問題も、個人間の関係といった問題も関わってきます。

バルサロナ・アン・クムーによって開かれたのは、以上のような「エコロジー」においては公的諸制度もまた他の要素と同様に変革のアクターになり得るという可能性です。この可能性を実現するための鍵は「公共政策」にあるとぼくは考えています。日本で「福祉国家」がこの六〇年あるいは七〇年のあいだいかなる歴史を辿ってきたのかはぼくはよく知らないけれど、少なくともヨーロッパにおいては

「福祉国家」は社会運動の偉大なる獲得物であると同時に、資本による労働の支配、国家による市民の支配を可能にするメカニズムでもありました。「福祉国家」は社会にとって相反する二つのものの弁証法としてあったということです。「福祉国家」のこの二側面のうちポジティヴなほうを今日、もう一度勝ち取らなければなりません。それはどうすれば可能なのか。それが可能となるのは、エコロジーの論理のなかに法的あるいは制度的諸装置をしっかり包摂した上で、そうした装置を通じて公共政策が協同組合、ネットワーク、労働組合といった一連の社会的組織と結びつけられる限りにおいてのことだとぼくは考えています。生産と再生産とのこの循環によってこそ、社会的生産回路は解放、自由あるいは革命へと導かれるのではないか。

革命的「跳躍」といったプロセス、すなわち、すべてを破壊した上で無からすべてを構築するといったプロセスは今日ではもはや実現不可能です。カタストロフに陥っていることが誰の目にも明らかな今日の社会状況においては、そもそも、破壊し構築するといったプロセスを進める時間の余裕すらありません。ぼくたちには時間がない。もしそうであるなら、ぼくたちが責任をもって取り組むべきは、いま進行中の変化を利用して何か別のものへとそれを導くということ以外にない。破壊して構築しようと言えた時代もかつてはありました。たとえば、ラッダイト時代のイギリスや第二共和政下のスペインでは、既存の産業体系を破壊し人民による新たな産業化を進めようと言うことができた。しかし今日ではもう同じことは言えません。ぼくたちはひとつのエコロジー的関係のなかに頭のてっぺんからつま先まで

＊1　ビフォ・インタヴュー注39参照。

どっぷり浸かっているからです。エコロジーはたんにポテンシャルに満ちているというだけではなく、ぼくたちを死に結びつけるものでもあります。死は今日、ぼくたちにとって具体的な可能性となり、ぼくたちに何らかの実践を迫る政治的課題になっているのです。

バルサロナ・アン・クムーはまさにこの「コンテクスト」のただなかに切り込んでいく試みです。ただしそれはたんに道具としてだけではなくアクターとしても、です。制度をたんに運動の道具だと考えてはならない。様々なアクターたちからなる集合、互いに協力し合って働く様々な生活形式のその総体として制度というものを捉え直さなければなりません。アクターとして新たに位置づけられることで制度は、エコロジー内の他のすべてのアクターたちとともに「情動のネットワーク」を構成することになる。アダ・クラウ[*2]は最近、戦争難民受け入れの仕組みとして「ヨーロッパ難民都市ネットワーク」の創設を呼びかけました。この提案においてたいへん面白いのは、公共政策におけるその情動的次元が強調されているという点です。公共政策はその情動的次元を通じて、社会に対する責任を制度に課すのと同時に、社会を制度の主役に位置づけるのです。制度と社会とのあいだにこうして産み出される緊張関係は、それが情動に関わると同時に技術を要するものでもあるという資格において、エコロジーの再編成が情動性を通じて、しかしまた、攻めと守り、新たな政策の生産と新たな生活形式の再生産という互いに異質な二つの価値のその両義性を通じてなされなければならないということを例示してもいます。

制度と社会

——バルサロナ・アン・クムーは居住権運動組織「住宅ローン被害者プラットフォーム」[*3]（PAH）をその

主たる出自のひとつとし、バルサロナ・アン・クムーの代表でありバルセロナ市長に選出されたアダ・クラウはもともとこの運動のリーダーだったわけですが、運動のリーダーが地方自治体の首長となることで、強制立ち退きの問題についていったい何がどのように可能になるのでしょうか。

他の社会問題についても言えることですが、住居問題に取り組む場合にも重要なのは少なくとも二つの異なる闘争のレヴェルを結びつけて考えるということです。ひとつは、どのような仕方でネオリベラリズムがおのれのテリトリーを管理しようとしているのかを理解すること、したがってまた、地域的な枠組みを超えてネオリベラリズムのロジックに抵抗するための政治的編成を考えること。この第一の闘争はゆっくりと進んでゆくものだということを心得ておかないといけません。他方、もっと直接的な介入レヴェルとして、社会的同盟の地平というものを考える必要もあります。そこでは社会が主役に位置づけられ、日常における闘争の主役としての社会にその正統性を与えるということに制度の役割が見出される。立ち退き問題に制度が直接介入することはできません。直接的に行動することが求められるのはあくまでも民衆であり、制度にできることは民衆による運動に正統性を与え、これを支援するということです。住居に関する公共政策の生産には制度的な次元が伴わなければなりませんが、同時にまた、行政能力をめぐる抗争が組織される必要もあります。制度には地域の枠組みにとどまらない一貫性をもっ

＊2　メッザードラ・インタヴュー注11参照。
＊3　サンチェス＝エストップ・インタヴュー注10参照。

住宅ローン被害者プラットフォーム（ＰＡＨ）のデモ（2013年２月16日、バルセロナ）
photo by Adolfo Lujan (flickr)

た能力があり、ぼくたちはその能力を政治的武器として使うことができる。制度には、ぼくたちが直接的にコントロールしているわけではない他の制度に対しても闘争プロセスへの参入を呼びかける能力があるのです。

——バルサロナ・アン・クムーというプロジェクトはそもそもどのように出現したのでしょうか。

バルサロナ・アン・クムーのプロジェクトが準備されたのは、制度が完全に機能停止状態に陥っているなかで運動によって必要不可欠な要求がなされ、闘いの場がはっきりと確定されるといった状況においてのことだったと言えます。具体的には二〇一三年から一四年にかけてのことです。一一年三月にＰＡＨは他の幾つかの団体とともに抵当法改正を求めて国民提出法案[*4]の手続きを開始する。しかし、総選挙実施などの幾つかの理由から署名集めの許可が一二年四月まで下りなかった。その約一年後の一三年二月、一四〇万を超える署名が国会に提出され、それとほぼ同時に国民提出法案を審議するよう国会に求めるデモが行われ、議員たちへの様々なかたちでの働きかけがなされました。国会は法案の審議開始を決議しましたが、その後、政府提出の別の法案とすり替えられ、国民提出法案は事実上骨抜きにされてしまう（国民提出法案の要のひとつだった「非遡及型融資《ノンリコースローン》」への言及が削除される）。加えて政権与党は、議員たちへの脅迫を行ったとしてPAHを激しく批判しました。誰の目にもその重要性、その正統性が明らかな国民提出法案はこうして体制によって完全に拒絶されたのであり、このことを通じて人々は制度領域それ自体を根底的に変革しなければならないとはっきり認識し、この認識の共有がバルサロナ・アン・クムーの創設を導いたのです。

――バルサロナ・アン・クムーは二〇一五年五月の市議会議員選挙で勝利し、アダ・クラウが市長に指名されることになるわけですが、選挙以前と選挙以後とで運動内にはどのような変化がありましたか。

選挙後は当然のことながら仕事が増えました。自治体というマシーンがそもそもどのように機能するものなのかを理解しなければならないし、そうした制度マシーンのなかに実際に入っていかなければならな

＊4　Iniciativa legislativa popular. 署名の提出や国民投票を通じて、市民の発案に基づく法案を提出することのできる準 - 直接民主制の仕組み。スペインでは一九七八年憲法で保障されている。

ない。そして、マシーンの機能の仕方を変革するためのその具体的な方法を見出さなければならない。未来に対するとても大きな希望がありますが、制度領域の内部にそのように物理的に身をおくことになった者たちはみな大きな責任を感じてもいます。というのも、もし失敗したら、今回のような好機がもはや二度と訪れないであろうことを誰もが自覚しているからです。

ぼくたちは市長の座は得たけれど、市議会で絶対多数を確保したわけではありません。このギャップを克服するために重要なのは、制度すなわち行政の側から積極的に物事を進めていくということです。この点でもぼくたちにはやるべき仕事がたくさんある。立法の側での政治的フローはその流れを完全に塞き止められてしまっている状態にあります。

想像力の具体性

——プエルタ・デル・ソル占拠[*5]からのスペインにおけるこの四年間について、それをパンチョさん自身がどのように考えどのように生きてきたのかも含めて、少し話してもらえませんか。

その間、実はぼくはかなりノマドな暮らしを送っていました。イギリスでしばらく暮らした後、エクアドルに行き、その後スペインに移った。ソル占拠からの運動の展開についてはスペインにとどまりそれに実際に参加していた人たちに訊いたほうがずっと興味深い話が引き出せるのではないかと思うけれど、ぼくが自分自身の経験を通じて指摘できるのはスペインを特徴づける一種のアノマリーについてです。そのアノマリーはスペイン現代史に根をもつもので、一九八〇年代そして九〇年代の社会運動やカウンターカルチュア運動に由来します。そうした運動によってこそスペインは「もうひとつの世界」をめぐる想像力との結びつきをつねに保ってきました。

　フランコ体制の終焉とともに開いたかに見えた新たな政治空間は七〇年代後半から八〇年代初頭にかけての民政移管期に直ちに閉ざされることになりました。民主化プロセスがネオリベラリズムの流れに完全に同化したかたちで進められてしまったためです。しかし同時に、民衆の想像力の次元では日常生活に物質的に根差した新たな文化が（カウンターカルチュアとして）出現し、広場やネットワークはそうした想像力の集団性が確認される場として機能することになります。スペインの「アノマリー」は想像力がつねに非常に具体的なものであり続けてきたという点にあります。イタリアの精神科学者フランコ・バサーリア[*6]は「現実内ユートピア」というものを語ったけれど、スペインを特徴づける想像力の具体性はこれに近いもので、ぼく自身の経験に照らして言えば、それこそがまさに、たとえば、ぼくがイギリスで経験したことからぼくがスペインで経験したことを分け隔てるものとなっている。想像力が具体的だというのは、その想像力が社会のなかに拡散し配分されているということです。イギリスでは二〇一〇年にとても強力な学生運動[*7]が展開され、ある面では15M[*8]に似通ってもいましたが、しかし、日常

＊5　ビフォ・インタヴュー注38参照。

＊6　Franco Basaglia. 一九二四－一九八〇。イタリアの精神科医。精神病院施設の批判者として六〇－七〇年代に活躍し、その後のイタリアの精神医療システム構築に大きな影響を与えた。精神科病院の廃止を規定する一九七八年の一八〇号法律の通称にその名を残す。

生活の物質性にまでその急進化が達することはありませんでした。その翌年、一一年にはトッテンナムでの蜂起[9]もありましたが、これもまた、一定範囲のテリトリーを覆い尽くすものとはなったものの、しかし、具体的な想像力を産み出すまでには至りませんでした。

他方、ぼくが滞在した時期のエクアドルでは、ボリーバル主義がラテンアメリカでも最も広がりのあるかたちで展開され、その想像力が民衆エネルギーの流れを形成していました。ラファエル・コレア政権[10]の下で民主的革命が進められていたなかで自己を形成した若い世代が国家運営の新たな主役を担いつつあったわけですが、重要なのは、そうした若者たちの存在によって国家内部で新たな文化が物質的に形成されていくなかで、「制度」とその情動的次元とが、変革を求める民衆と政権とを共鳴関係に導き得るものとして浮上したという点です。これは今日、スペインにおいて課題となっているものでもあります。第一に、想像力を承認する構成的権力の情動的フローが制度領域と社会領域とを結びつける紐帯として維持されるにはどうすればよいのかということを考えなければならない。そして第二に、制度が公共政策の枠組みのなかで不可逆的なメカニズムを構築するに至るにはどうしたらよいかということを考えなければならない。日常生活における都市あるいは社会の機能を根底から変革するような公共政策をぼくたちは産み出さなければならないのです。

「党」という問題

――ぼくたちは一〇年以上前からの知り合いで、初めて出会った頃、パンチョさんはTute Bianche[11]の活動に参加していて、公共政策の重要性を今日のように語ってはいませんでした。何がきっかけで制度や公共政策に着目するようになったんですか。

「都市への権利」をめぐる運動に参加したり、移民問題をめぐる運動に参加したりするなかで制度の問題がとても重要だと思うようになっていったんです。長い間、ぼくたちはアウトノミアを起点にして共《コモン》的な制度を構築できると考えていたわけだけれど、しかし、そのように考えることでぼくたちは多くの人たちを置き去りにすることにもなった。アウトノミアが社会との関係において「分離」を生じさせるほかないということに思い至ることができなかったのです。社会の内部にとどまることをぼくたちに強いたのは危機、福祉国家の危機だったと思います。危機がきっかけとなってぼくたちは、ぼくたち自身の生だけでなく、社会全体の生を変革しなければならないとはっきり認識したんだと思います。

――バルサロナ・アン・クムーに参加するなかでパンチョさんは「党」という問題についてもいろいろ考

＊7　二〇一〇年一一月に、大学の学費が三倍に跳ね上がることへの抗議からロンドンで起こった学生デモ。
＊8　メッザードラ・インタヴュー注9参照。
＊9　二〇一一年八月六日、ロンドン北部トッテンナムで黒人学生が警官に射殺されたことを機に暴動が発生した。
＊10　サンチェス＝エストップ・インタヴュー注5参照。
＊11　一九九四年から二〇〇一年まで活動したイタリアのオルターグローバライゼーションの社会運動。デモに際して白い防具を身にまとった。

えを深めたのではないかと想像します。今回ぼくたちが一緒に参加したエウロノーマデ[*12]の夏学校で、たとえばフアン＝カルロス・モネデロ[*13]はポデモスが何らかの力を「代表する」政党ではなく、代表され得ない力を「導く」政党なんだということを力説していました。こうした問題についてのパンチョさんの考えを聞かせてください。

モネデロに限らず、パブロ・イグレシアス[*14]やイニゴ・エレホン[*15]といったポデモスのリーダーたちはみな多かれ少なかれ、ポピュリズムについてのラクラウ[*16]の提案に沿って様々な発言をしています。したがって、彼らの政党観には、リーダーへの同一化が多種多様な闘争のあいだの関係のその垂直化を通じてなされなければならないといった発想がある。つまり、多様な闘争がそれでもなお統一されるとすれば、それは、党あるいはリーダーの導きの力が垂直的編成のなかでそれらの闘争を規律づけることによってであるということです。

他方、アダ・クラウはこれとはとても異なるモデルを体現しているとぼくは思う。確かに彼女の場合についても、互いに異質な闘争どうしを「空虚なシニフィアン」というポピュリズム的ファクターの下で結びつけることが試みられていると言うこともできるかもしれないけれど、しかし、その実践あるいは倫理において、個々の闘争が彼女のイメージを鏡のように反映するということはなく、むしろ彼女のほうがそれぞれの闘争に彼女が闘うべき別の闘争を見出すという構図になっている。個々の闘争が彼女に同一化するのではなく、逆に彼女のほうが個々の闘争に同一化するということです。他の闘争のなかに自分たちの姿を見出す能力――これはサパティスモがかつて提唱していたことでもあります。バルサロナ・アン・クムーが選挙に勝った際にその物質的次元をなしていたのはそうした能力だったと言えます。この能力によって制度は、諸々の闘争と極めて物質的な次元で日常的に出会うことになり、そこからこれまでに述べたような情動的関係が両者のあいだに生じる一方、しかし同時にまた、相互責任の関係も生じることになる。社会に対して制度は特定の路線を堅持する責任をもち、制度に対して社会は公共政策の主役を担う責任をもつということです。これはやはりポデモスが構想している図式とは異なるものだと思います。ポデモスは二つの時間を区別しその分離を強調する。組織編成の時間と統治の時間でありその分離です。しかしぼくからすれば必要なのは分離ではなくリズムだということになる。二つの時間を分離するのではなく、むしろ反対に、両者を互いに関係づけ呼応させ合うためのリズムを生起させることこそが必要であるということです。

――選挙結果が出たその直後にアダ・クラウが行ったのは、そのときまさに住民が立ち退きを迫られていたその闘争現場に赴くということでした。制度に入ることが決まったその瞬間に運動の現場に戻る、社会

＊12　メッザードラ・インタヴュー注17参照。
＊13　サンチェス＝エストップ・インタヴュー注33参照。
＊14　サンチェス＝エストップ・インタヴュー注24参照。
＊15　サンチェス＝セディージョ・インタヴュー注35参照。
＊16　ラッザラート・インタヴュー注10参照。

に戻るというこの振る舞いをパンチョさんはどう理解しましたか。

とても重要なメディア的ジェスチュアだったと思います。メディア的ジェスチュアはここではあくまでも生の一部をなすものであって、政治家たちがよくそうしてきたのとは異なり、代表メカニズムの代わりとはみなされていません。アダ・クラウにとってメディア的ジェスチュアは、居住権についての新たな規則の導入を市政レヴェルで進めることと同時になされるべきものであり、この意味でメディアは施政を支えるための場として位置づけられている。マスメディアという場を通じて社会のなかに情動あるいは共感を産み出し、この共感によって社会を政策生産の主役へと導くことができなければ、政策は体制による攻撃から身を守ることができない。いずれにせよ、メディアの問題もまた、政策生産において情動的関係が制度と社会とのあいだの紐帯をなすという問題に直結しているということです。

——バルサロナ・アン・クムーにはポデモスに属する人々も参加しているわけですが、これはいかにして可能となっているのでしょうか。

ポデモスは誕生したばかりの組織ですが、バルセロナあるいはカタルーニャには以前から急進派が存在し、マドリードに比べてずっと複雑な状況を生きてきました。バルセロナでポデモスに参加している人々の多くはそうした勢力を出自とする者たちで、そうした人々が個人としてバルサロナ・アン・クムーに関わっているのであって、組織としてのポデモスではありません。

「民族」とヨーロッパ

――カタルーニャには分離独立主義の強力な運動があって、つい先日も、カタルーニャ独立を求める巨大なデモがバルセロナで行われました。一方にはバルサロナ・アン・クムーが多くの人の支持を集め選挙に勝つような状況があり、他方にはカタルーニャ独立を求めてやはり多くの人がデモに参加するような状況があるわけです。これら二つのことはどう関わっているのか。パンチョさんはこれら二つの同時性をどう分析していますか。

カタルーニャ独立運動には非常に複雑な歴史があり、歴史的にそれがどのように形成されてきたのかを理解するのはぼく自身も含めアウトサイダーにはとても難しいことです。しかし今日ではまた、独立運動にはネオリベラル的グローバル化をめぐる次元も含まれており、これが運動に新たな側面を付け加えてもいる。この四年間、カタルーニャ独立運動は、マルチチュードの力能による国家への反撃の試みと、スペイン国家によるカタルーニャに対する暴力（尊重や民主主義のあからさまな欠如）に反対する運動とを両軸にして展開され、再構築されてきたように思う。興味深いのは、民主主義や市民権の要求、「我々は代表されない」というスローガンなど、幾つかの重要なファクターが15M以降、カタルーニャ独立運動内部で作用してきたその仕方です。

独立運動はひとつの段階だとぼくは捉えています。というのも、独立運動のヘゲモニーは相対的なものであって決定的なものではなく、開かれたものだからです。他の構成的プロセスと結びつかない限り、すなわち、債務や移民といった問題に関わるヨーロッパ規模の力関係のなかにおのれの身をおかない限り、独立運動はそれ自体、構成的プロセスとなることはできない。カタルーニャ独立への道が具体的に拓かれるようなことになった場合にも、たとえば、労働運動がその激しさを増している今日では労働者からの新たな要求にも直面しなければならないだろうし、中国やロシア、サウジアラビアやイタリアといった国から流入するマフィア資本主義のバルセロナの町における拡大といった問題も避けて通れないものとなるでしょう。いずれにせよ、独立運動は可能性に満ちた場に開かれたものではありますが、そこには大きなリクスが伴ってもいるということです。

カタルーニャ独立には民族主義《ナショナリズム》を介さない別のオプションもあるとぼくは考えています。ヨーロッパの様々な地域や運動どうしのあいだの横断的同盟を媒介にするというオプションです。カタルーニャの独立運動左派は実際、「主権」概念を再考しつつ「民族《ネイション》」概念を介さない別の道を模索しています。従来の「主権」概念に対するラディカルな批判が構築されつつあり、「民族」「アイデンティティ」「帰属」といったタームの外で、したがってまた「外国人」「敵」といったタームの外でどのように「主権」を定義し直すかということが問われている。民族主義的なタームが政治をめぐる議論のなかに日常的に持ち込まれるものとなってすでに久しいけれど、これは言うまでもなく極めて危険なことです。「民族」という発想は、とりわけ今日の新植民地主義《ネオコロニアル》的な文脈においては、民衆の生を従属させ社会を均質的に支配するための資本の武器、資本が民衆に戦争を仕掛けるための武器以外の何ものでもない。独立運動の枠組みにおいて「民族」を軸に「主権」を語ることは、自覚の有無にかかわらずエリートたちと同盟を結んでしまうことにほかならず（実際、カタルーニャ独立運動主流派はカタルーニャのエリート資本家たちによって主導されてきた歴史がある）、民衆にとってたいへん有害で危険なことです。

——最後に、ギリシャについても少し考えを聞かせてください。この半年のあいだにギリシャで起きたことをパンチョさんはどのように捉えていますか。

国民投票実施から「覚書」受け入れへと至る日々をぼくは大きな恐怖、大きな怒り、大きなパッションあるいは共感とともに過ごしました。あのときほど自分をヨーロッパ人だと、ギリシャ人だと感じたことはありません。自分がギリシャ人であるという感覚は、自分がヨーロッパ人であるという感覚を通じてのものです。別様に言えば、あのときほど自分が特定の民族に帰属しているという感覚を失ったことはない。この意味ではぼくにとってあの日々は幸福な日々でもあり、自分が歴史に貫かれているということをはっきりと実感することのできた日々でもありました。ツィプラスの振る舞いの良し悪しを判断することは控えますが、彼らのしたことが何か決定的に新たなものだったとは思っています。彼らは数ヶ月の間、もてる知力や資源のすべてを動員して資本と真に対決し、開かれた政治を進めてみせた。重要な事実は、しかし、希望が一時的なものだったということであり、それが敗北とともに終わったということです。ツィプラスが「裏切った」のかどうかを判断することはぼくにはできない。ぼく自身ギリシャ語ができず、また、翻訳も極めて限定的な状況のなかで、ぼくには、たいへん複雑なものであったに違いないギリシャ国内の議論を詳しく知る術がないからです。同じ理由からまた、ギリシャ人たちが敗北の痛みをどのように生きたのかもぼくにはよくわからない。それでもなおぼくに言えることがあるとすれば、それは、敗北がギリシャ社会のみならずヨーロッパ社会をも変えたということです。ギリシャでのあの敗北がなかったとしたら、たとえば、難民問題をめぐってこの数日ヨーロッパ全土に広がっている情動があれほどまでに強力なものにはけっしてならなかったと思います。ヨーロッパの人々はギリシャからの映像にとても傷つけられながらも、しかし、それに対していかなる反応もできなかった。あの経験があったからこそ、今日、難民たちの映像を前にしたヨーロッパの人々は、今度こそ何かしなければという思いに駆り立てられているのであり、生の物質性を起点として新たなヨーロッパを構築しなければという思いに駆り立てられているのです。敗北の経験において興味深いのは、それによってこそまさに闘いが継続するという点にあるとぼくは思います。

侵入の世代

パンチョ・ラマス

二〇一五年六月二六日

ここバルセロナでは、烈しい数日だった。〔二〇一五年〕五月二四日の勝利のあと、景色はラディカルに一変した。権力の座にあった者によって（彼らは選挙に敗れ制度をコントロールできなくなった）、しかしまた、市民的かつ革新的で開かれた候補者を下から打ち建てたぼくたちによって。数ヶ月前の記事で話題にしておいた「エコロジー」——「バルサロナ・アン・クムー」——が、前触れもなく、そして大方の予測に反して、新たな世界に侵入したのだ。多方面に敵対しながら、それでもなお、多くのことが可能な世界、何事かを「実現」しうる世界に。

一方、制度が危機に瀕したときに特有の腐敗した生命体は、国家というマシーンへの癒着の持続と、一％を利するために機能する制度の延命とを企図し、暴発した。不意打ちを食らった彼らは、立法空間へのこの侵入に対して見苦しく反発しようとしている。新聞や中傷を通じて（マドリードの場合も同様である）、あるいは、制度の領域で「クーデタ」を起こそうとし（一月初めにカタルーニャの右派もそれをやろうとした）、ついには行政マシーンを統治不能に陥らせようと、議会の運営中枢の辞任、断絶、空位にむけて呼びかけを行っている。この、破綻し混乱した反応は次の事実の明確な証左である。ほんの少し前まで、〔社会学者の〕ニーマル・プウォー（Nirmal Puwar）の当を得た定義によれば「スペース・インベーダーズ」であった者たち、すなわち、マイノリティであることから出発して公共空間／政治空間に侵入し、その均質性を破壊した政治的主体たち、彼らが今日、国家にどれほど侵入しているかを証し立てているのだ。

それでもなお、この「侵入の世代」は、垂直的問題と水平的問題とに同時に立ち向かわなくてはならない。資本／制度／エリート／カーストからの攻撃に対応すること、「何事かの実現」に適した生存可能なエコロジーを生み出すこと、立法空間に刻印を残すこと。縦と横とのこの同じ二重性は、開かれた空間においても提起されている。市との直接対話を構築し、垂直方向の複雑性と議会権力に現存する矛盾とを説明すること、同時にまた、議会の壁をよじ登り行政空間に侵入することを許すような、毛細管現象の装置を構築すること。

第一の問題は、立法空間の内部に描かれる。そこは、ここ数十年のあいだで民間の利益に資する新自由主義のマシーンへと転回した。それはまた同時に、マイノリティによる対抗勢力、小さな反抗勢力に満ちたマシーンでもあれば、議会の新たな機能との調停可能性をふくんだ、部分的には自治《アウトノミア》＝自律のメカニズムの数多くのことでもある。

この意味で、「議院の」戦略は選挙結果が見せる負託の複数性を考慮に入れずにはおれない。バルセロナの例でいえば、市議会のうちには優に七つの政治勢力があり、議会の多数派はつねに、右派－左派、中央集権－独立、新勢力－旧勢力という三つの平面を横切り、それに沿って構成される。勇敢かつ危険な選択に至らしめる第一の要素、それは、議会におけるその行動力を変動的な多数派に委ねる少数派が政府を作ることである（この政府は、市議会において、二一議席の承認で単独過半数になるところわずか一一の議席を数えるのみなのだ）。

確実にポジティブな副作用――必要は信念をより確固としたプロセスに移す！――が、横断的な連立のメカニズムの構築である。議会の純粋に政治的な空間においてはもちろん、とりわけ行政空間に対しても、緊密かつ有効で強力な関係を結ぶことができる。自治体の労働者たち――その公的な役割は新自由主義の統治性によってここ二〇年の間に文字通り破壊されていた――が連結点となり、数の上での脆弱さが補われることで、ありきたりの活動、ごく通常の行政が公共政策に具体的な変化を引き起こせるようになるだろう。制度について論じ分析する場を労働者たちと設ける際にただちに必要となるのが、この行政の領域に内在する変容の力を発見することである。制度に作用を及ぼす諸要素、眠りこけたままのもろもろの文化、一連の（構成的かつ根本的な機能にとって自分が必要なものであると実感できたら、という）集合的欲望、これらを認識すること。その目的は、「変化」をリアルなものにすること、言い換えるなら、この侵入が公的な議論ばかりか都市生活にまで刻印を残し、新たなプロトコル、原理、価値を持つ制度を通じて、公共政策が都市生活に与える効果を変容させることである。

第二の問題は、政府と社会との関係の問題であり、市を作り市を生かす者に従うような政府をどう効果的に実現するかである。またしても、必要から（も）生じる、根本的な問題である。政府と社会との間に強い関係がなければ、この脆弱なエコロジーは自らの精気を失いかねないからだ。高みから語る者、路上で語る者にふさわしいシンプルな修辞には、しかし集約できない問題であり、議会内の機能と責任、そして組織内の機能と責任とに同時に向き合わねばならない問題である。問題は実際、「バルサロナ・アン・クムー」という政治マシーンの能力と結びついている。議会の内と外とに入り込んでその連結部となる能力、支配的要因としての政府という概念を壊す能力、そして、この変容のプロセスのなかで制度の諸断片と社会とが主役と化していくのを助ける能力。

このところ、「バルサロナ・アン・クムー」というマシーンのリズムはかなり乱れている。一連の苦労、期待、問題が歯車に重くのしかかっているからだ。選挙キャンペーンの徒労、前例のない可能性への欲求と熱狂、市議会のような複雑な空間に着地し連結することの困難。結果は明らかだ。この加速は次のものを生み出している。一連の緊張、いくつかの対抗勢力、避けがたい無理解や矛盾や加速によって生じる結束をめぐる諸問題。任命、同盟、決断をめぐる最初の選択は、自由裁量、信頼、緊急性といった要素とともに、あるプロセスの必要性をも併せ持たなければならなかった。政策の選択において集団が主人公になれるようにする、透明で参加型のプロセスだ。この加速のなかで歯車のいくつかは力をなくし、いくつかは失われる一方で連日の喫緊の事態のなかで少しずつ組み上げられ、いくつかはいまなお環境を過熱させている。同時にまたいくつかは、その機能を保っていた！

この問題に関する介入の第一の要素は、コミュニケーションのなかでこの実験の烈しさを強めることに違いあるまい。コミュニケーションはもはや、この数ヶ月にわたるキャンペーンの根本的な次元である。ネット上のタイムライン、公的かつヴァーチャルな出会い、被選出人の路上への出現（市長は就任初日、ある立ち退き中の家の軒先にいたのだ！）、集団的な政策生産のフローを維持するための組織内労働、（真の意味で）アウトノミアな、市における政治的かつ参加可能なネットワークとの関係。

しかしとりわけ、伝統的な参加のメカニズムを超えうる、デジタルかつリアルタイムな集団表現のマ、シ、ー、ン、。そしてこの意味でこそ、「共同アクション」としてのコミュニケーションは根本的なものとなり、それに基づいて集団知性なり集団感情なりが強化されるに違いあるまい。こうした感情を政治マシーンの潤滑油にするためではない。政策の決定と実施に際し、自らが主人公であると感じるための道具と理念、参加のための道具と理念を全員が持てるようにするためである。

こうして、（議会の）内から外へ、道具がいかに複雑か、下すべき決断がいかに困難かを伝えることが可能になる。現実の権力からの衝撃波に耐えるために支えが必要な瞬間を分かち合うこと、弱点を共有することが可能になる。また、縦に下された決断を説明する一方で、批判が論争的でも自己言及的でもなく、むしろ実用的かつ有効でありうるようなメカニズムと勢力の均衡を作ることも可能になる。

それと同時に、特筆すべきは、侵入の手法で行政マシーンのなかに分け入る外の可能性を構成すること。ここに立ち止まるのが肝心だとぼくは思う。ここで制度の次元を開かれた社会空間の次元から引き離すのは誤りだろう。内と外とが別の空間であるとか、外の者の役割は中の者が「変化を起こ」せるよう背中を押すことだと考えるのは。

問題は別であり、立法空間は、モルの観点では、社会運動と無縁には読み解かれえないのである。国家への介入は垂直的にのみ機能するのではない。規範的な仕方でまず国家に介入したうえで、そこから現実へ介入するといった、表象行為の「市民的な」ラインに沿って機能するのではない。それに、ひょっとすると、具体的な変容の可能性が、連立政権の実現可能性〔多かれ少なかれ強く、多かれ少なかれ抵抗されているが〕に依存しすぎているかもしれない――幸か不幸か、連立に関してぼくたちはいまなお脆弱ではある。ひょっとして、ぼくたちの影響力は二〇世紀の政治空間に回帰してしまうかもしれない。もしかすると、新たな道具を使いながら、本質的には、世論と政治階級に論争的に圧をかける政治に回帰しているのかもしれない。そしてその政治こそは、アイデンティティ主義と派閥とを強化させ、ついには制度をツールパーツにまで貶めるかもしれないのである。批判は、そのフローの刻印を新たな支援者たちに、雑誌ではなくブログに、集会のみならずソーシャル・ネットワークに残すかもしれない。しかし、都市生活に具体的な影響を与えようとするなら、ぼくたちはどうすればいいのだろうか。

ぼくたちが浸透し生み出しつつある空間をエコロジーの観点から考察するなら、マシーンの観点ではなく生命体として見るなら、新たに一連の〔批判的〕実践が、さらには一連の諸問題までが立ち現れる。すでに〔他で〕書いたことだが、「エコロジーとは、何か別のことについて語るためのメタファーではなく、エコシステムの存続のなかで政治的実践の一貫性と有効性とをおしはかるものである。実を結ぶかどうかが、一つの要因の成功ではなく、その総体としてのエコロジーの力にかかっているようなプロジェクトである。再生産の能力ばかりか、社会生活を変容させる永久的な力となり、それを増大させる能力をもつエコロジー」。

バルセロナ市議会のエコロジーは混淆的であり豊かである――この街を頻繁に社会的かつ公的な発明と実験の場にしてきた解放のプロセスと闘争とのおかげで。しかし同時に、議会のエコロジーは消尽した不毛な領域である。

新自由主義的な政策は議会のエコロジーを「壊し」代替させたのではない。それはむしろ、議会のエコロジーを略奪と奇襲の場に変え、社会と公共機能との関係から生まれる生命力を搾取して他の世界の養分としたのだった。「金を作る」こと、社会に内在する相互扶助の関係を国家から民間へと移動させること。このために、新自由主義の政策は政治生活を客体化させる一連の物質的装置を導入した。物質文化としての金融会社化。不安定な雇用契約、共同生活を解体する勤務時間、働く者とサービスを受ける者とで地位および権利を分けて定義する美学的コード。これら——法的・物理的・想像的な——は、立法空間と、行政分野で働き生活する者の生とを乾上がらせた。制度の内外において、生き生きとしていた人間関係は、官僚的なものになり、辱められ、失われていった。

再主体化の挑戦が始まる——例えば〔精神科医の〕フランコ・バザーリアは、患者にはもちろん専門医にまで制度が課す二重の客体化を壊す必要性を感じたとき、これを重視した。この多数的な社会が、制度の内に、外に、それを横切って、アウトノミアの装置をつくることができるようにするために。しかし今日、再主体化という観点からの思考は政治の物質性を取り戻すことなしには機能しえない。自治体の挑戦は、この意味においてよりいっそう強い価値を持つ。規模が「ローカル」なものであることによって、ぼくたちは、分子状のもの（主観的のみならず物理的にも）のなかで、市の最奥にある公共空間の実験ができるからだ。

市民が市政の主人公であるような、主体性の新たなフローを生み出すだけでは不十分だろう。街を解放の生命体にする必要がある——「喜びにみちた生活空間」。この侵入の世代は、事物の根源に変化の力を与えられるような、「作り手《メイカー》」の世代でなければならない。制度の変容や発明という問題は、原理や価値やプロトコルにとどまりえない。それは間違いなく日常性に侵入する。空間的な実現力、都市生活を貫く生の美学と感情、公共政策の具体的な実現に影響力をもつべくモノの力と出会うこと。不可逆的な仕方でそれがなされることを目指すこと。

「『Mの世代』はモノを作る。集団的生産を通してではなく、すでに存在するモノやプロセスの能力を調節し押し拡げることで。『作り手《メイカー》』の能力、それは、いじくりまわす、引き延ばす、結びつける、発明する、織りあげる、組み換えること。〔…〕『Mの世代』にとって、すべては、どこまでも物質的な我々の生の条件を創り出しうる共同作業のなかでなされる。しかしこの共同作業は、個々人のあいだの、頭脳のあいだの、社会的協働のメカニズムのあいだのそれではない。生物と無生物とがもつさまざまな物質的力のあいだの共同作業である。〔…〕先の世代を特徴づけた、ネットワーク社会・認知資本主義・知識経済の不毛な環境から、じめじめとして感染的な、間種族的もつれへ、多物質的共同体の錯綜へ。〔…〕Mの時代の社会運動は一歩前進した。自治体《コムーネ》を守るために政治的かつ制度的に行動しているのみならず、生と生の環境との共有《コムーネ》のために、無媒介的、現実的、物質的な実践に身を浸らせているのだ」。

「Mの世代」宣言[*1]のなかで、ディミトリス・パパドプーロスの想像力は、制度を断片化し再発明する過程を示している。それは、「変容」の問題を第一の問題として自らに課す過程である。すなわち、変容のプロセスのなかでこのエコロジーが死んだりせず、変化し自らを更新するような実践方法は何なのか。喚起されている物質性とは、ぼくたちが市の面倒を見ること、また諸闘争や諸問題に立ち向かうことで、政治を実践できる場所のことである。闘争を構成するのは、住民を立ち退かせるために交換された鍵、市民権の内にいる者と外にいる者とを見分けるのに役立つ衣服、色、におい。問題を構成するのは、学校の食堂と児童の栄養失調、病気と孤独、恐怖と怒りの統治のためのタブレットの許可／不許可。その最も暗い場所で、悲嘆と放擲から作られた街。今日、ぼくたちは制度を発明しなければならない。なぜなら、ぼくたちは、この発明の力が抽象的なままにとどまりえず、アウトノミアの能力を持った都市生産の主体や客体と遭遇することで日常性を獲得するに違いないと、知っているのだから。

再主体化のプロセスを超えて、さらに別の都市生活への変容は、ぼくたちがやがて獲得する構成能力に依存している。社会の諸切片を構成し、生命体を構成し、そこで行動でき、「実践」でき、現実に痕跡を残せる新たな空間、新たな領野を拓けるような、主体と客体との活動的な連鎖を構成する能力。街を変えるため街に間違いなく侵入する、（パパドプーロスの示唆にふたたび戻れば）「都市形成」の実験。さもなくば、ぼくたちの批判がどこかのオフィスにかかったポスターになりはてるという徒労。それは義務として読まれはしても、理解されえまい。

（訳：長嶺愼太朗）

＊1　訳注――社会学者でレスター大学准教授のディミトリス・パパドプーロスが、二〇一四年二月にヨーロッパ進歩的文化政策研究所（ＥＩＰＣＰ：European Institute for Progressive Cultural Policies）のウェブサイトに投稿したテクスト。全文は以下から読める。http://eipcp.net/n/1392050604

Title: Una generazione invadente
Author: pantxo ramas
EuroNomade, 26 giugno 2015 (http://www.euronomade.info/?p=5044)

侮辱された人々による「ファック・オフ！」——ギリシャ

スタヴロス・スタヴリデス

二〇一五年九月二日　アテネ

シリザは「左派」ではない

——はじめに、九月二〇日に予定されている総選挙[*1]についてのスタヴロスさんの考えを教えてもらえますか。

ギリシャはいま困難な時期にあり、選択肢はとても限られています。次の選挙でもおそらくシリザは勝つと思う。問題は、第一に、シリザが連立を組む必要なしに単独で政権につくだけの票を獲得できるかどうか、そして第二に、仮にそうなった場合、シリザ政権に何ができるかという点にあります。第一の点については、ぼく個人としては、シリザが単独で政権につけるだけの票を得られるとは思わない。第二の点については、たとえシリザ単独政権が誕生したとしても、トロイカによって課せられた覚書が許さない類いの政策を所謂「左派政権」として実現できるとはぼくには思えない。覚書には非常に厳格かつ過酷な規則や義務が定められており、それらの規則や義務は残念ながらシリザがこれまで掲げていたプログラムにはまるきり合致しないものです。貧者の負担を軽くし富者により多くの課税をする、同時にまた、そもそもどのように債務が形成されたのかを改めて問いに付し、返済額それ自体について交渉する。そうしたことは、政権が債権者との断絶あるいは対立を覚悟しない限りけっして実現し得ない。これから何が起きるかはぼくには精確には予言できませんが、残念ながら「何が起き得ないか」についてなら「交渉」が「降参」であることをやめ、真の「交渉」にならなければならないということです。これからぼくにも言えるように思えてしまいます。

他方で、左派勢力に希望を抱いてきた人々の不満が今回の選挙で表現されるのではないかとも思っています。そうした不満あるいは怒りが具体的にどのように表現されるのか。シリザから離党した左派に

＊1　アレクシィス・ツィプラス率いるシリザ（ΣΥΡΙΖΑ）は当初、EU、IMF、ECB（欧州中央銀行）のトロイカ体制からの緊縮財政に反対する立場から、政権与党となったのにもかかわらず、ギリシャの財政支援をめぐって、ギリシャとEUは七月に基本的な枠組みで合意に至った。そうしたなか、緊縮財政受け入れに対する国民投票が二〇一五年七月五日に行われ、緊縮財政反対派が賛成派に勝る結果となったものの、ツィプラスは緊縮財政の受け入れを表明した。九月二〇日、こうしたツィプラスらシリザの政権運営をめぐってギリシャ総選挙が実施された。結果はシリザから分離独立した派閥が現れたものの、第一党として勝利し、ツィプラスはそのまま政権運営を担い続けている（二〇一五年一二月現在）。

よって新たに結党された「人民連合」[*2]への投票というかたちでも、より小さな極左政党への投票というかたちでも、あるいはまた、投票それ自体の拒否というかたちでも表現されることになるでしょう。そしてまた、残念ながら、既存の政治との訣別を信じていた人々のうちにはネオファシスト政党「黄金の夜明け」[*3]に惹きつけられる者も出てくるでしょう。ネオファシスト党だけが今日、大胆な反ヨーロッパ主義を語り、ヨーロッパとの果敢な闘いを約束しているように思えるからです。もちろん、その大胆な反ヨーロッパ主義は同様に大胆なナショナリズムと結びついたものです。労組の方針などに従って左派に投票したがいままでは裏切られたと感じている人々、侮辱されたと感じている人々、失望させられたと感じている人々は、ファシストかつレイシストの極右政党への投票へと比較的簡単に導かれてしまうのではないか。そうならなければいい、あるいは少なくとも、限定的な現象にとどまればいいと切に願っていますが、しかし、この危険性こそが九月の選挙の主たるポイントのひとつであることは間違いありません。

――英語やフランス語、イタリア語やスペイン語の新聞などで読む限り、今日もなおシリザあるいはツィプラスは依然として高い人気を保っているとされています。どうしてなのか。そもそもそれは本当なんでしょうか。

本当だと思います。シリザは組織形態としては非常に民主的な党ですが、しかし他方でリーダーの傑出に立脚しているというのも事実であり、危機の時代にはカリスマ的リーダーというものがしばしば人々の心に訴えるというのも残念ながら本当のことです。ツィプラスはそうした力をいまも保っている。彼は、政府の選択があれでよかったのか、たんなる降伏だったのではないかという批判的な議論を、誰がより道徳的か、誰がより真剣に未来を考えているかという議論にすり替えようとしてきました。議論をそうした抽象的な次元に置き換えることでツィプラスは、民衆や対立陣営からの批判をかわし、同時にまた、「心傷める者」という自身のイメージを作り出すことに成功したのです。「我々は最大限に努力を尽くした。我々のおかれた状況は確かに困難なものだ。しかし希望を失ってはならない、我々がここにいるのだから。我々こそが未来だ」と。しかし、こうした言葉は空疎だと言わざるを得ません。たんなるジェスチュアによって真の政治、真の解決がすり替えられてしまっています。いま話したような理由からツィプラスはいまもなお人々からカリスマ的リーダーだとみなされる続け得ているのだと思います。

しかしまた他方で、極右政党にも、小さな極左諸政党にも、中道政党ポタミ[*4]にも、新民主主義党[*5]（ΝΔ）にも、全ギリシャ社会主義運動[*6]（ΠΑΣΟΚ）にもいかなる「脱出」の可能性も見出せず、そのいずれにも投票したくないと思っている人々にとって、シリザは消去法で残る選択肢ということになります。

＊2　*Λαϊκή Ενότητα.* シリザが再び政権与党となる九月二〇日のおよそ一ヶ月前、シリザ内から緊縮財政受け入れに反対する二五名の国会議員が新たに創設した政党。九月二〇日の総選挙では議席確保に必要な三％の得票率を獲得できなかった。

＊3　ビフォ・インタヴュー注7参照。

＊4　*Το Ποτάμι.* スタヴロス・テオドラキスによって二〇一四年に創設された中道政党。ギリシャ議会だけでなく、欧州議会にも議員を送り出している。

――シリザやツィプラスが抽象的になるその仕方には、しかし、興味深いものがあるとは言えませんか。オバマの"Yes, we can."でもポデモスの党名でもそうですが、政治家は「できる」ということをとにもかくにも強調するというのが通例であり、ツィプラスのように「できない」ことを人々の前ではっきり認めるというのは稀なケースだと思いますが、そこに何か面白い点を見出すことはできないでしょうか。

確かに、ある意味で、きみの言うことは正しいと思う。ツィプラスは、しかし、ただたんに"No, We can't."と言っているわけではない。彼が言っているのは「確かにこれが我々に選択できた唯一の道だが、しかし最終的にはなんとかそれを制御できるようになるはずだ」といったことです。より精確には、「我々に他の選択肢はない、これが我々の運命だ、この枠組みのなかで最大限に努力しようではないか」と言っているのではなく、「我々が降伏したというのがたとえ本当だとしても、あくまでもそれは我々の力を保持し最終的に何かをなすためのことだ」と言っています。レトリックとしてはより複雑だと言えるかもしれませんが、実際には両者の意味はそれほど変わりません。

シリザあるいはその主流派、すなわち、ツィプラスを中心としたシナスピスモース[*7]を出自とするグループに対してぼく自身も含め多くの人が展開している批判のひとつは次のようなものです。「あなた方は、いっさいオルタナティヴはないのだから自分たちもいかなるオルタナティヴも提案できないと言い、それをあなた方自身ほとんど受け入れてしまっている。なぜ少しでもよい状況を作り出そうとしないのか、あるいは少なくとも、未来のための何らかの希望を創造しようとしないのか。もしあなた方がほんとうに〝左派〟なのであれば、左派とはその定義において〝オルタナティヴをなす〟ということではないのか」。もしオルタナティヴを作り出せないのなら、それはもはや左派ではありません。左派がそれとして存在し続けるための唯一の方法はオルタナティヴを提示することにあるのです。もし左派が「オルタナティヴはない」と宣言してしまったら、それは反対陣営に屈すること以外の何なのか。そのようなレトリックを我々は必要としていません。オルタナティヴはあると信じてきた人々を傷つけかねないからです。オルタナティヴはあると信じてきたのは極左運動やアナキスト運動の活動家たちだけではない。多くの人々が出口はあると考えていたのであり、だからこそ彼らはシリザに投票したのです。

＊5 *Νέα Δημοκρατία.* 一九七〇年代にコンスタンディノス・カラマンリス（一九〇七－一九九八）らによって設立された中道右派政党。カラマンリスは一九六七年の軍事クーデタ以前にも二度首相経験があり、軍事政権崩壊後にも二度首相となった。二〇一二年の総選挙ではサマラスを党首に第一党に返り咲いたが、二〇一五年の総選挙では第二党となった。

＊6 *Πανελλήνιο Σοσιαλιστικό Κίνημα.* 一九七〇年代にアンドレアス・パパンドレウ（注8参照）らによって設立された中道左派政党。八一年にギリシャ初の左派政権を樹立させたものの、その後の内部対立などで下野。二〇〇九年に再び政権を奪回したが、新民主主義党政権下での巨額債務隠しが発覚し、ギリシャは経済危機に陥る。一五年一〇月時点では主要メンバーが民主社会主義運動として離脱し、勢いは伸び悩んでいる（第四党）。

＊7 *Συνασπισμός της Αριστεράς των Κινημάτων Οικολογίας.*「左派運動・エコロジー連合」とも呼ばれ、現在のシリザを構成する中心団体。ツィプラスも所属する。ギリシャ共産党から一九九一年に分離し、二〇〇四年以降「革新共産主義エコロジー左派」「国際主義労働者左派」「左派活動統一運動」などとともに、現在のシリザへとつながっていく政党活動を行っている。

シリザはもともと小さな政党でした。三〜四%ぐらいの得票率だったシリザが今年一月の選挙で約三〇%もの票を得たのは、みんなが突如として左翼思想にかぶれてしまったからでも、人々のうちに突如として「階級意識」が芽生えたからでもない。シリザに票を投じた人のうちには、それまでNΔに投票してきた者もいるだろうし、ΠΑΣΟΚに投票してきた者もいるでしょう。彼らはみな、それまでどの勢力に投票してきたかに関係なく、シリザを信じたのであり、そのようにシリザを信じたのは彼ら自身、出口はきっとあるはずだと考えていたからです。

国民投票――計算なしの政治

――スタヴロスさん自身も一月の選挙ではやはりシリザに投票したんですか。

ぼくは一月の選挙でシリザに投票したし、七月の国民投票ではOXI（「否」）票を投じました。ぼくはシリザの党員ではありません。シリザが左翼だと思ったことはかつてもいまも一度もない。ぼくにとってシリザは進歩的な民主政党です。確かにシリザ内部には左派が存在し、それ自体は幸運なことだと思いますが、しかし、シリザが全体として左派政党ではないということについての責任の一端は当然のことながらこの党内左派にもあり、彼らもまた無罪ではありません。ぼくがシリザに投票したのは、多くの人々と同様、非常に破壊的で強力な政策にシリザだったら抗えるかもしれないと考えたからです。破壊的な政策はシリザに先立つ諸政権が、議会を通じてというよりもむしろ、純然たる「力」によって導入したものです。実際、パパンドレウ[*8]からパパデモス[*9]を経てサマラス[*10]に至る諸政権はいずれも極めて強権的に振る舞い、ストライキがあるたびに武装した警官隊を出動させ、文字通り「力」によってこれを制圧しました。こうしたことと訣別するためにも人々はシリザに投票したのです。シリザは第一党にはなりましたが単独で過半数の議席を得るまでには至らず、他党との連立を強いられることになったわけですが、シリザが連立を組んだのは、ナショナリズムやレイシズムの要素をそのイデオロギーに多分に含

＊8 Γεώργιος Α. Παπανδρέου. 一九五二年生まれ。ギリシャの政治家。全ギリシャ社会主義運動代表を二〇〇四年から一二年まで務め、〇九年から一一年までギリシャ首相を歴任した。現在は社会主義インターナショナル議長である。首相在任中にギリシャの隠されていた財政赤字を公表し、ギリシャは国債が格下げされ、経済危機に陥った。そうしたなか、欧州中央銀行主導による救済案の受け入れ是非を問うため国民投票を示唆し、その結果、債務減免の救済案の合意に至った。

＊9 Λουκάς Παπαδήμος. 一九四七年生まれ。ギリシャの経済学者、政治家。パパンドレウの後任として、二〇一一年の一一月から半年間ギリシャ首相をつとめた。コロンビア大学およびアテネ大学の経済学教員、欧州中央銀行副総裁（〇二－一〇年）を歴任。首相のあいだ、緊縮財政受け入れを表明しており、反対勢力に打ち勝つことができず、半年で政権の座を追われることとなった。またかねてよりユーロ圏からの離脱には反対している。

＊10 Αντώνης Σαμαράς. 一九五一年生まれ。ギリシャの経済学者、政治家。財務大臣や外務大臣を歴任後、一九九〇年代から新民主主義党よりさらに右派政党である「政治の春」を設立したものの、後に新民主主義党へ合流。二〇一二－一五年に首相をつとめた。一二年の時点でシリザや全ギリシャ社会主義運動との連立交渉に失敗し、少数与党として不安定な政権運営のまま、その座をツィプラス率いるシリザに明け渡すことになった。

ギリシャ国会前行動（2015年 6 月29日、アテネ）
photo by Roberto Maldeno (flickr)

んだ右派政党「独立ギリシャ人」[11]でした。シリザはそれでもなお自分たちの政権を左派のそれとして提示したがっていましたが、人々からはやはりそうは見られなかった。政権内での役職の割り振りも多くのポストについてその人選は人々をがっかりさせるものでした。ギリシャはとても小さな国で、住民は互いによく知っており、そうした国では個々の人物の来歴は大きな意味をもちます。最悪だったのは内務大臣の人選で、就任したニコス・ブーツィス[12]は、大学で出世街道をまっしぐらに進んだ後、ΠΑΣΟΚ政権時代はΠΑΣΟΚに身を捧げ、ΠΑΣΟΚが衰退し始めると直ちに鞍替えした人物です。そのような信頼できない男が警察のトップに就任したわけであり、実際、就任当初の幾つかのジェスチュアを除けば、彼は何も変えようとはしませんでした。

　これらすべてのことが示しているのは、ツィプラス政権時代について「左派が政権をとった時代」とはやはりけっして言えないということです。確かに重要な時代ではあった。希望に溢れていたし、初期に実現された措置の幾つかはたいへん重要なものでした。というのも、それらの措置は、ツィプラス政権がそれまでは無視されてきた住民からの様々な要求に積極的に応える意志のある政権だということをはっきりと示すものだったからです。

——トロイカから最後通牒として突きつけられた合意案の受け入れについてその是非を問うた七月の国民投票でスタヴロスさんはOXI票を投じた。それは何を期待してのことだったんですか。

国民投票は、ぼくの目には、民衆が自己を表現する機会であるように見えました。シリザあるいはむしろツィプラスその人がドアを開放し民衆を舞台に招き入れるといったことであるように思えたし、実際、ギリシャで起きたのはそうしたことだったと思います。民衆の不満がOXI票を通じてしっかり表現されるようにぼくも闘わなければと思った。正直に言えば、民衆の表現があれほどまでに力強いものになるとはぼくは想像だにしていませんでした。テロルがギリシャを支配していたからです。銀行閉鎖と資

＊11 Ανεξάρτητοι Έλληνες. 新民主主義党に所属していたパノス・カンメノスらによって設立された保守政党。トロイカ体制によって生じた緊縮財政に反対の立場であり、二〇一五年一月にシリザ政権になった後、連立を組み、カンメノスが国防大臣に就任した。

＊12 Νίκος Βούτσης. 一九五一年生まれ。ギリシャの政治家。アテネ大学、アテネ工科大学でそれぞれ学び、当初は全ギリシャ社会主義運動の参加で社会参画していたものの、現在はツィプラス政権下にて内務大臣を務めている。

本規制――EUのあらゆるリーダーたちがギリシャを脅かしました。「最後の審判の時がきた。ヨーロッパだけがお前たちの未来だ。ヨーロッパの外に出たらお前たちは失敗する。トイレットペーパーも子どものミルクもなくなり、悪夢が到来する」と。そうした環境なかでなお人々はOXI票を投じたわけです。これはとてつもなく重要な経験でした。ぼくたちは各々のおかれた場所で知人や友人、家族と話し、テロルに負けないように説得する努力を続けましたが、これはとてもよいことだったように思います。ぼくの勤める大学でも小さなキャンペーンが行われました。これはもちろん多くの人々が怖がっていたからですが、OXI票を投じるように呼びかけるぼくたち自身も同じように怖かった。宿命を克服しなければならなかったわけですが、それは言うまでもなく簡単なことではありません。「そんなことをしたら明日はない」とされるなかでそれでもOXI票を投じるためには、やはり、人々は互いに支え合わなければならなかった。これはたいへん重要なことで、シリザの党員でもなければ、シリザの支持者でもない人々もそのようにして互いに支え合い、各自の解釈に基づいてOXI票を投じたのです。だからこそまた、国民投票後、シリザがその結果の意味をほとんど逆転させしまったときに人々のうちに生じた絶望はあれほどまでに大きいものとなったのです。シリザの反応は予想できたと言う人たちもいます。ツィプラスが望んでいたのは人民が分裂しているということをはっきりさせた上でボナパルティズム的な解決を行うということ、「私は人民に自己表現の機会を確かに与えた」と言いながらそうした解決を行うということだったと。ツィプラスが期待していたのは賛否の均衡だったのではないかとぼくも思います。賛成票も反対票も勝ち過ぎることがない、あるいは、少なくともそう解釈できるような結果です。しかし実際には反対票が圧勝してしまった。これは非常に扱い難い事態だったはずです。

――OXI票を投じた人々の勇気、テロルに打ち克つ勇気はどのように生じたのでしょうか。

それを説明するのはたやすいことではないし、説明のヒントになりそうなことを見つけるのも難しい。しかし、少なくとも言えそうなのは、人々の行動というものが必ずしも個人的利害だけに基づいているわけではないということです。価値や熱望、夢や怒りといった要素も重要な役割を演じ続けている。これは左翼あるいは反資本主義運動一般にとって重要な教訓です。極限的悲惨が爆発を導き、それが革命に転じるという考え方もありますが、これは残念ながらギリシャでも他のどこでも起きたためしがない。我々に必要なのは、反対に、困難な状況と新たな未来を夢見る可能性とを結びつけるということです。何か別のことが可能だ、別の未来が可能だと思えない限り、人々はけっして動き出さない。これと同様に軽視してはならないのは怒りであり、「尊厳」の問題です。サパティスタ運動におけるすべてのプロジェクト、民衆のエンパワメントはこの「尊厳」という考え方に立脚しています。我々は侮辱されている、メキシコの先住民族は声を奪われている、だからサパティスモは彼らに声を返す。何かを要求する力、自分自身のために何かを創造する力、恐怖を克服する力を与える。実際、力をもたない限り、恐怖はいたるところにとどまり続けます。侮辱された人々は尊厳を求めて前進することができるということこの考え方はすべての左翼にとって貴重な財産です。人々が侮辱されているという状況は、しかし、尊厳の回復とは正反対の方向にも誘導され得るものです。侮辱された人々は左派的な価値を通じて尊厳へと向かう場合もありますが、右派的な価値を通じて憎悪やレイシズムへと向かう場合もある。侮辱された人々は道を探し求めているのです。

ギリシャの民衆は侮辱されている。様々な仕方で侮辱されている。怠け者だとみなされ、泥棒だとみなされている。ギリシャ住民はEUのカネを盗んだとされていますが、これはもちろんまったくの偽りです。ギリシャの公的債務は腐敗した政権と高利貸し（銀行のことです）とによって作られました。しかしドイツの右派勢力は、ギリシャ住民は怠け者で税金を払わない、働かずにいつもコーヒーをすすってばかりいるといったプロパガンダをヨーロッパ全土に向けて展開してきた。そうした侮辱に曝されたがゆえにギリシャにおいてナショナリズムが拡大したというのも本当のことです。実際、ナショナリスト的な流儀での集団的プライドの形成と、ギリシャ人以外のすべての民族に対する集団的憎悪の形成とは紙一重です。いずれにせよ、反対票を投じるという決意の裏にはいま述べたような要素があります。反対票を投じる決意は、多くの人々にとって、すべてを見通した上でのジャンプなどではまるでなかった。ただひたすら「もうたくさんだと言ったらもうたくさんなんだ！」、文字通り「ファック・オフ！」という思いで反対票を投じた人が大半だったに違いありません。これは「政治」と呼べる代物なのか。もちろん政治であり、これこそが政治です。政治とは「ああすればあの手の年金を得られるだろうが一〇年後にはひょっとすると……」などといったことではないのです。それは計算であって政治ではない。国民投票ではほとんどの人が計算などしていませんでした。レーニンが次のように言っていたのを思い出します。右翼あるいはナショナリストの主張は、我々は孤独な民族だが団結して他者に立ち向かえば必ず勝てるというものだが、左翼のそれは、我々が有しているのは尊厳だけであり、我々は我々の尊厳を犠牲にすることなく、いまここで未来のために闘うだけだというものだと。

――心を揺さぶられる話ですね。

ひとつ具体的な話をさせてください。ぼくの従兄の話です。彼はぼくとほぼ同い年で、とても素晴らしい人物です。政治的には彼はずっと右派に、すなわち、新民主主義党に投票してきました。日常生活では彼は建築家なのですが、現場の労働者たちといつもとてもよい関係を築き、民主的で、汚職のネットワークに身をおいたこともありません。その彼が「連中は売国奴だ、連中は国をめちゃくちゃにした、もう二度と連中には投票しない」と言い始めました。占拠運動が展開されていたシンダグマ広場にぼくたちは一緒に行ったのですが、彼はそこで起きていたことに魅了されました。「これこそ生そのものだ、こんな社会を構築しなければならない」と。政治活動としては一度も経験したことがなかったものの、日常生活では現場での仕事を通じて似たような経験をしていたからこそ、彼はその重要性をすぐに理解したのだと思います。ところが、国民投票実施が迫るある日、ぼくの娘が「おじさんは賛成票を入れるらしい」と言ってきた。ぼくはそんなはずは絶対にないと否定しましたが、フェイスブックで賛成を表明するメッセージをポストしていたから間違いないと。ぼくは彼に電話しました。実際には一時間以上話したのですが、いまは手短に話します。彼は言いました――「反対票は入れられない。OXIに未来はない。ぼくは生きていかなくちゃいけない。家族のことが心配なんだ。ぼくには仕事がある。建築業界は苦境に立たされている。正直に言ってぼくはほんとうに怖いんだ」と。ぼくは答えました――「わかったよ。きみのことは大好きだ。きみの思う通りにしたらいい。ぼくたちはどんなことがあっても兄弟であることに変わりはない（二人とも一人っ子で、兄弟同然に育った）。でも、きみは間違っていると思う。いまは否とはっきり言うべきときだと思う。ぼくらの尊厳を保つためにも、未来のために何かをなす可能性を残すためにも」。ぼくらがそう電話で話したのは夜の一〇時頃から深夜にかけてのことだったと思います。電話を切った後、ぼくはなかなか眠りにつけない夜を過ごし、朝四時には目が覚めてしまったのですが、携帯に彼からメッセージが来ているのに気がつきました。そこにはこう書かれていました——「ぼくを助けてくれてどうもありがとう。この重大な局面できみに助けられればぼくはほんとうに感謝している。きみのおかげでぼくにもようやくいま起きていることがはっきり見えてきた。OXIを投じに行こうじゃないか。そして連中にぼくらのファック・オフを突きつけてやろうじゃないか」と。これがOXIの力なんです。

二〇一一年、シンダグマ広場占拠

——素晴らしい話をしてくれてありがとう。感動ですぐに言葉が出ませんが、しかし、無理に次の質問に移ります。いま話題に出たシンダグマ広場占拠に話を戻します。シンダグマ広場占拠は二〇一一年五月の出来事ですが、それから今日までの四年間をスタヴロスさんの観点から振り返ってもらえませんか。

まず、シンダグマ広場占拠それ自体については、後から振り返れば、予想できたこととも言えるのかもしれませんが、それが起きた当時は、アナキストから左派政党の議員に至るまで誰一人としてあのような出来事の可能性を予想し得た者はいなかったと思います。確かに当時、スペインで「怒れる者たち」(indignados) によって起こされていたことをギリシャでも反復しようという試みはありました。シリザ

シンダグマ広場占拠（2011年10月19日、アテネ）
photo by Yannis Behrakis (Reuters)

もそれを試みましたが成功しなかった。他にも幾つかの極左小政党が試みましたがやはり成功しなかった。シンダグマ広場を「占拠する」ということは誰にとっても想像すらし得ないことでした。広場はとても広いし、また、これまでの例に照らせば警官隊が直ちに制圧を始め、広場を「解放する」に決まっていると誰もが思っていた。広場占拠は、したがって、まるきり予想し得ない仕方で始まりました。その日のことをぼくはまだよく覚えています。五月の最後の週で、まだ夏休みは始まっていませんでした。夕方遅く、授業を終わらせバイクで学校を出ようとしたとき、事務職員のひとりからシンダグマまで乗せていってもらえないかと声をかけられました。たまたまシンダグマを越えてその先に行くつもりだったので、ぼくは彼女を乗せることにしたところ、彼女は言いました――「SNSでちょっと面白そうな呼びかけを受け取ったので行ってみようと思うのだけど、ひょっとすると誰も来ていないかもしれない」。ぼくは「それじゃあ、とにかく様子を見に行ってみよう」と彼女に答えました。呼びかけでの集合時間は午後七時となっていましたが、ギリシャのデモでは定められた開始時刻に行ってもデモ主宰者も含めまだ人っ子一人いないのというのが常識です（午後七時に集合とある場合、午後七時半ぐらいからちらほらと人が現れ始める。一種の「クリティカル・マス」です）。ぼくらが学校を出ようとしていたのはちょうど午後七時頃で、まだ早過ぎるのは承知していましたが、ぼく自身が疲れていたということもあり、時間を潰さずにすぐに出発しました。ぼくらがシンダグマ広場に到着したのは午後七時一〇分頃。するとどうでしょう、そこには二万とも三万とも思える規模の人が当たり前のようにすでに集まっていたのです。いかなる横断幕もいかなる旗もなしに。いかなるスローガンも叫ぶことなく、ただひたすらおびただしい数の人の群れが静かにそこに広がっていた。ズーっと低く唸るような音だけが響いていました。これが始まりでした。ぼくは友だちに電話をかけました。「ぼくはいまシンダグマ広場にいるが驚くべきことになっている。きみも来いよ、きっときみも目を疑うから」。結局、ぼくはその夜遅くまで広場にとどまることになり、家にはただ眠りに帰っただけとなりました。翌日も授業を済ませた後、すぐにシンダグマ広場に行きました。

予想し得ない出来事だったという意味ではまさに「奇蹟」でしたが、同時にまた、多くの政治党派のうちに不安あるいは居心地の悪さを生じさせるものでもありました。とりわけアナキストたちはシンダグマ広場占拠に対して「プチブルたちのファンシーなパーティ」に過ぎないとして真っ向から批判的な態度をとりました。どんな人々が広場に集まったのか。すべての類いの人々です。彼らはシンダグマ広場を自分たちの空間だと考えたのであり、彼らの異議申し立てはこのときすでに「もうたくさんだと言ったらもうたくさんだ」というものでした。というのも、この時点ですでに緊縮策の徴候は誰の目にも明らかなものとなっており、同時にまた、当時の政権与党が採択した様々な決定はそのどれもが選挙前に彼らの掲げていた公約に反するものだったからです。当時、最も自発的に生じたスローガンは"Κλέφτες, Ψεύτες"（泥棒、嘘つき）で、これは当然のことながら議会に対して直接的に叫ばれることになりました（議会はシンダグマ広場に面しています）。いずれにせよ、このようにして二〇一一年五月二五日から、その後ほんとうに長く続くことになるプロセスが開始されたわけです。ときには矛盾を露にし、ときには驚きを与えもしたそのプロセスは、しかし、一貫して下から組織されたものであり続けました。占拠が始まってすぐ広場では評議会が形成され、また、評議会やその他の様々な合意形成形態を通じて幾つかの規則が定められました。どんな人でも広場に迎え入れられましたが、その唯一の条件は人々に上からものを言わないということ、何をなすべきかを高みから人に指示しないということでした（実際、広場には幾つかの極左小集団がメンバー勧誘を目的にやってきてもいました）。こうしたなかから様々な重要な実践が生まれることになります。たとえば、「民主主義」の意味についてみんなで議論する大集会が開かれ、そこにマノーリス・グレーゾス[*13]を招き「民主主義」について話してもらうといったこともあり

＊13 *Εμμανουήλ "Μανώλης" Γλέζος.* 一九二二年生まれ。ギリシャの政治家、シリザ議員。本文中にもあるように、第二次大戦時代ナチスへの抵抗運動のきっかけとなった人物。現在の緊縮財政を強要するトロイカ体制に対して反対姿勢を表明している。

警官隊との衝突（2011年12月 6 日、シンダグマ広場）
photo by Yannis Behrakis (Reuters)

ました。グレーゾスは、ナチス占領時代に対独レジスタンスに加わり、とりわけ、アクロポリスの掲揚塔に登ってナチスの旗を引きずり降ろしたことでよく知られる人物で、もう九〇歳近いはずですが、二〇一四年七月からシリザ選出の欧州議会議員を務めてもいました（彼は「人民連合」に合流しシリザを離れた）。

しかし、やはり述べておかなければならないのは、以上のようなことがすべて、警官隊との激しい対立のなかで展開されたという点です。一一年八月に最終的に人々がシンダグマ広場を立ち去らなければならなくなったのもそれが理由でした。七月中旬にトロイカからの覚書についての決議が国会で行われましたが、占拠を続けることが難しくなったのはとりわけこれを契機にしてのことでした。議員が投票のために議会に入るのを妨害するというアクションが展開されたために、これに対して警官隊による非常に暴力的な攻撃がなされ、広場占拠は最終的に完全に制圧されるに至ったのです。

シンダグマ広場占拠は、それまでに一度も政治的闘争を経験したことのない人々が多く参加した運動でした。人々はシンダグマ広場の経験を通じて「公的なもの」は自分たちのものだと考えるようになりました。公共空間や公共圏は国家に属するものではないと。そう考えるようになった者たち、少なくともそのうちの一部は、広場占拠後、それぞれの居住地区での様々な実践に関わってゆくようになります。近隣住民評議会に参加したり、自主管理医療センターの運営にたずさわったり、スーパーマーケットから食料を集める活動を始めたり。地区単位でのそうした社会的実践がアテネ全体に広がっていきました。アテネでのシンダグマ広場占拠と同時にギリシャの他の都市でも同様の広場占拠やデモがなされたのですが、そうした都市でもアテネと同時期に地区単位の実践が同様に拡大しました。しかし同時に、緊縮策を課してくる権力はつねに圧倒的だったがゆえに、人々が権力の振る舞いから目を離すことはありませんでした。怒りはアテネ全体そしてギリシャ全体においてそうした様々なマイナーな実践のすべてを貫くものとして存続し続けたということです。オルタナティヴ・トレードのネットワークが形成されたり、小さな規模でのオルタナティヴ経済の実現が試みられたり、緊縮策の犠牲となった人々を助ける活動が近隣住民評議会によってなされたりしたのもこの時期のことです。近隣住民評議会のうちの幾つかは内部対立を抱え、最終的に崩壊してしまうものもありましたが、しかし他方で、これまでであれば想像すらできなかったような異質な党派どうしが互いに協力し合うというようなことも起きました。シンダグマの「遺産」はほんとうに多種多様なかたちでギリシャ全土に配分されていったのです。

しかし抑圧と「例外状態」とが時間の経過とともにひたすら強まる一方であったというのも事実であ

り、だからこそ人々は政権交代に希望を抱き続けてもいたのではないかと思います。シリザの到来はそのように説明できるでしょう。その当時起きていたことに唯一加わっていなかった勢力がシリザでした。シリザの方針は無論、シンダグマのそれをそっくりそのまま採用したものではありませんでしたが、しかしシリザはシンダグマ運動に対して批判などはけっしてしなかった。シリザの党員や活動家の多くが日常レヴェルで展開される様々な連帯的実践に積極的に参加していたし、シリザ選出の進歩派市長たちは市としてそうした連帯活動の支援に取り組んだりもしていました。ただし同時に言い添えておくべきは、シリザがその政治戦略においてそうした連帯的実践を彼らにとって信頼するに足る「力」として信じていたわけではなかったという点です。シリザは下からのそうした力の展開を過小評価していた。しかしなお、政治の舞台においては、ファシストとギリシャ共産党[*14]（KKE）とを除けば、シリザがトロイカとの合意に圧力をかけ続けていた唯一の「無垢な」勢力だったのは事実です。KKEはすべてを敵とみなし、シンダグマ広場占拠にもアナキストにもシリザにも敵対的姿勢を示し、もちろん、右派すなわち「階級敵」に対しても他のどんな勢力よりもはっきりと批判的な立場をとってきました。

連帯のネットワーク——合法性の限界を押し拡げる

——居住地区単位での活動についてですが、スペインでのプエルタ・デル・ソル占拠後の展開においては住民評議会はそれほど長続きしなかったという話も聞きました。ギリシャではどうだったのでしょうか。

ギリシャでも「評議会」がそれほどうまくいかなかったというのは本当です。反対に、医療や食料、教育といったことに関する連帯的実践のほうは精力的かつ有効に展開されました。シンダグマ広場での評議会の実践を地区規模でも反復しようとした試みは、先にも述べた通り、既存の様々な党派がそれぞれの近隣住民評議会に流れ込み、そのことが多くの場合、内部対立を引き起こしてしまったがゆえにうまく機能しなかった。同時にまた、住民たち自身が評議会の有効性をそれほど信じていなかったということもあったように思います。連帯的活動を進める際にも、評議会をその軸に据えるという地区もありましたが、市町村の役場に協力を求めにゆくという地区も少なくなかった。地区ごとの評議会の実践は、アテネよりもマドリードでのほうが長続きしたのではないでしょうか。

地区ごとの連帯的実践はいまもなお続けられています。国家がその姿勢を基本的には変えていないからです。「人道的危機に対応する」としてツィプラス政権によって幾つかの措置が導入されはしたがそれらはやはり明らかに不十分です。しかし他方でまた、少なくともぼくの知る限り、シリザ政権になってからはそうした社会的連帯の実践に対してとりたてて攻撃もないということも理由に挙げられるかもしれません。これまでの政権は、たとえば、自主管理医療センターに捜査員を送り込み、活動が非合法であるとして閉鎖命令を下すのみならず、そこで活動する医師などを逮捕したりもしました。そうした

＊14 Κομμουνιστικό Κόμμα Ελλάδας 一九一八年にアブラム・ベナロヤを中心に設立された政党（前身はギリシャ社会主義労働者党）。戦中戦後と長期にわたって非合法化されていたが、七四年以降は地方議会や国会、欧州議会に議席を獲得している。現在の書記長はディミトリス・コーツォンパスであり、二〇一五年九月の総選挙では一五席を有している（第五党）。

話はシリザが政権をとって以降は聞いていない。シリザはまた二〇一二年に「みんなのための連帯」[*15]という組織を作り、それ以来、政権の座についてからも、民衆によって自主的に進められる連帯的実践の支援に取り組んできました（この組織の運営に関わってきた人たちの多くは今日、ツィプラスたち主流派によってなされたヨーロッパとの合意に反対し、シリザを離れてしまっている）。シリザは、党選出の全議員の議員報酬の相当な部分を民衆の連帯的実践への資金援助に充てるという規則を新たに党内で定めることで、このプロジェクトを進めてきました。

連帯的実践はまた、貧困状態にある多くの人々にとって生存のために必要不可欠なものとなっており、さらに、他の人々にとっては、生存それ自体が問題にならないまでも、オルタナティヴな文化形態として機能しているような側面もあります。今日のギリシャでは、文化的な営みにお金を支払える人はとても限られており、ぼく自身の場合でも、たとえば映画に行くかどうかといったことは即決できるものではなくなりました。映画は一〇ユーロぐらいですが、四〜五年ほど前までは週に一回、月に三回ぐらい観に行っていました。しかしいまはもう行くことができない。ぼくにとって映画はたんに文化の問題ではなく社交のそれでもありました。ぼくは屋外上映に行くのが好きなんですが、屋外上映は社交の場でもあった。酒を飲みに出かけるということももはやそう頻繁にはできない。この点で、社会センターはたんにオルタナティヴ文化の場であるだけでなく、バーなどに代わる新たな社交の場にもなっている。労働者協同組合によって運営されているバーやレストランも幾つかあります。雇用主なしに労働者たちによって自主運営されるそうした飲食店では、多くの場合、労働者どうしのあいだのよき関係の構築、適正な額の給料の支払いといったことに加え、安全な食材の使用といったことも重視されている。こうしたオルタナティヴな試みは今後もまた新たに大きな発展を見せる可能性があります。一月の選挙後から今日までに国会で新たに決議されたたいへん厳しい様々な措置がその破壊的効果を生じさせつつあり、下からの連帯がいっそう必要不可欠なものとなってきているからです。人々はすでに経験を積んでいるし、スキルも身につけている。たとえば共同食堂といった試みはたんなる慈善のジェスチュアなどではなく、文字通り生存のための手段であり、その必要性は今後、ますます大きくなっていくに違いありません。

さらにまた、この八月からは多くの難民がギリシャに到来することになり、誰にも無視できないような新たな状況を作り出しています。難民たちにとってギリシャは西ヨーロッパという「天国」へと向かうためのたんなる通り道に過ぎませんが、それでもなお、彼らがここギリシャでも助けを必要としていることに変わりはない。毎日新たに千人単位の難民がギリシャに渡ってきているという状況を前にして、もともと緊縮策の犠牲者を支援するために始められた連帯の試みは今日、難民たちの支援にも取り組み始めている。ぼく自身は八月中アテネを不在にしていましたが、エクサルヒア地区にあるアレオス公園で非常に大規模な難民支援運動が組織されたという話を聞いています。七〇〇～一〇〇〇人の難民がアレオス公園での一時滞在を強いられたため、これまで運動に携わってきた人々などが中心となってそこ

＊15 *Αλληλεγγύη για Όλους.* 本文中にもあるように、当初はシリザの支援によって数々の自主的な社会運動組織が形成された。いかなる出自、人種、宗教にかかわらず、みんなのための連帯のネットワーク形成が目的とされている。福祉、失業、移民、健康、教育、労働などに関する場所作りが行われている。

に共同食堂が設けられ、この連帯の試みにほんとうに多くの市民が参加したそうです。衣服を集めてくる者もいれば、炊き出しのための料理をする者、また、ファシストが難民を襲撃するかもしれないとの配慮から公園のまわりで見張りをする者……。これが現在の状況です。

――外部からの緊縮策の強要と内部での連帯的ネットワークの展開、これら二つの要素のあいだの関係をスタヴロスさんはどのように考えていますか。

外部と内部とのあいだには恒常的な対立、恒常的な綱の引き合いがあるように思う。外部からの措置の強要が問題を作り出し、内部での様々な試みがそれを解決しようとする。また、そうした解決は、多くの場合、「規則を迂回する」といった仕方でなされる。たとえば、電気代を支払えなくなった人々の住居への電力供給を切断するという決定に対してこれを拒否する大規模な運動などが展開されていますが、そうした運動に見られるのは、合法性の限界をつねにいっそう押し拡げようとする試みです。左派の強いところでは、市町村当局が積極的にそうした人々の支援を行っているような場合もあります。したがって、外部から課された措置が内部に直ちにその効果を生じさせるとは必ずしも言えず、実際、外部から措置を課してくる人々自身が「きみたちがカネをしっかり集められなくても、まあ所詮、きみたちはギリシャ国家なわけだから当然だな。正直、オレたちの知ったことじゃない」と言ってみせるということもこれまでに多々あった。これはもちろんものの言い方であって、彼らが他方では、何が何でもカネを集めてこいと思っているのは疑う余地もないことです。いずれにせよ、そのようにして揺さぶりをかけることで、ギリシャ国内に存在する社会的基盤のいっさいを破壊し、ギリシャの人的資源や自然資源のすべてを搾取し尽くすというのが彼らの目指すところであり、ギリシャが今日、植民地的状況におかれているというのは言うまでもありません。

——ここ四年間のスペインとギリシャ両国における事態の進展には一定の類似があります。広場占拠から地区単位での社会的実践を経て左派政党の台頭へといった流れがスペインとギリシャとでほぼ同時に進行したと言えます。これに加えて、スタヴロスさん自身も様々な機会によく言及しているアルゼンチンも、二〇〇一年一二月の民衆蜂起からキルシネル体制時代にかけて似たような経緯を辿ってきたと言えます。こうした「類似」についてスタヴロスさんはどう考えていますか。

シンダグマ広場占拠にとって、その直前に始まった「怒れる者たち」の運動やアラブの春はやはりインスピレイションの源ではあったと思う。加えて、そもそもスペインはギリシャに多くの点で類似した国だと言えます。スペインでもギリシャでも独裁体制が崩壊したのは一九七四年ですが（もちろんスペインの独裁体制はギリシャのそれよりもずっと長く続き極めて破壊的なものだったわけですが）、その後、運動の世界では両国のアナキストや極左の様々なグループのあいだで下からの交流が盛んに続けられてきました。そのためギリシャの人々はスペインについてよく知っている。公共空間の利用、下からの組織化、運動の直接的な政治化（市民の権利要求運動ではなく）といった傾向は両国の運動に共通している。しかし反対に、スペインにもギリシャにも大きなアナキスト運動が見られますが、スペインのそれはCNT[*16]やCGT[*17]など組織化された労組運動の伝統を受け継ぐものであるのに対し、ギリシャでのアナキスト運動はむしろ米国のそれから影響を受けたものであるといった相違も指摘できます。さらにはまた、南ヨーロッパ諸国はひとつの同じ運命の下にあるという考えが多くの人々によって幅広く共有されてきたというのも本当で、この考えから、スペインの住民とギリシャの住民とは一緒に問題に取り組み闘っていけるという感覚が形成されてきたということもある。数年前まではギリシャの運動はスペインの運動よりもむしろイタリアのそれと強く結びついていましたが、イタリアでの運動が以前ほどの活気をもはやもっていないために、ギリシャの運動はスペインでの運動により接近することになりました。

——それは二〇〇四年ぐらいからのことですか。

そうです。イタリアではベルルスコーニ[*18]時代に多くのものが破壊されてしまった。スペインとの関係に話を戻せば、ラテンアメリカ諸国の影響という点でもスペインとギリシャには共通点が見出せると思います。危機に対してなされたアルゼンチンでの様々な試みはここギリシャでも下からの運動を通じて人々によく知られ広く議論されるものとなっています。たとえば、テッサロニキにある建築資材企業BIO. ME.[*19]では、二〇一一年五月に経営陣が数ヶ月分の給料を支払わないまま工場を閉鎖しましたが、その後、「あなたたちにはもうできない？　私たちならできますよ！」（Δεν μπορειτε εσεις ; Μπορουμε εμεις）をスローガンに労働者たちが工場の自主運営に乗り出しました。これが可能となったのはアルゼンチンのセラミック工場でやはり雇用主なしに自主運営されているZanon[*20]の労働者たちと話し、彼らの努力に押され、彼らからの助言と協力を得たからだと言えます。スペインの運動とギリシャのそれとの連動を象徴する出来事をひとつ紹介しておきます。シンダグマ広場占拠のときに、同様に占拠運動が展開されていたプエルタ・デル・ソルとライブでテレビ通信を行い、双方の広場に大きなスクリーンを設置して、互いに言葉をかけ合ったり、双方の広場で同時に声を上げたり拍手したりといったこともありました。

ポデモスについては、当初、シリザの「友党」としてギリシャでは理解されていましたが、シリザが困難に陥ったとき、ポデモスは「自分たちは必ずしも彼らとは同じではない」という姿勢をとり、両党の同盟は不安定なものとなりました。ぼく自身はシリザのことも信用していないけど、それ以上にポデ

＊16　労働国民連合（Confederación Nacional del Trabajo）。スペインで一九一〇年にアナキストの団体が設立した労働組合。

＊17　労働一般組合（Confederación General del Trabajo）。スペインで一九七九年にアナキストの団体が設立した労働組合。カタルーニャ問題にコミットする等独自の問題を取り上げている。

＊18　ビフォ・インタヴュー注18参照。

＊19　*Βιομηχανικής Μεταλλευτικής*. 化学製品や建設業界向けの製品を生産していたテッサロニキにある会社。二〇〇八年頃から収益がマイナスになりはじめ、社員のボーナスカットを行い、ついには一五年には給与の不払いが生じた。本文中にもあるように会社の労働者たちは、アルゼンチンのセラミック工場で同様の事態が生じた際に行われた工場の自主運営のノウハウを学び、現在も雇用主なしでの工場運営を行っている。

＊20　Cooperativa Fasinpat Zanon. 南アルゼンチンのセラミック会社。会社倒産後、労働組合が先導をきって、労働者たちが工場を占拠し、自主運営の道を歩み出した。その後も会社は軌道に乗り、拡大を続けている。

モスのことは信用していません。また、下からの運動を抑え込むためのエリートたちの戦略という次元でもスペインとギリシャとのあいだに共通点を指摘できる。スペインのシウダダノス[*21]はギリシャのポタミによく似た政党で、両者ともにポスト政治的な外観を売りにして登場してきた右派政党であり、シリザがポタミによって幾らかの票を失ったのと同様にシウダダノスも主としてポデモスの票を狙っています。ポタミはどこからともなく出現し、マスメディアを通じてよく知られた男を党首にしただけの政党です。

コモニングとしての「民主主義」

——今日のギリシャ情勢において「民主主義」は二つの異なる意味で問題になっているようです。一方で、選挙や国民投票といった次元における合意形成や集団的意思決定の過程としての「民主主義」が、ユーログループなどによって「法外な」仕方で行使される権力に対立し、事実上、機能不全に陥っている。他方で、シンダグマ広場占拠を起点にこの四年間に展開されてきた様々な連帯的実践についても「民主主義」が語られる。スタヴロスさんはこの間、様々な機会に、とりわけ後者の意味での「民主主義」を論じてきました。通常は前者の意味で定義される「民主主義」を後者の意味で新たに定義し直さなければならないと。これについて最後に少し話してもらえませんか。

近年の様々な運動、とりわけ広場占拠運動を念頭におきながらぼくはこの間、考えを進めてきました。アラブの春からプエルタ・デル・ソルやシンダグマを経てウォール・ストリート、イスタンブールのゲジ公園占拠[*22]、香港での雨傘革命、サン・パウロでの公共交通料金値上げに端を発した民衆蜂起[*23]に至るまで、近年の運動ではいずれにおいてもあからさまに「民主主義」が中心的なテーマとされてきました。「これは民主主義じゃない、我々は参加や決定の権利を奪われている。我々は決定過程の外におかれている。なされた決定は我々にとって最悪なもので、我々の暮らしを破壊するものだ。だから我々は民主主義を求める」といった具合に。そしてその大半は「民主的」と通常言われる国で起きたものです。北アフリカの幾つかの「専制的」国家でのそれを除けば、少なくとも言葉上では西洋型の「多元的」民主主義を掲げる国での運動です。

これらの運動をよく観察し、また、シンダグマ広場でのぼく自身の経験も踏まえて、そこで実際にいかなる「民主主義」が議論され実践されたかということを振り返ると、「民主主義」は人々のあいだの関係構築の一形態として、社会的関係の構築のひとつのあり方として探求されていたことがわかります。

---

*21　Ciudadanos-Partido de la Ciudadanía. バルセロナ在住のカタルーニャ人知識人たちにより二〇〇六年に設立されたカタルーニャに拠点をおく政党。カタルーニャ独立に反対しており、「右派のポデモス」とも呼ばれている。カタルーニャ州議会だけでなく、欧州議会にも議席を獲得している。一五年一二月の総選挙では総投票数の一四％、四〇議席を獲得、第四党となった。

*22　二〇一三年春頃から展開されたイスタンブール（トルコ）のタキシムにある公園占拠運動。市がこの公園をなくし、商業施設等の開発に取り組む計画が進められ、環境団体を中心にテントを張り、抗議活動が展開された。現在もテントは張られ、抗議活動が行われている。

*23　二〇一三年六月にブラジルのサン・パウロで一万人以上が参加した抗議行動。三レアルから三・二レアルへの値上げ撤回を勝ち取った。

社会化の一形態。意思決定の一形態とも言えるのかもしれませんが、ただしそれは、誰の意見が最も優れているかとか、誰かが誰かを説得するといったハーバーマス風の意味でのものではなく、集団を形成するためには何をなす必要があるのか、共同体を構築してゆくためには何をすべきなのかといった意味でのものです。ここでは、したがって、たんに「意見」の調整が問題となっているのではなく、欲望や夢、未来への希望といったことが問題になっている。加えて指摘したいのは、近年の運動において「民主主義」はひとつの生活形式、共に生きることのひとつのあり方になったということです。たとえばゲジ公園占拠では、ぼくの知る限り、参加者全員による評議会といったものは存在しませんでしたが、その代わりに様々な小規模な討議が行われました。この上なく多様な政治的イニシアティヴのそのすべてを共存させるそうした小規模な討議こそがまさにひとつの共存の流れを作り出していたのです。誰もが共存を望んでいるということが確認された上で、その方法が徐々に見つけ出されていったと言えるかもしれません。これもまた「民主主義」なのです。考え方を異にする様々な人がそれでもなお互いに傷つけ合うことなくひとつの空間のなかでいかに共存するか。ゲジ公園では実際、クルド人グループ、LGBT運動、ケマル主義者[*24]、イスラム原理主義者、極左活動家といった通常トルコでは想像すらし得ない絶対的に不可能な組み合わせの人々が、同一の敵を共有しているという理由から、ひとつの同じ空間に共存することを受け入れたのであり、たんに「受け入れた」というだけではなく、共存するための方法を全員で積極的に見出していったのです。

もうひとつだけ例を挙げましょう。シンダグマ広場が警官隊によって極めて暴力的な攻撃を受けたときのことです。大半は広場の外に排除されましたが、広場の中央にとどまった者もいました。警官隊はたくさんの催涙弾を広場に撃ち込みましたが、どういうわけか広場中央は手つかずに残されたのです（ひょっとするとマスメディアの取材陣が広場中央に陣取っていたからかもしれません）。広場中央に残った者たちは布で顔を覆うなどして催涙ガスを避けながら警官隊の武力弾圧に対し投石で応じ、広場はまさに戦場といった様相を呈していました。警官隊がいったん撤退すると、催涙ガスのまだたちこめた広場に群衆が直ちに戻ってきました。しかし、催涙ガスは一種の粉のようにして広場一面に残っていたためにそのままでは人々は広場にとどまることができなかった。催涙ガスの粉を水で洗い流す必要があったのです。広場に設置されていた水道は激しい衝突ゆえにすべて破壊されていました。唯一の水源は広場中央の噴水だった。誰が言い出したわけでもないままに、しかし、広場を埋め尽くした群衆はそのフォーメイションを変化させ、噴水からペットボトルに水を汲み上げてはそれを手から手へとリレーさせ始めました。これもまた「民主主義」です。互いの差異をけっして解消させることなく、しかし、自分たちが同一の大義を共有しているという自覚の下で、それを言葉にすることもなしに、必要に応じて身体の連携が図られるということ。いかにして互いの差異をあくまでも尊重しながら平等を実践しつつ協働するのか。このときシンダグマ広場の人々は議論すらしなかった。彼らはただ実践しただけです、民主的なやり方で。ひょっとすると非民主的なやり方のほうが効率がよいのかもしれない。例外状態において

＊24　トルコ独立を指導した初代大統領のムスタファ・ケマル・アタテュルク（一八八一－一九三八）の考え。彼はトルコを独裁体制下におき、「成功した独裁者」とも呼ばれる。そうした治世を求め、ケマルを信奉する人たちのこともしばしば指す。

シンダグマ広場での抗議中の路上清掃（2011年６月15日、アテネ）
photo by linmtheu (flickr)

は非民主的なやり方やそれに基づく上下関係も受け入れられるのかもしれない。しかし例外状態は「前衛」と呼ばれる者たちに一定の特権を与えてしまい、運動の内部に不平等を作り出してしまいます。

　要するに、広場占拠運動では「民主主義」の名において二つのことが同時に探求されたわけです。ひとつは平等を通じて協働するための手段の創造（コモニング）であり、もうひとつは空間内での権力のいかなる局所的蓄積（知識に基づくものであろうが、お金やスキル、生まれもっての才能に基づくものであろうが）も許さないメカニズムの開発です。

――「民主主義」のその二つの側面はシンダグマ占拠以後の地区ごとの社会的実践においても見出し得るものですか。

そう思います。緊縮策による破壊への対応が問題となる場合でも、NGOのような慈善事業と犠牲者自身によって自主運営されている実践とは同じものではありません。後者では犠牲者自身が主体に位置づけられているからです。後者では犠牲者は集団的な努力への参加が求められる。これに対して前者では犠牲者は従属的な位置におかれる。悪い条件にある者はあくまでも受動的な立場を割り振られ、より良い条件にある者が何をなすべきかを決定するとされる。一例を挙げます。アテネ近郊のビロナス市には、「ランピドーナ」[*25]という名のよく知られた社会センターがあります。シリザのメンバー、アンタルシーア[*26]のメンバー、アナキスト運動の人々、そして地区の無所属活動家たちが一緒になって、ランピドーナ公園内にある使われなくなった市所有の小さな建物を占拠することを決め、そこに社会センターを創設したのです。今日、ビロナス市はギリシャの他の自治体と同様、最重要なものも含めほとんど福祉サーヴィスを提供できない状態にあります。言うまでもなく、国家からの交付金が途絶えているからです(国家はそれを債権者や銀行への支払いに充てています)。以前、ビロナス市はホームレスの人々のための小さな宿泊所を運営していましたが、その施設も閉鎖に追い込まれました。そのためホームレスの人々

---

*25　*Λαμπηδόνα*. 二〇一〇年頃からアナーキストたちがスクワットを始め、一一年にオープンしたビロナス市にあるオルタナティヴ・スペース、社会センター。哲学のワークショップやダンス、映画上映やアート作品の展示にいたるまで幅広くイベントが企画されている。

*26　ΑΝΤ.ΑΡ.ΣΥ.Α (*Αντικαπιταλιστική Αριστερή Συνεργασία για την Ανατροπή*). ギリシャ反資本主義左派戦線。ギリシャ語で *ανταρσία* とは蜂起を意味する用語でもある。二〇〇九年に元共産党員やマオイスト、トロツキストらによって設立された左派政党。

は眠る場所を失い、しかし同時にまた、食べる物も見つけることができなくなってしまった。そうした人々の何人かがランピドーナに助けを求めてやってきた。これに対してランピドーナの人々は答えました——「我々にはあなた方を助けるためのお金がない。あなた方を泊めるために必要な人手も欠いている。ただ、あなた方の味方になりたいという思いはある。調理はできるか。ペンキ塗りはできるか。施設管理のために夜、起きていることはできるか。我々はそうしたことをしてくれる人を求めている。我々の仲間にはスーパーマーケットに勤めている者がおり、その人が食料を調達してきてくれる。薬局で働いている者もおり、薬の調達も問題ない。友人たちに頼めば毛布も集めることができる。だからあなた方には調理を担当してほしい」と。こうして人々を活動のなかに巻き込み、誰もが平等に協働するという環境のなかで人々に尊厳を取り戻させる。慈善事業との違いはここにあります。これこそが「民主主義」を創造するということであり、また、「民主主義」を通じて新たな社会的関係を創造するということなのです。

シンダグマの後で

スタヴロス・スタヴリデス

二〇一三年七月一九日

以下の文章はマドリードのCSO Patio Maravillas (http://patiomaravillas.net/) でのスタヴロス・スタヴリデスによる発言の抄録である。彼は建築家でありギリシャの活動家でもある。本文はマドリードのObservatorio Metropolitano のエヴァ・ガルシアとベアトリス・ガルシアによって活字化され、二〇一三年六月六日にPeriódico Diagonal で公表されたものである (https://www.diagonalperiodico.net/culturas/stavrides.html)。スタヴリデスの映像はオンライン上で見ることができる (https://vimeo.com/62237710)。もちろん、以下の文章はそのまま文字起こししたものではないし、翻訳と実際の発言とにはちょっとした不一致があるかもしれない。その際にはPeriódico Diagonal に掲載されているスペイン語のオリジナル・バージョンを参照されたい。

私たちがマドリードで権力と対峙していたとき、スタヴリデスの話が重要なのは、ギリシャにおける都市の自主運営についての共《コモンズ》と経験を、〔ギリシャの〕シンダグマ広場での占拠をモデルにしながら分析した点にある。またスタヴリデスが語ってくれていることはスペインの15Mにも関わるだろうし、エジプトやアメリカ、そしてトルコでのつかのまの経験にもつながっていくだろう。

「シンダグマ広場での占拠は、単なる抗議の協働形態ではないし、要求を促していく形態でもない。そうしたことを超えて、きわめて生き生きとした抗議活動だったのであり、社会的生を組織する明確な方法の提案でもあったのだ」。建築家であり、アテネ国立工科大学の教員でもあるスタヴロス・スタヴリデスはマドリードを訪れ、医療サーヴィス・広場・大衆食堂・市場といった大衆の社会センターを設立し、自主運営していくという観点から、ギリシャでの反緊縮財政運動をとりあげて議論を展開してくれた。「(マドリードを含む) ヨーロッパの生きた経験は新しいタイプの民主主義と私たちの日常生活の構成と深く関わる」のである。こうしたことをスタヴリデスはマドリードの社会センターである、Patio Maravillas で語ってくれた。

国債の廃墟のうえに生まれた相互扶助

この間、政治的主題を生み出す新たな方法が創りだされた。その主題とは単に、行動でもないし要求でもない。それだけではなくて、命題と創造についての主題である。こうした意識することもないようないわゆる主題は、経済・政治のきわめて重大な危機の渦中に、自己組織化と自助の新たな形態を創りだした。シンダグマ広場から生じた運動とイニシアティヴの第一の特徴は、自主運営をもたらしたことである。ギリシャでのこの危機のあいだ、とくにアテネでは、〔緊縮策のせいで〕日々いかに生き存《なが》らえるかという深刻な問題に直面している。今や、そうした人々を助けようとするNGOや慈善団体なども現れている。こうしたタイプのイニシアティヴでは力の形態を再生産する。支援や直接的な力といったようなものだ。その一方で、人々のニーズに取り組もうとするだけでなく、そうした援助を共同参加の形をとって行うイニシアティヴという遺産をシンダグマ広場は残している。

こんな例がある。ある社会センターがアテネの中心地、ゾグラフで創設された。その地域にはアテネ市役所があり、ホームレスたちに毎日食事を提供していた。危機とともに、市にはもはや予算がなくなってしまい、食事提供が維持できなくなってしまった。そしてセンターも活動家もその場所を放棄してしまった。しかしホームレスを支援しようとする人たちがこのセンターを見つけたのである。市が運営する小さなカフェをつくり、同じような心持ちをもった人々が社会・文化センターを続々と創設していき、シンダグマ広場の運動の精神から、そこが占拠されるようになっていった。社会センターの人々は、ホームレスやその他の人々と「料理の仕方や、ホームレスやその他の人々のために料理するグループとの協働の仕方を知ろうとしていく」活動にホームレスが自ら参加しない限り、ホームレスを援助することはない、ということを伝えていった。これはシンダグマ広場の運動での小さな事例ではあるが、そこでの協働作業を通じて自己組織化や自助（相互扶助）が強調されていくようになったのだ。

民主主義

こうした政治的な主題はシンダグマ広場の運動以前にも同様の仕方で行われていたわけではない。ジャック・ランシエールの考えによれば、政治行動とは主題を換骨奪胎させていくものだ。思うに、こうした行動は社会的にも政治的にもそうした行動そのものを再発明していくのである。例えば、アテネの中心に大きな医療センターがある。そこでは、医療活動にかかわるプロがおり、患者との関係を常時再発明している。医者の伝統的役割を再生産しているのではない。ここで援助体制は中立的なものに変化し、市場の利益を得たり、公的に支えられたマジョリティにのみかかわったりするものではなくなっている。もっぱら連帯に基づいたものなのだ。シンダグマ広場の運動のもとで展開されたこうしたあらゆる経験は、特殊な仕方で民主主義と結びついている。

シンダグマ広場の運動の後で、そして間違いなくマドリードでの経験からも同様に、民主主義とは単に参加方法や決定方法のことではなくなった。シンダグマ広場の運動の後で、民主主義は創造や調整、そして実践の問題へとシフトしたのだ。民主主義の意味はシンダグマ広場の運動で変わり、再発明された。人がそこで平等に出会い、いかに中心が欠如していようとも、秩序だって行動しなければならない。こうした行動が共通の特徴として、協働性を通じた調整と創造の様式としての民主主義を維持していく。言い換えれば民主主義はある状況下で平等を分有していくことであり、こうした平等こそが民主主義の前提条件なのだ。

前衛なき運動

シンダグマ広場での運動のあいだ、そしてその運動の後に、前衛という考えが常に試練にさらされていた。共産党のスターリニズムとアナキストの闘争性は、ブルジョワジーに抗するという名の下で現れてくるが、シンダグマの経験過程とはまったく相反するものだ。反対に、シンダグマ広場での運動が明らかにしているのは、もし参加者全員が平等とみなされるならば、皆が協同過程に参加しうるということだ。シンダグマの精神は、こうした伝統を継いでいき、運動のいかなるときにもリーダーが出現し得ないのである。水平的なつながりに基づいたこうした経験は、前衛という考えに基づいた他の運動以上に、参加者を成功へと導くのである。

コモンズを産み出すこと

シンダグマの精神は危機がこれ以上広がらないようせき止めようとするものだったが、こうした行動はある種の手順によっても、ある種の成果によっても特徴づけられることはない。成果は社会関係を通じて産み出されること、そしてその成果によって、物理的で具体的なモノやサーヴィスや社会関係について理解できるならば、新たな成果は協働の新たな形式から生まれる、つまり共通財（common goods）がコモンの形成やコモン化（commoning）を通じて産み出されるという結論に至るだろう。例えば、街に多くの共同／公共食堂がある。それらはアナキストや左派集団、あるいは他の自治組織と結びついているかもしれない。しかしいずれも、食事を作るのみでは決してなく、かれらの状況を新たに理解する人々を産み出す協働や関係や習慣の新たな形式である。同じことが国家を通じて展開されるネットワークにも存在している。人は貨幣なしに財やサーヴィスを交換する。アルゼンチンやその他の場所で同じように起こっているのは、危機の時において、大衆がつながりを見いだし、貨幣を用いることなくモノを交換できるということを知ることだ。

　こうした事例ではモノの価値を決める市場が存在しているわけではなく、むしろ生産物とサーヴィスの価値を再評価する社会的関係が産み出されているのである。他の事例では協働作業というものがある。高い失業率の環境下で、労働の問題はもはや個人的なものではなく、集団的なものである。多くのカフェや商店がボスなしに協働で運営されている。そこでは労働者が利益を共有し、異なった価値基準からサーヴィスを提供している。ここには昔の会社が捨て去ってしまったものがある。それを取り戻そうとしているのだ。はじめの例はテッサロニキにある建設資材の仲介産業であり、続いて挙げた例は、街の中心で発行される大部数の新聞で、これは労働者自身によって発行されている。

政治はどこにでもあるわけではない

政治の意味するところが曖昧な行動で規定されるだけでなく、他の種類の行動と混同される時代に私たちはいる。これはひとえに、連帯や民主主義や共同責任がイデオロギー的現実としてみなされるからだけではない。シンダグマ広場の運動の後において民主主義と連帯は、尊厳ある生活とは何かを再定義しようとする不断の努力の一部をなしている。今日の多くの民衆は、たとえ反ヘゲモニー的・反資本主義的実践を政治によって理解するのだとしても、政治や伝統的な意味における以前の状態にかかわることはない。日常生活のもろもろすべてを切断していくこうした政治的着想は、政治の再定義にかかわる。ある種の政治において民衆は、自らが導く生活とはどういうものかを考えるよう促され、他の種類の生活が可能であるということを夢見るのである。

媒介的空間

日常を新たに再政治化していくことは、コモン－共有化を形成することで産み出されるある種の新たな公共空間を作り出す。このタイプの空間は権威によって作り出されるものではない。一定の想定や条件、規則のもとで与えられる空間などではないのだ。こうした公共空間こそ、民衆が共同で事物形成することの再発明を通じて作り出される。公共的なものとは、国家や何らかの公共機関に属するものではなく、生活と財を必要とする民衆が作り上げていくものだ。こうした空間（共同食堂や医療社会センター、教育社会センター、文化センターなど……）は、交渉とともに開かれていくべき空間だ。むろん閉じた空間などではない。私たちは共有空間について述べなければならない。もはやそれは文字通りの公共空間ではないからだ。こうした共有空間は閉じたそれではなく、言わば多孔性のものだ。シンダグマ広場の運動から学ぶべきことは、公共空間を開いたものとして考えることではなく、常に開かれたものとして捉えることにある。これは、警察が広場に対し、閉じられた反乱空間として制限しようとする手続きとは反対のものであり、また同様に、占拠された空間が反社会的で非合法な飛び地であると告発する戦略（そこで暴動などまったく生じていないのにもかかわらず）とは反対のものである。

シンダグマ広場の運動から学ぶべきは、ある種の空間が新しいタイプの社会的生活のための実験領域となったことである。これは誰にも属することがないと同時に、誰もが属するような、媒介的空間であり、革命への入り口でもある。これこそ継承されるべきことであり、試みられつつも知られることのなかった経験と行動なのだ。これは容易なことではないし、数少ない機会をきっかけに、私たち自身の限界を超え出ていこうとすることでもある。しかし重要なのはより良い解放的な未来を形作っていこうとすることにある。

コモンズをめぐる環境はすべてのものに属する何ものかとして、そして何かに属することのない何ものかとして定義される。その何ものかとは、コモンズの運営における共同責任から抜け落ちていくものだ。これが公共空間の特徴でもある。しかしながら共有空間は社会センターのように、多岐にわたり、多孔質で、包摂的共同体でもある。それは開かれつつ閉じているし、そうしたことが根本にある。だから共同体についての考えなしにコモンズについて語ることはできない。おそらくコモンズの未来は、資源と共同体とそれらの関係を再認識することにあるだろう。

公共空間を共有のものとして定義すると、すべてに属しつつも何にも属さないという考えが共同体の問題から抜け出ることになる。コモンズに関する考え方は、理論的にいえばたいてい、社会的解放に結びつくものという考えと、特定の共同体を支えうる資源を生み出すものという考えの二つがある。思うに、私たちは共同体を常に守ろうとするように、コモンズを擁護する。それはむろん安定した共同体ではない。共同体を再生産することは、必ずしも解放の過程にかかわることではないが、保守的本性を反復する過程にひたってしまう。共《コモン》を形成するなかで、そして不断の交渉を行うなかで、共同体はそれ自体によって再定義され、それゆえ、解放するものであると再定義されながら生まれ続けるのである。

シンダグマ広場の運動のあいだと、その後で、民衆はいかに共同体が協働作業を行うのかという問題を通じて行動するようになった。今まであったものからも影響を受けつつも、新たな種類の共同体を創造することにもなっていった。もし私たちが共同体について、閉じて安定したものとみなすのではなく、展開のための渦中にある開かれたものとして捉えるならば、解放の過程の一部としてコモンズを考えることのなかに答えを見いだすことができる。政治的観点で、二〇〇八年一二月、そしてシンダグマ広場の運動の後で、左派や極左、そしてアナキスト集団は協働作業をするようになったのだ。これは五年前には考えられなかったことなのだから。

（訳：森　元斎）

Title: After Syntagma
Author: Stavros Stavrides
Autonomies, 19 June 2013 (posted by Julius Gavroche)
(http://autonomies.org/en/2013/06/after-syntagma-stavros-stavrides/)

解説

現代南欧政治思想への招待

廣瀬 純

二〇一五年一二月二九日 京都

情勢のただなかで思考するとは何を意味するのか。「情勢」という範疇の下で政治問題を思考するとはいかなることなのか。〔…〕情勢範疇の下で思考するとは、情勢について思考するということではない。具体的与件の何らかの総体について思いを巡らすことではない。情勢の下で思考するとは、事例によって産み出され課される問題の下に文字通り身をおくということなのである。

ルイ・アルチュセール

本書は二〇一〇年からユーロ危機の続く今日のヨーロッパのその情勢をめぐるものだが、本書所収の八つのインタヴューのいずれにおいても「ヨーロッパ」はひとつの楕円のように想像されている。その二つの焦点はギリシャとスペインだ。

なぜギリシャとスペインなのか。最も簡潔に答えれば、ギリシャにはシリザがあり、スペインにはポデモスがあるからだということになるだろう。二国はここ四〇年間似たような歴史を辿ってきた。一九七〇年代に独裁体制からの民政移管がなされ、その後、左右二大政党体制が三〇年にわたって続くが、二〇一一年五月に諸都市で同時に広場占拠が起き全国規模の運動が出現、この運動を背景に二大政党体制を根底的に揺るがす力をもった新たな勢力が左から登場する。シリザは一五年一月の総選挙で第一党となり、党首アレクシス・ツィプラスが首相に就任した（その後、九月二〇日の総選挙でも第一党の座を保った）。ポデモスもまた、一四年一〇月から約半年のあいだ三〇％前後を推移する高い支持率を記録し続け、本書所収のインタヴューが行われた夏においても、支持率の低下はあったものの、一五年末に予定された総選挙で同党が勝利する可能性は依然として現実味のあるものと考えられていた（総選挙は一二月二〇日に行われ、ポデモスは単独・連立合わせて総投票数の二〇％、代議院の全三五〇議席のうち六九議席を得て、国民党と社会労働者党の二大政党に次ぐ勢力となった）。

従来の二大政党体制を揺るがす新たな勢力の出現は、今日の「危機」下においては無論、ギリシャとスペインに限った現象ではない。たとえばフランスにはマリーヌ・ル＝ペン率いる国民戦線があり、イタリアにはベッペ・グリッロ率いる五つ星運動がある。ここ日本でも橋下徹のリーダーシップ下でそうした勢力の形成が進んできた。しかし、少なくともヨーロッパに関する限り、「左派」と形容し得る勢力の本格的な台頭が見られるのはいまのところギリシャとスペインだけだと言ってよい。この南欧二国はヨーロッパに一〇年遅れて到来した「ラテンアメリカ」なのだ（ラテンアメリカ諸国では大規模な運動の出現から進歩派政権の誕生へという過程が二〇〇〇年代前半に見られた）。

* * *

シリザとポデモスの登場はもちろん喜ばしい出来事ではある。ここ日本でも似たような勢力の形成が待たれることは言うまでもない（現状においては、SEALDsとの出会いによって刷新された日本共産党に期待するということになろうか）。しかし本書は新たな左派勢力の登場をたんに言祝ぐために準備されたわけではない。本書ではシリザとポデモスはむしろ「問題」として扱われる。あえて乱暴に図式化すれば、シリザは外的諸力との関係において問題をなし、ポデモスは内的諸力との関係において問題をなす。

シリザが体現しているのは「民主主義」の危機だ。ギリシャ人民は緊縮策に反対するその意思を制度的手続きを通じて二度表明してきた。一度目は一五年一月の総選挙で「反緊縮」を掲げるシリザに投票することで、二度目は同年七月の国民投票で債権者提案の受け入れに反対票を投じることで。それでもなお緊縮策は続いている。債務問題（財政支援と緊縮策）についてツィプラス政権に与えられていた交渉の場はユーロ圏財務相会合「ユーログループ」だが、この会合は条約などで取り決められたわけではない字義通りの「非公式」会合であり、意思決定過程について明文化された規則がいっさいないなかでドイツ財務相ヴォルフガンク・ショイブレが事実上牛耳っている。ギリシャでの緊縮策継続に見られるのは、したがって、制度外の非民主的組織であるユーログループによる決定が制度内で民主的になされたギリシャ人民の決定を無化するという事態なのだ。制度外で思いのままに行使される力と制度内にとどまり生殺し状態にある力。The time is out of joint. 本書に登場する論者たちにとってツィプラス政権は、何よりもまず、非対称的なこれら二つの力の狭間に身をおき、そこで生じる「問題」を体現する存在としてある（これに酷似した事例として辺野古基地建設を挙げることができる。ツィプラス政権の元財務相ヤニス・バルファキスはユーログループでの交渉の際にショイブレから次のように告げられたと語っている。「選挙のたびにその結果を踏まえて合意を取り消していたら何のために合意したのかわからない」。沖縄でも住民の反対意思が一四年一月の名護市長選、一一月の知事選、一二月の衆院選と三度、制度的手続きを通じて示されたが、それでもなお仲井眞前知事とすでに合意済みだとして安倍自公政権は基地建設を進めている）。

他方、ポデモスの体現する危機は経済闘争と政治闘争との接続（マルクス主義）のそれだと言える。ポデモスの党首パブロ・イグレシアスや幹事長イニゴ・エレホンは党の戦略としてあからさまにラクラウ＝ムフ主義を掲げてきた（エレホンはムフとのたいへん興味深い対談を本にまとめ刊行してもいる）[*1]。八〇年代半ばからエルネスト・ラクラウとシャンタル・ムフとが「ラディカル・デモクラシー」の名において唱えてきたのは、ひとことで言えば、政治闘争を経済闘争の物質性から切り離すこと（政治領域の自律性）の必要性だ。運動がフェミニズムやエコロジー、LGBTなどといったかたちで多様化し拡散したポスト六八年的状況においてはかつての「プロレタリア」「労働者階級」といった経済的規定では運動の統合がもはや図れない、人民の団結をもはや導き得ない。それでもなお統一的人民が形成されるとすれば、それは、経済的規定を積極的に避けて創出される「空虚なシニフィアン」の下でのことになるはずだ――ポデモスはラクラウ＝ムフのこのポピュリズム戦略をほとんど教条的に現代スペイン社会において実践し一定の成功を収めた（同様の成功は日本における安保法反対運動にも見られるだろう。安保法

＊1　Íñigo Errejón, Chantal Mouffe, *Construir pueblo. Hegemonía y radicalización de la democracia*, Icaria, 2015.

反対運動は、少なくともSEALDsなどの名において記憶されるようなその主流派においては、経済闘争をあえて積極的に避けることに存した運動であり、これによってこそ多くの人を団結させることに成功した。「空虚な」という形容語をラクラウ＝ムフに則して「経済的本質に根差さない」の意で解せば、安保法反対運動において叫ばれた諸々の「共和主義的な」スローガンはまさに「空虚なシニフィアン」だった。安保法反対運動を契機として志位和夫が行った共産党の刷新は、この意味で、マルクス主義からポピュリズムへの転換だと言える）。

本書の論者たちは実のところ誰ひとりポデモスをそれ単独で論じていない。ポデモスはバルサロナ・アン・クムーとの比較において論じられる。バルサロナ・アン・クムーは、一五年五月の地方選挙の際にバルセロナ市で市民候補者連立リストとして創設された政党であり、同市議会選挙で第一党となり、筆頭候補者アダ・クラウは市長に選出された（市民候補者連立リストの試みは他の市でも行われた。社会派法律家のマヌエラ・カルメナを筆頭候補者としたアオラ・マドリードもそのひとつで、カルメナはマドリード市長に選出された）。ポデモス党首のパブロ・イグレシアスはテレビ討論番組で有名になった人物だが、バルサロナ・アン・クムー党首のアダ・クラウはこれとはまるきり異なる経緯でその名を知られることになった人物だ。スペインでは一九九〇年代後半からのバブル景気期に多くの住民が住宅を購入したが、二〇〇八年からの世界金融危機の同国経済への波及により失業するなどしてローン返済不能に陥り銀行に住宅を接収される人々が続出することになる。そうした人々を支援するために〇九年にバルセロナを拠点として「住宅ローン被害者プラットフォーム」（ＰＡＨ）が組織されるがそのリーダーがアダ・クラウだった。バルサロナ・アン・クムーはこのＰＡＨを出自とし、ＰＡＨの展開してきた経済闘争のその物質性にあくまでも深く根差したかたちで形成された政治組織である。一五年後半、ポデモスの支持率は一三％にまで低下することになるが、それでもなお一二月の総選挙で二〇％の票を得たのにははっきりした理由がある。カタルーニャ州内選挙区でのポデモスとの連立をバルサロナ・アン・クムーが買って出たからであり（アン・クムー・プデム）、全国的な選挙戦においてもパブロ・イグレシアスはアダ・クラウの支援を得ることができたからだ（ポデモスはバレンシア州およびガリシア州でも市民候補者連立リスト系の政党と選挙連合を行った）。イグレシアスの発する「空虚なシニフィアン」のその空虚が、少なくとも一定程度、クラウの体現する物質性によって埋められたことで、ポデモスは総選挙での惨敗を免れたと言える（日本における安保法反対運動は一六年七月の参院選までのあいだにその「空虚」を埋める物質性をいかに見出すのか）。

＊
＊＊

ラクラウ＝ムフはその八〇年代の議論において人民の不在を主としてアイデンティティの多様化に見出していたが、人民の不在、人民の断片化が今日見出されるのは、何よりもまず、資本によって「搾取し続けるために生かしておくべき労働者」として扱われている者たちと「死ぬまで収奪し尽くすべき奴隷」として扱われている者たちとのあいだの分断においてだ。資本制システム全体において主軸をなす資本形態が産業資本から金融資本へと移行し、同時にまた金融資本をモデルに産業資本が再編されることにより、民衆は搾取対象と収奪対象とに、労働者と奴隷とに分断されることになった。この分断を「空虚なシニフィアン」のポピュリズム的操作（「我々は九九％である」）とは別の仕方でいかに乗り越えることができるのか。労働者と奴隷は、自分たちに共通するものの観念（共通概念）を創出し、この観念に基づいて自分たちの「わるい出会い」（人民の欠如）を「よい出会い」（新たな人民の構成）へと反転させなければならない――PAHの試みに本書の論者たちが関心を寄せるのはこの観点からのことでもあり、同時にまた彼らの多くが、15M運動下のスペインにおいて公的セクター労働組合の発意によって教育や医療などの公共政策をめぐって展開された「潮流」の試み、あるいは、イタリアで鉄鋼労働職員組合（FIOM）によって提案された「社会的サンディカリズム」のアイディアを重視するのもこの観点からのことだ。

労働者と奴隷とが「よい出会い」をなすのは前者が後者に自己同一化することによってのことだろう。前者が後者をおのれ自身の「傾向」として見出すときのことだろう。新たな人民が構成されるためのその原理、共通概念は「奴隷」の側にこそ見出されるだろう。二〇一一年五月一五日からプエルタ・デル・ソル（マドリード）を起点に始まったスペイン全土での広場占拠、その一〇日後の五月二五日からシンダグマ広場（アテネ）を起点に始まったギリシャ諸都市での広場占拠は、新たな人民としての「奴隷階級」の到来を告げる出来事だったとやはり言うべきだろう。現状において資本に搾取されているのか収奪されているのかにかかわらず「誰もが」自分たちのすでに生きつつある傾向として「奴隷化」を突如として見出したということだ。本書の論者たちが一様に指摘するのは、しかし、プエルタ・デル・ソルでもシンダグマ広場でも「労働」が議論されることはほとんどなかったという点である。奴隷も奴隷予備軍も労働者に戻ること、労働者であり続けることを求めていない。可変資本として産業資本のなかに再び組み込んでもらい、資本に喰わせてもらおうとはもはや誰も思っていない。産業資本への逆戻りを求めるのとは別の仕方で金融資本による収奪（植民地主義）といかに闘うか――この難問を自らに立てることで出現する新たな人民が現代奴隷階級なのだ。

* *
*

本書の多くの論者はプエルタ・デル・ソルやシンダグマ広場での占拠運動に「左翼」の終焉をみている。「左翼」の運動だと言い得たのはオルターグローバライゼイション運動（反グローバル運動）までであり、九〇年代後半から二〇〇〇年代前半にかけて世界規模で展開されたこの運動を最後に「左翼」と形容できる闘争サイクルはその幕を閉じたのだと（日本でも安保法反対運動は「左翼」の運動ではないと言われた。派遣村などの反貧困運動や洞爺湖G8反対運動といった〇八年の運動までは「左翼」のそれだったが、「右翼」も参加した反原発運動が転換点となり、安保法反対運動を以て決定的に「左翼」は過去のものになった）。この文脈において本書の論者たちが「左翼」の語で理解しているのはひとことで言えば「前衛主義」、すなわち、支配され搾取された大衆のその利害について何らかの表象を創り出し、この表象を外部から大衆に注入する（大衆の即自に外部から対自を与え大衆を自己二重化させる）ことで大衆を団結させ闘争へと動員しようとする傾向だ。この意味で「左翼」の語を理解する限り、その運動は前衛による外部からの呼びかけによって開始されるものとなるはずだが、一一年五月のスペインおよびギリシャでの広場占拠は（しかしまたそれに数ヶ月先立つチュニジアおよびエジプトでのそれも）まさにそうした外部をいっさいもたないままに生起した運動だった（安保法反対運動についても同様だ。たとえSEALDsが呼びかけたと言えるにせよ、彼らはやはり大衆の表象をその外部に立って創出する「前衛」などではまるでない）。大衆が大衆自身を自ら動員する「自己動員」の運動の出現によって、新たな闘争サイクルが始まったのだ（この「自己動員」そしてその「水平性」といった問題は九〇年代末からの二〇〇〇年代前半にかけてのラテンアメリカ諸国での運動についてこれまでよく論じられてきた[*2]。

大衆が運動状態に入るために大衆の即自が対自によって二重化されなければならないことは今日もなおおそらく変わらない。そうであれば、「左翼」の終焉とは、要するに、大衆のこの自己二重化が外部注入をもはや必要としなくなることだと理解できるだろう。大衆はおのれの利害を知るためにもはや外的表象を必要としない。本書所収の八つのインタヴューを読み進めることで見えてくるのは、そのような新たな闘争サイクルの出現が同時代的に進行する資本主義の再編成にやはり対応しているという事実だ。資本制システムの主軸が産業資本から金融資本へと移されることで民衆と資本とのあいだの関係は「搾取」から「収奪」へと転じられる。搾取時代の運動が「左翼」のそれであり得たのは、搾取が個々の生産者（労働者）の水準ではあくまでも等価交換として現象していたからだろう。搾取において個々の生産者に支払われる賃金は、その生産者が生産過程に費やしたエネルギーをそっくりそのまま回復するのに十分な（場合によっては、さらにいっそう元気になることを可能にする）額に設定される。資本の取り分となる剰余価値は生産者たちの協業の水準ではじめて産み出されるが、集団的次元で生じる資本による富のこの簒奪は個々の生産者のその個別的な観点からは不可視にとどまる。だからこそ外部が必要だということになる。すなわち、生産者たちが資本との利害関係をその真の姿において把握するためには、彼らの外部にあってシステム全体を視野に収め得る包括的視点をもった前衛の存在が必要になるということだ。これに対して収奪は個々の生産者（奴隷）の水準ですでにあからさまな不等価交換として現象する。金融資本を主軸として再編された新たな資本制システムにおいては、賃金の支払われない状態（失業）が常態となり、支払われる場合でもその額は生産過程に費やしたエネルギーの回復を生産者たちに許すものではなくなる（生産者はその疲労を日ごとに増大させ最終的には死に至る）。要するに、収奪においては個々の生産者がその個別的な水準において資本から受ける攻撃（植民地戦争）を実感し、その認識のためにいかなる外的媒介ももはや必要とはされない。

興味深いのは、本書の多くの論者が一一年五月の広場占拠に見られた以上のような新たな運動形態のスペインでのその最初の出現を二〇〇四年三月の反アスナール運動に見出しているという点だ。三日後に総選挙を控えた三月一一日、マドリードとその近郊で一九〇名を超える死者を出す列車爆破事件が発生する。ホセ＝マリア・アスナールを首相とした当時の国民党政権は、最初期段階からその事件がアルカイーダ系グループによって起こされたことを知っていたにもかかわらず、事件がＥＴＡ（バスク祖国と自由）によるものだと虚偽の発表を行う。大多数のスペイン住民の強い反対にもかかわらずイラク派兵を行ったアスナール政権は、総選挙投票日直前にその責任を問われることを何としてでも回避しようとしたのだ。アスナール政権のこの情報操作の企てに対してスペイン住民は大規模な抗議行動を展開することになる（そして一四日に予定通り実施された選挙ではイラク撤退を公約に掲げていた社会労働者党が勝利する）。この反アスナール運動がその七年後の広場占拠を素描したと本書の論者たちは指摘するわ

＊2　ラテンアメリカでの運動については拙著『闘争の最小回路』（人文書院、二〇〇六年）、コレクティボ・シトゥアシオネスへのロング・インタヴュー『闘争のアサンブレア』（月曜社、二〇〇九年）を参照してほしい。

けだが、それはただたんに運動が外部からの呼びかけなしに民衆の自己動員によって発生したからというだけのことではない。二つの運動に共通するのは「死」だ。反アスナール運動がいかなる外部注入も必要としなかったのは、アスナールのイラク派兵によってスペイン国内も戦場となり死のリスクが現実的なものになったとスペイン住民一人ひとりがそれぞれ無媒介的に感じ取ったからだろう。他方、資本との関係が「搾取」から「収奪」へと転じることで人々が個々に実感することになるのも死のリスクにほかならない。「左翼」の終焉とは、この意味で、死のリアリティに基づく闘争の出現のことだとも言わなければなるまい(ここで再び安保法反対運動に立ち返ることができる。同運動の主たるアクターのうちとりわけ「ママの会」は死のリアリティのその日常的物質性に深く根差した闘いを展開している)。

＊
＊＊

本書所収の八つのインタヴューは二〇一五年八月一七日から九月一五日までの約一ケ月のあいだに行われた。ギリシャでの事態の推移に沿って言えば、債権者トロイカとの交渉を終えたアレクシス・ツィプラス首相が辞任を表明する八月二〇日の三日前から、党内左派(「人民連合」)の離脱を経験したシリザがなお第一党の座を守ることになる九月二〇日の総選挙のその約一週間前までということになる。また、そのちょうど中間にあたる九月一日には、シリア難民によるブダペスト東駅での異議申し立てとそれに対するハンガリー政府(オルバン政権)による弾圧が起き、これを契機にシリア難民のヨーロッパへの大量流入が世界中で報じられ可視化されることになる(ギリシャ人民に対する攻撃でヨーロッパにおけるその覇権を示したドイツ国がシリア難民受け入れでもイニシアティヴをとりその覇権をさらに確かなものとした。ヨーロッパ内でのドイツ国の覇権がこうして揺るぎなきものとなるなかで慌てたフランス国はアフリカや中東での軍事展開をこれまで以上に強化し、国内にも甚大な被害をもたらしている）。本書所収のインタヴューはこの日以前になされたものとそれ以後になされたものとがある。

八つのインタヴューはすべて廣瀬が行った。ぼくはフランスで教育を受け、勤務先では映画のほかには仏語を教え、著作も日本語以外には主として仏語で発表してきたが、本書にはフランス人へのインタヴューはひとつもない。その理由は、数年前のある講演でのトニ・ネグリの次の言葉がよく説明している。「（六八年以後の）フランスにおいてマルクス主義に結びついたコミュニズムなどひとつもなかったのではないでしょうか〔…〕。もちろんスターリン主義、トロツキー主義というかたちでは存在しましたが（いまも残存しています）、どちらも遠く秘教的な歴史に属するものでしかありません。反対に六八年の哲学というものを考えると、そこでのマルクス主義の拒否は徹底的です」。ネグリがここで念頭においているのは主としてアラン・バディウとジャック・ランシエールだが、彼らに限らず若い世代も含めて、マルクス主義に立脚してコミュニズムを論じる者、すなわち、「階級構成」の傾向的分析に基づいたコミュニズム論を展開する者は今日のフランスでは皆無に等しい。[*3] 階級構成分析らしきものがあっても行儀のよい良心派社会学にとどまり、他方でまた、哲学者たちは純粋な哲学領域を仮構してそこでの覇権争いに現を抜かしている（メイヤスーの名をやはり挙げておくべきか）。また、ときに哲学者が事物

＊3　拙著『アントニオ・ネグリ』（青土社、二〇一四年）ではネグリとの比較においてバディウ、ランシエールを批判的に論じた。

の物質的構成について口を開くことがあっても頓珍漢なことしか言えない（最近の例をひとつ挙げれば、松葉祥一によるインタヴューでのジャン=リュック・ナンシーによる「イスラーム国は国家ではない」発言。フランス国その他の手先か！）。フランス知性のそうした嘆かわしい現況とは反対に、スペインやイタリアといった「南欧」では（ラテンアメリカにおけるのと同様に）今日もなお、情勢の下で思考する営みが精力的に続けられている。

本書に登場する論者たちはラッザラート、ビフォを除けば日本ではほとんどその名を知られていないと言える。これは彼らの言説生産活動そのものに一種の匿名性があるためだ。たとえばスラヴォイ・ジジェクといった英語系書き手と異なり、スペイン語やイタリア語で書く理論家たちの多くは自分の名の売り込みにほとんど関心がない。かといって、ギィ・ドゥボールの悪影響を受けたティクーンの連中のように「匿名性」を売り物にしようともしない。南欧の理論家たちはただひたすら集団的言説生産プロセスへと身を投じる。情勢を共有し、情勢の下での思考を共有する。情勢の課してくる問題のその輪郭を集団的に少しずつ明確化させ、その問題に応じた様々な概念を集団的に生産し洗練化させる。世界的にその名を知られるビフォにおいてですら、たとえば本書で彼の語る「ジェネラル・インテレクト」という概念はあくまでも集団的に共有されたものであって、ビフォ自身も含めどんな個人の専有物でもない（これはネグリ／ハートの名とともに一般には知られる「マルチチュード」概念についても同様だ）。南欧の理論家たちは概念の私有を知らず、したがってまた「引用」も知らない。

＊
＊＊

フランスについてもうひとつ付言しておく。本書所収のインタヴューは一五年にアッラーの名の下にフランスでなされた二つの襲撃事件のあいだで行われたものだとも言える。一月七日の事件についてはもちろんインタヴュー内で話題にすることもできたが、すでに日本語で様々な論が読め、ぼく自身もまとまった文章をすでに発表しているために今回は直接的に問題とすることはしなかった。[*4] 一一月一三日の事件についてはもしもそれがインタヴュー実施以前に起きていれば話題として取り上げていたかもしれない。というのも、この事件をめぐるフランス国内の動きは、先にすでに触れた〇四年三月の反アスナール運動期のスペインのそれと比較して論じられるべきものであるからだ。反アスナール運動のスローガンのひとつは「お前たちの戦争、私たちの死者たち」(Vuestra guerra, nuestros muertos) というものだった。一一月一三日の事件の後のフランスではこの同じスローガンを掲げた反オランド運動が起きなかった。少なくともスペインでのそれと同規模の運動は起きなかった。フランス住民はオランド政権にイスラーム国への報復攻撃を許した。さらにはまた、その三週間後に実施された統一地方選挙第一次投票では国民戦線を大勝させた。国民戦線は最も簡潔に言えば「文明の衝突」論者の政党だ。すなわち、一九七三年の石油危機以降の世界情勢をヨーロッパ人/東方人の人種間敵対関係として捉えた上で、東方人によるヨーロッパ侵略が進行しつつあるとし、その「脅威」を前にヨーロッパ人は団結しなければならないと訴える政党である。統一地方選挙第一次投票の結果は、端的に言って、多くのフランス人民

＊4 拙著『暴力階級とは何か』(航思社、二〇一五年) 所収「我々はいったいどうしたら自殺できるのか――『シャルリ・エブド』襲撃事件」を一読いただきたい。

が一一月の事件をこの図式で理解しているという事実を示した。

しかし、言うまでもなく、一一月の事件に見出されるべき敵対関係はヨーロッパ人／東方人のそれではないし、フランス国／イスラーム国のそれですらない。もし本書に登場する論者たちに訊ねることができたなら、彼らは二つの敵対関係が見出されると答えていただろう。そのうちのひとつは、一方にフランス国とイスラーム国とがあり、他方にフランス住民とシリア住民とがあるという敵対関係、すなわち、戦争し合う国家とその犠牲になる民衆とのあいだの敵対関係だ。「お前たちの戦争、私たちの死者たち」というスローガンが語るのはこの敵対関係にほかならない。そしてもうひとつは事件を実際に実行した者たちと社会とのあいだの敵対関係だ。この第二の敵対関係については多少説明が必要かもしれない。まず確認しなければならないのは、一月七日のシャルリ・エブド襲撃事件も含め今日「ジハード」として起こされる事件のその実行者たちの多くは、もともとイスラーム教徒として生きてきた末に過激化したわけではないという点だ。むしろ真逆に、社会生活を営むなかで過激化した者がイスラーム教に入信する。イスラーム研究を専門とする政治学者オリヴィエ・ロワは一一月二四日付ル・モンド紙掲載のインタヴューでこの問題に言及し、世間ではよく「イスラームの過激化」が語られるが実際に起きているのは「過激性のイスラーム化」だと指摘している。[*5] 事件実行者たちにとって第一にあるのは社会と自分とのあいだの敵対関係であり、イスラームはこの敵対関係に照らして行動するために彼らの見出し得た手段に過ぎない。本書の論者たちが展開する議論に従えば、しかし、次のようにも問うべきだろう――この第二の敵対関係は社会と「私たち」とのあいだのそれでもあるのではないか。今日の社会にあって実際、過激化しないでいられる者などいるか。資本によって死ぬまで収奪し尽くされるという傾向を生きるなかでなお過激化しないでいられる者などいるか。再び日本の現況を思い出してもよい。あれほど大規模なデモが連日のように日本各地で展開されたにもかかわらず、そんなデモなど一度もなかったかのように原発を再稼働させ、辺野古基地建設を進め、安保法を成立させる資本＝国家複合体を前にしてなお過激化しない者などいるか。「私たち」の死を条件に自らの延命を図るこの資本＝国家複合体を「お前たち」と名指すなら、第二の敵対関係は実のところ第一のそれと同じものだということがわかるだろう。資本の専制、奴隷の叛逆。

＊＊＊

本書は廣瀬が一五年夏に行った八人の南欧の理論家へのインタヴュー[*6]とその論者たちが同時期に発表した論考とからなる。インタヴューに関しては人選から翻訳に至るまでの作業を廣瀬が担当したが（インタヴューはスペイン語、フランス語、イタリア語、英語で行われた）、これに付された注についてはスタヴリデスのものについては森元斎が、他の七つについては上尾真道が担当した。論考の選出は廣瀬が各論者と相談の上で行ったが、翻訳は森と上尾そして長嶺愼太朗が担当した（分担については各論考の末尾を参照のこと）。本書の性格上、森、上尾、長嶺の三氏には作業を急がせてしまったが、彼らは快く引き

＊5　Olivier Roy, « *Le djihadisme est une révolte générationnelle et nihiliste* », *Le Monde*, le 24 novembre 2015.
＊6　インタヴューのためのパリを拠点としたヨーロッパ滞在は龍谷大学短期国外研究員制度の利用（一部）によって可能となった。

受けてくれた。三氏への感謝を申し上げる。

インタヴュー相手はスタヴリデス以外は以前からの知り合いである。付き合いが最も長いのはファン＝ドミンゴ・サンチェス＝エストップ（Juan Domingo Sánchez Estop）で、最初に彼と連絡をとったのは二〇〇一年九月のことだ。彼は九月一一日の事件についてこの上なく明晰な文章をいち早く発表し、ぼくはそれをboid.netのために日本語に翻訳した。彼とはそれ以来、親しく付き合ってきた。サンドロ・メッザードラ（Sandro Mezzadra）、アマドール・フェルナンデス＝サバテル（Amador Fernández-Savater）、ラウル・サンチェス＝セディージョ（Raúl Sánchez Cedillo）、パンチョ・ラマス（pantxo ramas）とは、アルゼンチンの活動家グループ「コレクティボ・シトゥアシオネス」（Colectivo Situaciones）を通じていまから一〇年ほど前に知り合った。二〇〇五年一二月にアンダルシア国際大学で「潜勢力への道」（Rutas de la potencia）と題された研究会[*7]が開かれ、そこにぼくもコレクティボ・シトゥアシオネスから声をかけられて参加したのだが、アマドール、ラウル、パンチョとはそのとき三日間を一緒に過ごして以来の付き合いだ。他方、サンドロに初めて連絡をとったのは彼が行ったコレクティボ・シトゥアシオネスへのインタヴューを「情況」誌に翻訳掲載させてもらったときだったと思う。[*8]マウリツィオ・ラッザラート（Maurizio Lazzarato）とフランコ・ベラルディ・ビフォ（Franco Berardi Bifo）に初めて会ったのは〇八年の洞爺湖G8の頃に二人が来日したときのことだったはずだ（サンドロの『逃走の権利』翻訳者でもある北川眞也とともに一〇年、ビフォのテクストを中心としたイタリア・アウトノミア運動についての本を作った[*9]）。今回のビフォへのインタヴューの際には彼のラディオ・アリーチェ（Radio Alice）時代からの友人、ジャンカルロ・ヴィターリ・アンブロージョ（Giancarlo Virali Ambrogio）に同席してもらうこともできた。スタヴロス・スタヴリデス（Σταύρος Σταυρίδης）へのインタヴューはアマドールが彼を紹介してくれたことで実現した。インタヴューのために貴重な時間を長く割いてくれた彼らに、また、彼らとの共著テクストの翻訳転載を承諾してくれたアントニオ・ネグリ（Antonio Negri）、エティエンヌ・バリバール（Étienne Balibar）、フリーダー＝オットー・ヴォルフ（Frieder Otto Wolf）に感謝申し上げる。また、パンチョへのインタヴューはローマにある労働者自主管理工場Officine Zero（OZ）を会場として九月に開催されたエウロノーマデ（euronomade）の夏学校の際に行ったが、この夏学校に招待しくれたエウロノーマデの人々、とりわけサンドロとアルベルト・デ・ニコラ（Alberto De Nicola）に感謝を申し上げる。¡Gracias a todos!

＊7　この研究会での議論は『闘争の最小回路』所収「〝潜勢力への道〟と政治的代表制——メキシコ、スペイン、そしてボリビア」にまとめた。

＊8　『闘争のアサンブレア』に転載。

＊9　『NO FUTURE——イタリア・アウトノミア運動史』洛北出版、二〇一〇年。

フアン＝ドミンゴ・サンチェス＝エストップ
(Juan Domingo Sánchez Estop)
マドリード・コンプルセンセ大学で哲学を教えた後、現在はブリュッセル在住。近代哲学および唯物論史を研究。スピノザとアルチュセールについての論文を多数発表。Décalages誌およびDemarcaciones誌（両誌ともアルチュセール研究雑誌）の編集委員。John Brown名義での著書に *La dominación liberal. Ensayo sobre el liberalismo como dispositivo de poder* (Tierra de Nadie, 2009) がある。2010年からブログ iohannesmaurus.blogspot.be を運営し政治情勢への哲学的介入を続けている。

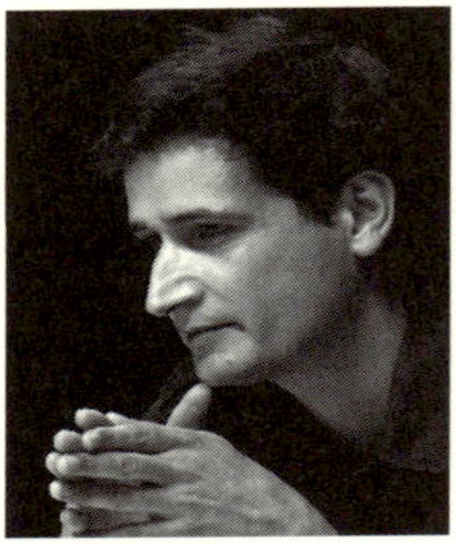

ラウル・サンチェス＝セディージョ
(Raúl Sánchez Cedillo)
哲学者、アクティヴィスト、翻訳家。マドリード在住。1991年からポスト・オペライズモにおける研究・政治ネットワークの構築に携わり、また、アントニオ・ネグリやフェリックス・ガタリなどの著作のスペイン語での刊行を多数行ってきた。90年代は反軍隊・兵役拒否運動の後、スクワット・社会センター運動に参加する。スペインでの最初のサイバーアクティヴィズム・ネットワーク sindominio.net のメンバーでもある。2000年からは自律的教育・政治プロジェクト Universidad Nómada および Fundación de los Comunes を主宰する。

論者紹介（登場順）

サンドロ・メッザードラ（Sandro Mezzadra）
ボローニャ大学で政治理論を教える。さまざまな高等教育研究機関にて客員教授、客員研究員を歴任。この10年、グローバル化と移民と市民権の三者関係、ポストコロニアル批判理論を中心とした研究を行う。ポスト・オペライズモの代表的論客であり、ウェブサイト euronomade.info の創設者のひとりでもある。邦訳のある著書に『逃走への権利』（人文書院）。他の著書に *La condizione postcoloniale. Storia e politica nel presente globale* (ombre corte, 2008) や *Nei cantieri marxiani. Il soggetto e la sua produzione* (Manifestolibri, 2014) などがあり、ブレット・ニールスンとの共著 *Border as Method, or, the Multiplication of Labor* (Duke University Press, 2013) もある。

マウリツィオ・ラッザラート（Maurizio Lazzarato）
社会学者、哲学者。パリで、非物質的労働、労働者の分裂、社会運動などについての研究を行うとともに、反貧困・反格差社会を求める市民・労働者の活動を理論的に主導する。邦訳された著書に『記号と機械』（共和国）、『〈借金人間〉製造工場』（作品社）、『出来事のポリティクス』（洛北出版）。他の著書に *Marcel Duchamp et le refus du travail* (Les Prairies ordinaires, 2014) など。

フランコ・ベラルディ（ビフォ）（Franco Berardi (Bifo)）
哲学者、アクティヴィスト。『ア／トラヴェルソ』誌創刊、自由ラジオ「ラディオ・アリーチェ」開局など、70年代のイタリア・アウトノミア運動の中心で活動。77年の政治的弾圧によりフランスへ逃れ、その後ニューヨークに渡りサイバーパンクの潮流に関わる。85年にイタリアに帰国後、インターネットをはじめとする新たなメディアを使ったネットワークの構築に取り組むなど活動の領域を広げている。邦訳された著書に『NO FUTURE』（洛北出版）、『プレカリアートの詩』（河出書房新社）など。

廣瀬純
（ひろせ・じゅん）
編著

龍谷大学経営学部教授（映画論、現代思想）。1971年生まれ。著書に『暴力階級とは何か』（航思社）、『アントニオ・ネグリ』（青土社）、『絶望論』『闘争のアサンブレア』（共著、ともに月曜社）、『蜂起ともに愛がはじまる』『美味しい料理の哲学』（ともに河出書房新社）、『闘争の最小回路』（人文書院）、『シネキャピタル』（洛北出版）、訳書にアントニオ・ネグリ『未来派左翼』（NHK出版）、『芸術とマルチチュード』（共訳、月曜社）、フランコ・ベラルディ（ビフォ）『NO FUTURE』（共訳、洛北出版）ほか。

上尾真道
（うえお・まさみち）
翻訳・注釈作成

立命館大学衣笠総合研究機構専門研究員（精神分析学、思想史）。1979年生まれ。共訳書にブルース・フィンク『「エクリ」を読む』（人文書院）、ジャック・ランシエール『平等の方法』（航思社）、ミシェル・フーコー『悪をなし真実を言う』（河出書房新社）など。論文に「精神分析実践とマゾヒズム」（『I. R. S』12号）、「ジャック・ラカン、理論の実践」（『人文学報』103号）など。

長嶺慎太朗
（ながみね・しんたろう）
翻訳

東京大学文学部卒。1985年生まれ。

森元斎
（もり・もとなり）
翻訳・注釈作成

九州産業大学・龍谷大学非常勤講師（哲学、思想史）。1983年生まれ。著書に『具体性の哲学』（以文社）、共著に『VOLエピステモロジー』（以文社）、『被爆社会年報』（新評論）、『「はだしのゲン」を読む』（河出書房新社）。共訳書にハイナー・フラスベック&コスタス・ラパヴィツァス『ギリシア　デフォルト宣言』（河出書房新社）など。

アマドール・フェルナンデス＝サバテル
(Amador Fernández-Savater)
マドリード在住。出版社 Acuarela Libros で編集に携わる。長年にわたり雑誌 Archipiélago の編集長を務め、マドリードを拠点としたさまざまな運動（学生運動、反グローバライゼイション、コピーレフト、反戦、住居のVサイン、15Mなど）に参加。著書に *Filosofía y acción* (Editorial Límite, 1999) や *Fuera de lugar. Conversaciones entre crisis y transformación* (Acuarela Libros, 2013) などがあり、*Red Ciudadana tras el 11-M. Cuando el sufrimiento no impide pensar ni actuar* (Acuarela Libros, 2008) の執筆にも参加、*Con y contra el cine; en torno a Mayo del 68* (UNIA, 2008) にも寄稿している。現在、デジタル新聞 eldiario.es 内のブログ Interferencias の共同責任者を務める。

パンチョ・ラマス a.k.a. フランチェスコ・サルヴィーニ（pantxo ramas a.k.a. Francesco Salvini）
研究者、アクティヴィスト。バルセロナに在住し、バルサロナ・アン・クムーに参加、Radio Nikosia の運営にも携わる。イタリアではトリエステを拠点とする世界精神衛生常任会議（Conferenza Permanente per la Salute Mentale nel Mondo）に参加、ウェブサイト euronomade.info に寄稿。公共政策（都市への権利、文化、健康）およびプレカリティの問題に関わる研究、アクティヴィズムを展開する。

スタヴロス・スタヴリデス（Σταύρος Σταυρίδης）
建築家、アクティヴィスト。国立アテネ技術大学建築学部で准教授として住宅デザインおよび（都市生活の意味に焦点を絞った）空間理論を教える。近著に *Towards the City of Thresholds* (professional Dreamers, 2010) や *Common Space. The City as Commons* (Zed Books, 2016) がある。現在は解放のための空間実践形態、コモン化のための空間形態を中心に研究。

資本《しほん》の専制《せんせい》、奴隷《どれい》の叛逆《はんぎゃく》

「南欧」先鋭思想家８人に訊くヨーロッパ情勢徹底分析

編著者　廣瀬　純
発行者　大村　智
発行所　株式会社 航思社
〒113-0033 東京都文京区本郷1-25-28-201
TEL. 03（6801）6383 ／ FAX. 03（3818）1905
http://www.koshisha.co.jp
振替口座　00100-9-504724
装　丁　前田晃伸
印刷・製本　倉敷印刷株式会社

2016年１月25日　初版第１刷発行
2016年３月21日　第２刷発行
ISBN978-4-906738-15-1　C0010

デモクラシー・プロジェクト
オキュパイ運動・直接民主主義・集合的想像力

デヴィッド・グレーバー 著　木下ちがや・江上賢一郎・原民樹 訳

四六判 並製（天アンカット・スピン有）368頁　本体3400円（2015年4月刊）

これが真の民主主義だ　「我々は99%だ！」を合言葉に、格差是正や債務帳消しを求めて公園を占拠したオキュパイ運動。世界各地に広まった運動を理論的に主導したアナキスト人類学者が、運動のなかで考え、実践・提唱する「真の民主主義」。

平等の方法

ジャック・ランシエール 著　市田良彦・上尾真道・信友建志・箱田徹 訳

四六判 並製 392頁　本体3400円（2014年10月刊）

ランシエール思想、待望の入門書　世界で最も注目される思想家が、自らの思想を平易に解説するロング・インタビュー。「分け前なき者」の分け前をめぐる政治思想と、「感覚的なものの分割」をめぐる美学思想は、いかに形成され、いかに分けられないものとなったか。

2011　危うく夢見た一年

スラヴォイ・ジジェク 著

長原 豊 訳

四六判 並製 272頁　本体2200円（2013年5月刊）

何がこの年に起きたのか？　今なお余燼くすぶるアラブの春やウォール街占拠運動、ロンドン、ギリシャの民衆蜂起、イランの宗教原理主義の先鋭化、ノルウェイの連続射殺事件、そして日本での福島原発事故と首相官邸前行動……はたして革命の前兆なのか、それとも保守反動の台頭なのか？

革命のアルケオロジー

今こそ読まれるべきマルクス主義、大衆反乱、革命に関する文献。戦後から80年代に発表された、または当時を題材にした未刊行、未邦訳、絶版品切れの必読文献を叢書として刊行していきます。

シリーズ既刊

アルチュセールの教え　ジャック・ランシエール
市田良彦・伊吹浩一・箱田徹・松本潤一郎・山家歩 訳
四六判 仮フランス装 328頁　本体2800円（2013年7月刊）

大衆反乱へ！　哲学と政治におけるアルチュセール主義は煽動か、独善か、裏切りか――「分け前なき者」の側に立脚し存在の平等と真の解放をめざす思想へ。思想はいかに闘争のなかで紡がれねばならないか。

風景の死滅 増補新版　松田政男
四六判 上製 344頁　本体3200円（2013年11月刊）

風景＝国家を撃て！　あらゆる細部に遍在する権力装置としての〈風景〉にいかに抗い、それを超えうるか。21世紀における革命／蜂起論を予見した風景論が、40年の時を超えて今甦る――死滅せざる国家と資本との終わりなき闘いのために。

68年5月とその後 反乱の記憶・表象・現在　クリスティン・ロス
箱田 徹 訳
四六判 上製 478頁　本体4300円（2014年11月刊）

ラディカルで行こう！　50年代末のアルジェリア独立戦争から21世紀の反グローバリゼーション運動に至る半世紀、「68年５月」はいかに用意され語られてきたか。現代思想と社会運動を俯瞰しつつ膨大な資料を狩猟して描く「革命」のその後《アフターライフ》。

戦略とスタイル 増補改訂新版　津村 喬
四六判 上製 360頁　本体3400円（2015年12月刊）

日常＝政治＝闘争へ！　反資本主義、反差別、反ヘイト、日中・日韓、核／原子力、フェミニズム、生政治、都市的権力 / 民衆闘争……〈いま〉のすべてを規定する「68年」。その思想的到達点。「日本の68年最大のイデオローグ」の代表作。

横議横行論　津村 喬
四六判 上製 344頁　本体3400円（2016年2月刊）

「瞬間の前衛」たちによる横断結合を！　抑圧的な権力、支配システムのもとで人はいかに結集し蜂起するのか。全共闘、明治維新、おかげまいり、文化大革命、ロシア革命などの事象と資料を渉猟、「名もなき人々による革命」の論理を極限まで追究する。

シリーズ続刊

RAF『ドイツ赤軍（I）1970-1972』、アルチュセール『哲学においてマルクス主義者であること』、ランシエール『哲学者とその貧者たち』……